細川家の歴史資料と書籍

永青文庫資料論

森　正人・稲葉継陽編

吉川弘文館

目次

序説　熊本大学寄託永青文庫細川家史資料の構成と歴史的位置

稲葉継陽

はじめに

現在、熊本大学附属図書館には、熊本藩主として幕末を迎えた近世大名細川家伝来の歴史資料・書籍を中心とした史資料群が寄託されている。これらは、明治維新後に細川家の菩提寺・妙解寺の跡におかれた細川家北岡邸内にいくつか存在した蔵に収蔵されていたもので、ゆえに「細川家北岡文庫」とも呼ばれ、一九六四年に財団法人永青文庫から熊本大学へと寄託された。寄託契約書によれば、名称は「細川家北岡文庫古文書」とされ、点数は四万三〇〇〇点を超える。この寄託史資料群、すなわち歴史資料群と書籍群を、本序説では「細川家史資料」と呼ぶことにしよう。

史資料群の寄託以後、森田誠一編『永青文庫　細川家旧記・古文書分類目録　正篇』（一九六九年）の刊行が画期となり、熊本大学の各学部の専門分野においては同史資料群が教育・研究に活用され、また大学内外の研究者からは多くの研究成果が生み出されるようになった。そうした活動の延長線上に、近年、熊本大学の人文社会科学系の「拠点形成研究B」として、「世界的文化資源集積と文化資源科学の構築」（二〇〇三～二〇〇七年度）、「『永青文庫』資料等の世界的資源化に基づく日本型社会研究」（二〇〇八〜二〇一二年度）が組織され、その間、二〇〇九年には、文学部附属永青文庫研究センターが設置された。

本書は、拠点形成研究の継続の中で蓄積された成果と、永青文庫研究センターにおける細川家史資料総目録の作成事業、および『永青文庫叢書』（吉川弘文館）等の出版事業によって得られた成果を土台にした、六本の論文を収めた。これら研究・出版事業を通じて得られた知見を世に問い、批判をうけ、もって今後の研究継続の糧とするのが、本書出版の目的である。

以下、この序説では、各論を展開する前提として、細川家史資料の構成・内容を簡単に紹介し、史資料群全体の構成や伝来過程との関係で、各論の位置付けを明確にしておきたいと思う。

一　大名家史資料群研究の現状と細川家史資料の構成

（一）　大名家史資料群研究の現状

日本近世史研究の前進のためには、各大名家に形成された史資料群の総体的な解析を進展させ、成果を蓄積させるという、基礎的かつ継続的な作業が不可欠であることに、異論はないであろう。そうした共通認識のもとで、たとえば彦根藩井伊家、柳川藩立花家、鹿児島藩島津家、萩藩毛利家、岡山藩池田家、松代藩真田家、対馬藩宗家等の史資料群について、各史資料管理機関等による調査・研究事業が進展し、また笠谷和比古『近世武家文書の研究』（法政大学出版局、一九九八年）、国文学研究史料館アーカイブズ研究系編『藩政アーカイブズの研究』（岩田書院、二〇〇八年）のごとき成果が生み出されてきた。

しかし、こうした研究過程を通して、成果とともに、大名家史資料群の構成要素の多様性と伝来形態の複雑性とに規定された課題も、明確化してきているように思われる。

それは、一般的に大名家史資料群が「藩侯の史資料（家伝の史資料）」と「藩庁の史料（藩政史料）」とに区分される構成をとり（笠谷前掲書）、そのうちの、①後者が散逸した状況と、②前者の内容の複雑性・多元性とに規定された問題である。

①「藩庁の史料」の散逸とは、ほぼ十万石以上の大名家において藩庁に成立した部局行政制度が展開する過程で作成蓄積された史料群が、廃藩置県にさいして県に移管され、やがて非現用となった時点で処分・廃棄されたり、戦災等によって失われたりした事情を指す。したがって、現存する大名家史資料群は「藩侯の史資料」に偏った構成をとるケースが大半であり（笠谷前掲書）、そうした事情が、たとえば地域行政や民衆運動に関する研究が非領国地帯の史料のみによって展開されざるを得ないような状況を生んできたのであった。

②は、「藩侯の史資料」の多元的構成を現在の大名家史資料研究が充分に消化しきれていないという問題である。一般的にみて「藩侯の史資料」は、(1)中世以来の歴史資料、(2)和書から漢籍にまでおよぶ文学資料、(3)故実・芸能関係資料、(4)絵図・地図・建築指図資料、(5)絵巻物・書蹟・絵画等の美術工芸資料、(6)近代史料にまでおよぶ。さらに、武具・甲冑をはじめとする道具類も文書・書籍・絵図地図類とならんで伝存している。

このうち歴史資料すなわち(1)と(6)だけをとってみても、中世から近代までの多種多様な史料が含まれており、中世・近世・近代の歴史資料をそれぞれ扱える複数の研究者の協力が不可欠であるし、さらに、(2)〜(5)の資料を扱い分析するための専門的能力を有する研究者の協働なしには、「藩侯の史資料」を総体的に把握することは不可能である。

このように、大名家史資料群の歴史的特質を全体として把握するためには、「藩庁の史料」を欠落させていない大名家史資料群を対象とした、歴史（資料）学・文学・美術史・建築史等をカバーする研究組織による取り組みが必要なことは、明らかである。

（二）細川家史資料の構成

細川家史資料は、「藩庁の史料」をまとまって伝来させた数少ない事例の一つで、前述した熊本大学における拠点形成研究の継続過程で設置された、文学部附属永青文庫研究センターでは、歴史学・文学・故実芸能研究・建築史学といった諸分野にかかるスタッフをもって、総目録作成事業を進捗させている。総目録の公表までには、まだ数年を要する見込みだが、現時点での理解に基づき示しうる、細川家史資料の全体の構成を掲げておこう。

1　藩主御手元史資料群

a　中世細川家文書　　b　細川忠興・忠利・光尚往復書状
c　幕藩関係文書　　d　家臣団起請文
e　歴代家譜　　f　連枝書状
g　沢庵書状（忠利・光尚宛）　　h　細川重賢関係史資料
i　故実関係書、絵巻物、歴代藩主等御筆・絵画類、和歌短冊等

2　藩主御手元書籍群

a　和書　　b　漢籍

3　藩政関係史料群

a　初期藩主裁可文書・記録　　b　初期当主達書（奉行宛等）

c　藩政諸部局記録類　　d　藩政諸部局文書類

e　藩政公式編纂記録類

4　絵図・指図類

a　国絵図　　b　領内等地図（熊本城下図を含む）

c　建築図　　d　城郭図

e　その他

5　未整理文書群

6　近代史資料群

こうした構成を、前述した大名家史資料群の二区分（二元的構成）に照らして整理すれば、次のように示すことができる。

1＋2＋5の一部＋6＝「**藩侯の史資料**」

3＋4＋5の一部＝「**藩庁の史料**」

現在作成中の総目録は、かつての寄託目録に複数一括で一点として登録されていた文書等についても、一通一点として登録するなど、史資料群の詳細をより具体的に把握できるものとすべく、作業をすすめている。こうした方式によれば、新目録の総点数は少なくとも五万点を超えることになるものと推察される。

二　細川家史資料の特徴と本書収録論文

（一）「藩侯の史資料」

次に、前述した熊本大学人文社会科学系「拠点形成研究B」、および文学部附属永青文庫研究センターにおける研究をもとに、「藩侯の史資料」「藩庁の史料」それぞれの特徴をまとめ、あわせて、本書収録諸論文の位置付けを示しておこう。

豊臣政権下で丹後一国の大名となり、次いで小倉藩主から熊本藩主に転じた細川家は、室町幕臣の出身で江戸幕末まで国持大名としてつづいた、唯一の家であり（肥後細川家）、幕臣の三淵家から出た「藩祖」藤孝は、和泉上守護家、すなわち室町時代の守護大名家を継承したという系譜が周知されてきた。しかし、こうした系譜に関する認識を肥後細川家自身が明確化するまでには、いわば大名家の自己認識の形成過程ともいうべき歴史が介在されていた。1—aに含まれる和泉上守護細川家関係文書群が、近世になって、和泉上守護細川家の菩提寺から肥後細川家に譲渡されたものであった事実に基づき、かかる動向に明確に注目したのは、高浜州賀子「細川幽斎・三斎・忠利をめぐる禅宗文化（一）」（『熊本県立美術館研究紀要』一、一九八七年）であり、次いで永青文庫研究センター編『永青文庫叢書細川家文書　中世編』（吉川弘文館、二〇一〇年）に収録された、山田貴司「永青文庫所蔵の「中世文書」」が、この観点を深めた。

本書収録の山田貴司「和泉上守護細川家ゆかりの文化財と肥後細川家の系譜認識」は、これをさらに掘り下げ、和泉上守護家からの文書をはじめとする「文化財」の伝来事情を明らかにし、その特殊性を把握したうえで、肥後細川家の系譜づくりの歴史的性格に論及する。

肥後細川家が実際に受給し、いわば御家の宝物として現在に伝えてきた最古の文書群は、五九通におよぶ織田信長発給文書であった。稲葉継陽「細川家伝来の織田信長発給文書—細川藤孝と明智光秀—」は、信長発給文書群の全体像を示し、次いで藤孝の織田権力のもとでの山城西岡時代と丹後宮津時代、それぞれの文書の内容を分析することで、藤孝と明智光秀そして信長の関係を論じる。細川家伝来の信長発給文書群が、織田権力の拡充過程で大名領主化する家の政治的立場や地域支配の特質を追究するうえで、きわめて重要な史料群であることを強調している。

このように本書には、大名家の系譜形成の過程で入手・活用された中世文書群、近世大名家の現実の形成過程の初発に受給した信長発給文書群のそれぞれによって、近世大名家の形成過程を対象にした二論文を収録したが、右の構成分類の「1　藩主御手元史資料群」のうちには、この他にも、初期の幕藩関係および大名家研究に利用されている史料群が存在する。1—bの忠興・忠利・光尚往復書状群は、忠利から忠興への書状の控えなども含めて、東京大学史料編纂所『大日本近世史料　細川家史料』（東京大学出版会）として大半が翻刻出版され、初期の幕藩制政治秩序の研究をすすめるうえで不可欠の史料群となっている。また、1—dの家臣団起請文群は、武士領主の団体としての近世大名家の特質が形成される過程を示す重要史料であり、元和期から正保期、すなわち忠利の家督相続から死去直後までの起請文の大半は、永青文庫研究センター編『永青文庫叢書　細川家文書　近世初期編』（吉川弘文館、二〇一二年）に写真版入りで収録・公表されている。

また、1—ⅰの部分には、室町幕臣三淵家と学者清原家との間に生をうけ、中世文化の近世への伝達者として活動した細川幽斎以下の、歴代藩主に関わる史資料が含まれている。当代一流の和歌・芸能・武家故実を幽斎に集約させた、学者・室町幕臣・禅僧・茶人・芸能者等の存在に裏付けられたこれら史資料は、質量ともに一般の大名家史資料に伝存するレベルをはるかに超え、諸芸の家元や学者の家に伝わるものと比べても遜色ない。これら故実・芸能史資料は、永青文庫研究センターが吉川弘文館から二〇一四年に刊行する『永青文庫叢書　細川家文書　芸能資料編』にて、紹介の予定である。

さて、細川家に蓄積された「藩侯の史資料」固有の特質を把握するためには、近世大名家の祖としてはかなり特異な幽斎の文化史上の位置、そして、熊本藩「宝暦の改革」を推進し、なおかつ学芸に没頭した藩主として著名な細川重賢の蔵書群の存在を重視する必要がある。本書の後半には、「2　藩主御手元書籍群」および1—hを分析対象とした三本の論文を収録した。いずれも、永青文庫史資料の寄託以来、近年の永青文庫研究センターにおける学際的な総目録作成事業にいたるまでの過程で蓄積された成果に基づく論文である。

森正人「永青文庫蔵熊本大学寄託和漢書の蔵書構成」は、六〇〇〇点にもおよぶこれら書籍の熊本大学寄託以前、細川家北岡邸の蔵に収蔵されていた段階の管理等の態様を、目録学の観点から詳細に究明している。本論文は、永青文庫史資料のうちの書籍群の性格を全体として把握するための道筋を、明確に示すものである。

徳岡涼「細川幽斎の蔵書形成について」は、蔵書の奥書を蒐集し、中院通勝をはじめとする多くの人々の具体的な関与・協力によって、幽斎の蔵書群が形成された事実を跡付けている。**山田尚子「細川重賢の蔵書と学問—漢文資料をめぐって—」**は、重賢蔵書の構成・態様と、重賢の日記に記載される「会読」のあり方を分析し、蔵書と学問人脈という二つの側面から、彼の学芸活動のあり方に接近している。

このように、徳岡論文と山田尚子論文は、肥後細川家歴代のうちでも学芸に邁進した点で特別な存在であった幽斎（藤孝）と重賢の蔵書群の形成過程を、学芸上の人脈と、書写・会読といった学芸行為との両面から検討し、その特質に迫ろうとしているのである。

（二）「藩庁の史料」

細川家史資料は、「藩庁の史料」をまとまって伝来させた貴重な事例である。

まず特筆されるべきは、初期藩政における意思決定と大名当主との具体的関係を示す、細川忠利期の諸史料の存在である。永青文庫研究センター編『永青文庫叢書　細川家文書　近世初期編』（吉川弘文館、二〇一二年）に収録した、稲葉継陽「永青文庫所蔵の近世初期文書群と藩政」で述べたように、忠利期藩政関係史料は次のような構成をとっている。

第一に、文書史料群である。①奉行その他の家臣からの上申書・政策原案等を藩主が決裁した文書群（3—a）、②参勤中の忠利が国許の惣奉行に対して藩政上の具体的な指示を与えた達書群（3—b）、③大量に存在する冊子形態の案文集や編纂物に収録された、家老・奉行衆、江戸詰家臣、三斎付家臣（中津奉行）宛の忠利達書控、および地方に対して発給した条目等の控（3—cに含まれる）、④藩主の惣奉行等への仰出の要旨を記録した数十冊の冊子「奉書」（同前）、⑤惣奉行から諸奉行や給人さらに中津奉行への書状の控を収録した「御郡江之文案」など（同前）におよぶ。

第二に、奉行らの合議記録である。細川家の「藩庁の史料」には、当該期奉行所の合議記録である「日帳」「覚帳」「萬覚帳」、さらに地方行政や役人人事等に関する惣奉行および財政担当奉行の合議の結論を記し参加者が捺印した「相談帳」といった、他にあまり類をみない記録（同前）が大量に伝存している。このうち、小倉時代の「日帳」等に限っては、福岡県史の近世資料編にて活字化されているが、その他はまだ研究者に共有されているわけではない。これら記録と文書群とをあわせて検討することで、初期藩政において合議と藩主裁可とがいかに関連して政治的意思決定がなされたかを、具体的に把握することが可能となるだろう。

熊本藩の場合、十八世紀中葉の宝暦改革期を境に、上述の藩主による決済行為が姿を消し、藩庁における部局制の発展すなわち各部局の本格的「行政組織」化が進展していく。こうした行政部局のうち、機密間（総務部局）、郡方（地方行政部局）、選挙方（人事部局）、刑法方（刑事法制部局）等の行政史料が、体系的分析を可能とする密度で伝来しているのである（3―cd）。

これら藩政史料は、廃藩置県によっていったん県に引き継がれたが、その後、数次にわたって細川家北岡邸の蔵に戻され、伝来したものであった。次の史料をみられたい。

今般八十余州ノ郡県悉ク
朝廷ノ布令ヲ奉シ、一轍ノ政道ト変化シタレハ、従前藩庁ノ簿書類ハ総テ不用ト相成、旧臘県庁ヨリ売払有之タル由ノ処、於
細川家ハ数百年ノ所領中、或ハ時世ニ応シ、或ハ時弊ヲ矯メ、布置抑揚至ラサル処ナク、別テ宝暦以来ハ列藩ヨリモ法ヲ取ル程ノ治績、此節跡形ナク亡失イタシテハ、他日国史編集ノ節モ、大眼目ノ政治ハ欠如ノ外無之、甚遺憾ノ至ニ就キ、責テ一藩ノ大体ニ関係シ、且大事件ニ亘リタル機密間要用ノ記録ハ存シ置度、依之県庁ニ残リタル分ハ先ツ玉石ヲ不撰悉皆譲受、又商人所持ノ分モ手ニ入ル丈ケハ買上ケ、合テ目録ヲ造ル左ノ如シ
明治五年夏六月

附言

一、事柄ハ格別要用ニ無之トモ

君公ノ親筆且重ク取扱ヒ来ル記録等ハ存ス

一、藩政取扱大略ノ模様ヲ後世ニ示サン為、此節失亡シタル帳名モ記ス

この文書は、「雑録　地」と題された明治期編集の記録冊子（目録番号八・一・一八五の二、今村直樹の教示による）に写されたもので、同冊子の注記によれば、坂本彦兵衛なる人物のもとにあった書類を、遠坂なる者が書写したものであることが分かる。そして、細川家の侍帳をみれば、両名が旧藩士であったことは明らかである。

この文書からは、以下の事情が読み取れるであろう。廃藩置県によって、どこの藩でも「藩庁ノ簿書類」は県へ移管され、熊本の場合はすでに明治五年の段階から、一部不用な書類の県庁から民間への売り払いが始まっていた。こうした状況に危機感を抱いたのが、旧藩士らであった。彼らは、県庁に存在する藩政史料を「玉石ヲ不撰」に「悉皆譲受」け、商人が所持している分も可能な限り買い上げ、熊本藩政の有様を後世に伝えるため、目録の作成を開始したというのである。

注目すべきは、彼ら旧藩士が藩政史料の回収と目録作成に取りかかった動機である。引用文の中ほどでは、宝暦改革以降の熊本藩政は、他藩の模範にさえなった「治績」を誇ったが、このまま行政記録類の散逸を許せば、将来の「国史編集」に与える損失は甚大となる、というのである。彼ら旧藩士たちを動かしたのは、列藩の模範とされた熊本藩政の担い手としての、強烈な自負心であった。

ただし、県庁に移管された藩政史料が、明治五年の時点ですべて細川家北岡邸に回収されたわけではなかった。熊本大学附属図書館には、明治期に熊本に設置された「細川家編纂所」によって『肥後藩国事史料』が編纂されたとき

の関連資料が架蔵されているが、それに含まれる「熊本県庁蔵　旧藩文書目録書抜」という冊子によれば、明治中期以降においても、相当数の藩政史料が県庁で管理されていたことが分かる。

県庁で管理継続されていたこれらの藩政史料群の中には、冊子裏表紙に「熊本縣記録章」なる朱印が捺された状態で、後に細川家北岡邸へと回収されたものが存在した。それらは、地方行政の担当部局である郡方の行政記録「覚帳」、地方行政マニュアルたる「仕法帳」、地域行政単位（「手永」）ごとの「間数御改帳」「人畜帳」「手永分度記」、さらに寺社関係調査帳、そして各種の地図・絵図等であり、その数は一三六四点にのぼる。大部な郡方の年次別行政文書綴りである「覚帳」をはじめとする、郡方主要帳簿の多くが、近代行政の初発の段階では売却・廃棄の対象とはならず、一定期間、県庁においてなんらかの利用に供されていたという事実自体がきわめて重要である。それのみならず、細川家の場合には、そうした藩政史料さえも、廃藩以来長期にわたって継続された史料回収運動の対象とされ、その結果、「藩庁の史料」をまとまって伝存させることになった点は、特筆に値する。

前述の熊本大学「拠点形成研究B」による研究組織と、永青文庫研究センターでは、こうした性格と伝来事情を有する「藩庁の史料」群を活用した諸研究に取り組んできた。

吉村豊雄・三澤純・稲葉継陽編『熊本藩の地域社会と行政―近代社会形成の起点―』（思文閣出版、二〇〇九年）、吉村豊雄「近世地方行政における稟議制と農村社会」（国文学研究史料館アーカイブズ研究系編『藩政アーカイブズの研究』岩田書院、二〇〇八年）、同「幕末期熊本藩領における広域的経済開発事業の展開」（『熊本史学』九三・九四、二〇一一年）、今村直樹「近代移行期の地域資産をめぐる官と民」（『史林』第九一―六、二〇〇八年）、同「地域的公共圏の歴史的展開」（荒武賢一朗編『近世史研究と現代社会』清文堂出版、二〇一一年）、同「近世後期藩領国の行財政システムと地域社会の「成立」」（『歴史学研究』八八五、二〇一一年）、同「十九世紀熊本藩の惣庄屋制と地域社会」（志村洋・吉田仲之編『近世の地域と中間権力』山川出版社、二〇一一年)、三澤純「維新変革期における民政と民衆」(明治維新史学会編『明治維新史研究の今を問う』有志舎、二〇一一年)といった諸研究は、熊本藩政の基幹史料である郡方「覚帳」と選挙方「町在」について、以下のような共通認識の上に立っている。

「覚帳」「町在」は、当該部局の年次ごとの行政記録綴りで、大部なものは一冊厚さ三〇チセンを超える。「覚帳」は、(1)具体的な地域政策を、地域行政単位である「手永」と、その管理運営責任者である惣庄屋が立案し、惣庄屋名義でその内容を記した上申文書が起案書となって、(2)藩庁郡方における稟議がなされて一定の修正を受け、(3)それを手永・惣庄屋が請け合うことによって政策が決定されて、(4)さらに手永・惣庄屋によって実施されるにいたるまでの過程で、一件ごとに作成された書類の綴りである。

こうした地方行政上の政策立案・決定・実施は、惣庄屋とともに自治的な地域行政を手永会所にて担う、百姓出身の行政担当者集団の形成、さらに年貢等の手永請を前提とした手永における独自財産の形成といった、手永の自治的地域管理体制としての成熟があってこそ、可能となった。「町在」は、こうしたシステムを維持するための、惣庄屋の転勤にかかる職務業績評価、さらに、武士身分以外の社会諸階層に士分を付与して行政担当者へと採用するための公益活動評価を担当した部局=選挙方の行政記録であった。十九世紀には、複雑化する行政ニーズに対応するため、武士以外の身分からの人材登用・組織化のシステムが動き出していた。前述のように、県行政すなわち日本の近代行政は、藩行政の主要資料に依拠して出発したが、熊本藩の場合、さらに、手永で地方行政を担った人材の多くも近代行政官へとスライドしていったことが知られる。

本書収録の松﨑範子「十九世紀の宿場町を拠点とする地域運営システム—熊本藩の藩庁文書、「覚帳」・「町在」をもとに—」は、熊本城下近郊の宿場町(在町)が零落問題に対処するための政策立案を重ねながら手永行政の拠点となり、町場と周辺地域とを包摂する地域運営のシステムが完成されるまでを、この過程とリンクする藩庁部局および行政資料形態の発展的再編の過程とともに描く。熊本藩の地域社会と藩庁とが、いわば共同で機能させる行政システムの形成過程・到達点とともに、「覚帳」「町在」の史料的位置をより明確にした成果としても、お読みいただきたい。

このように、細川家史資料の「藩庁の史料」は、藩政をその成立期から成熟期まで総体的に検討しうる歴史資料群として稀有のものである。なお、このうちの「4　絵図・指図類」は、熊本大学文学部附属永青文庫研究センター編『永青文庫叢書　細川家文書　絵図・地図・指図編Ⅰ』（吉川弘文館、二〇一一年）、同編『永青文庫叢書　細川家文書　絵図・地図・指図編Ⅱ』（吉川弘文館、二〇一三年）において、主要資料が解説とともにカラー図版にて紹介されている。本書には絵図・指図類に関する論稿を収録できなかったので、これらの図版・解説をぜひ、参照されたい。

おわりに

細川家史資料の特色は、「藩侯の史資料」の特殊性と、「藩庁の史料」のまとまった伝存状況とにあることを、ご理解いただけたかと思う。

前者は、中世文化の近世への継承、大名家の由緒から現実の人的組織にいたるまでの形成過程、そして近世的統合の様相を多角的観点から検討することのできる史資料群である。後者は、初期「藩政」（領主制のもとで成立した行政）の特質と変容、中期以降の藩庁部局制と百姓的地域団体とが対応した行政の拡大・展開から近代行政への移行までを、トータルに把握することが可能な歴史資料群として、稀有なものである。

しかし、本書に収録しえた内容は、継続してきた共同研究の成果の、ごく一部に過ぎない。また、上記の二類型化による大名家史資料群の把握の仕方も、そのままでは単純化のそしりを免れまい。さらに、県庁に移管された後に細川家北岡邸には回収されず、細川家史資料とは別伝来となった史資料についても、あわせて検討する必要がある（水野公寿「熊本県立図書館蔵「県政資料」について」『年報　熊本近世史』平成十九・二十年度、所収）。われわれは、まずは細川家史資料の総目録を完成させ、次いで他機関との積極的連携に踏み出すべきだと考えている。

日本近世における国制上の基本単位であった大名家には、政治・経済・行政・法制・教育・社会運動・社会思想、科学・建築・芸術文化にいたるまでの、当該社会の人間活動のほぼ全域に関わる史資料が作成・蓄積されていたことが予想される。これらを総体的に、すなわち真の意味で学際的に利用するための基礎的条件の獲得が、急務とされる所以である。

本書の内容や、この序説に引用したわれわれの共同研究を含む諸研究について、読者諸賢のご批判をたまわり、もって今後の研究の糧としたいと思う。

和泉上守護細川家ゆかりの文化財と肥後細川家の系譜認識

山田貴司

はじめに

すでに広く知られているように、肥後細川家ゆかりの美術工芸品や歴史資料を所蔵する公益財団法人永青文庫には、同家の「先祖」とされる中世細川家の一流・和泉上守護細川家ゆかりの文化財（古文書や武具など）もあわせて伝えられている。これまでこの事実は、肥後細川家の祖・細川幽斎が和泉上守護細川家の当主・細川元常の養子となった「史実」を前提に自明のことと受け止められ、系譜上における両家の連続性を示す格好の証左ととらえられてきた。(1)

しかし近年、山田康弘は幽斎の養父について以下のような新説を提示。(2) 両家の関係に疑問を呈した。

① 幽斎の養父は、和泉上守護細川家の当主・元常ではない。室町幕府に仕えた内談衆で、幽斎の実父・三淵晴員の同僚でもあった細川晴広であり、さらに養祖父は細川高久という人物である。(3)

② 高久・晴広父子は淡路守護細川家の名跡を継いでいたが、もともとは佐々木氏の出身であった。したがって、幽斎の「細川」に和泉上守護細川家や細川京兆家との直接的な血縁関係はない。

史料を博捜したうえで丁寧に幽斎周辺の人間関係を検証した山田の新説は、衝撃的ではあるが説得力に富む。首肯すべき指摘といえよう。山田説の登場により、幽斎の養父に係る通説は覆されつつある状況だ。

ただし、幽斎の養父があらためられることにより、新たに以下の疑問が生まれたことも事実である。ひとつは、和泉上守護細川家ゆかりの文化財の伝来経緯に係る問題である。幽斎と和泉上守護細川家の間に系譜の連続性が認められないとすると、それらはいつ、どのようにして肥後細川家へ伝えられたのであろう。

もうひとつの疑問は、事情はともあれ伝来した和泉上守護細川家ゆかりの文化財と肥後細川家の系譜認識の関係である。事実関係はさておき、江戸時代前期以来、和泉上守護細川家は肥後細川家の「先祖」とみなされてきた。それでは、右のごとき系譜認識はどのように形成され、変遷したのであろう。そして、そのプロセスに和泉上守護細川家ゆかりの文化財はどのような影響を与えた（あるいは与えなかった）のであろう。

かかる問題意識のもと、本稿では、手はじめに和泉上守護細川家ゆかりの文化財が肥後細川家へ伝来した経緯を確認するとともに[(4)]、その具体的な内容を概観する。そのうえで、それらの品々と肥後細川家の系譜認識の関わりについて考えるとしたい。

一　和泉上守護細川家ゆかりの文化財の概要

本節では、和泉上守護細川家ゆかりの文化財が肥後細川家に伝来し、永青文庫の所蔵に帰した歴史的経緯を確認するとともに、意外に知られていないその概要を紹介しよう。

（一）　中世後期における伝来状況

和泉上守護細川家が成立した南北朝時代以来、その歩みとともに蓄積されていったと思われる同家ゆかりの文化財。しかし、その保管・管理状況を示す手がかりはほとんど知られない。家の由緒を示す物証として、おそらく歴代当主の手もとに置かれていたのであろう。

和泉上守護細川家ゆかりの文化財に動きが見られはじめるのは、戦国時代のことである。和泉上守護細川家の菩提寺・永源庵に係る江戸時代の記録『永源師檀紀年録』（永青文庫所蔵、熊本大学附属図書館寄託〈四・六・八四〉）によると、時の当主・細川元常は、死去直前の天文二十三年（一五五四）六月七日に「世ノ危ヲ慮リ」「児孫之興隆ヲ期」して「屋形ニ伝ル所ノ朝廷恩賜ノ錦ノ旌及ヒ足利家ヨリ授クル処ノ旗並感賞帖数十通、屋形累代所伝ノ甲冑旗等」を永源庵へ納めたという。このことを裏づける同時代史料は見られないけれど、南北朝時代以来、菩提寺として永源庵は和泉上守護細川家と密接な関係を有した。子弟が住僧として入庵するケースも多く、当時は元常の子息・玉峰永宋が住していた(5)。両者のこうした関係を勘案すると、『永源師檀紀年録』に記された奉納記事の信憑性は高い。

同時代史料を参照する限りでは、和泉上守護細川家ゆかりの文化財は遅くとも元亀三年（一五七二）九月までに永源庵へ移されていた。吉田神社の神官・吉田兼見の日記『兼見卿記』（史料纂集）同年九月十二日条を見ると、兼見は建仁寺常光院で行われた「囲碁之会」の帰路、永源庵に立ち寄って「後醍醐天皇御旗・尊氏将軍御旗・御鎧」を一覧した、と記している。永源庵に奉納され、のちに肥後細川家へ伝えられた文化財（具体的な内容については、本節第三項を参照）と比較すると、錦の御旗と将軍の御旗、甲冑という取り合わせは共通する。こうしたセットが永源庵に複数所蔵されていた形跡はないので、名称や所伝に多少の相違は見られるものの、このときに兼見が一覧した品々は和泉上守護細川家ゆかりの文化財そのものであったに違いない。

(二)　肥後細川家への譲渡

ところが、和泉上守護細川家ゆかりの文化財の存在は、これ以後は江戸時代前期まで確認できなくなってしまう。通説どおりに細川幽斎が和泉上守護細川家へ養子入りしたのであれば、この間に彼やその子息・細川忠興と接点が生じたはずだ。しかし、幽斎と和泉上守護細川家の間に系譜関係がなかったことは、山田康弘が指摘したとおりである。それでは永源庵に納められた和泉上守護細川家ゆかりの文化財は、その後どのような経緯をたどって肥後細川家へ伝えられたのであろう。

前稿でも指摘したように、このプロセスにおいて大きな役割を果たしたのは細川行孝という人物である。行孝は忠興の四男・細川立孝の子息で、正保三年(一六四六)に新設された分家・宇土細川家の初代当主。(6)公家の烏丸資慶や飛鳥井雅章に曽祖父・幽斎の自詠和歌集『衆妙集』の編纂を依頼したり、(7)中世細川家の歴史書『自家便覧』や藩祖の伝記『藤孝公譜』『忠興公譜』を編纂させたり、(8)自家の歴史に強い関心を有していた。永源庵に納められた和泉上守護細川家ゆかりの文化財は、この行孝の命を受けて京都近郊に点在する中世細川家ゆかりの史跡や寺院を調べていた家臣・武田玉翁により「発見」されることとなった。(9)

この時点で「先祖」に位置づけられていた和泉上守護細川家(「先祖」に位置づけられた経緯については、第二節第一項を参照)ゆかりの文化財を「発見」した玉翁は、寛文十二年(一六七二)に比定される六月三日付書状で、「細川頼有之寺」永源庵に「甲冑等」「頼有公之御像」「御旗」が所蔵されるという情報を、七月二十五日付書状で、「九郎殿」にあてられた「御家之感状」など古文書の一部概要を行孝へ紹介。来春の上洛にさいして永源庵へ立ち寄り、それらを一覧して熊本藩主・細川綱利の高覧に備えるべきことを提案した[10]。行孝は玉翁の言葉に従い、延宝元年（一六七三）春の参勤交代のおりに永源庵を訪問して「御先祖御納置之御品数多秘在仕候」を一覧（後掲〔史料1〕）。江戸到着後、綱利へその様子を報告したのであった[11]。

報告を受けた綱利は、すぐに永源庵とコンタクトをとった。「諸道具・記録共ニ只今迄無紛失、其上先祖代々之位牌有之儀」を聞きおよび、寺領一〇〇石を寄進する旨を伝えるためであった。これに対して永源庵は、「諸道具不残御持参候而御見せ、越中守方へ留置申候様ニ可被成由」を提案。綱利や行孝はこれを喜び、永源庵に納められていた和泉上守護細川家ゆかりの文化財を引き取ることとした[12]。元常が永源庵へ奉納して一二〇年後、延宝元年秋のことである。

（三）延宝元年に譲渡された品々

それでは、延宝元年（一六七三）に肥後細川家へ譲渡された和泉上守護細川家ゆかりの文化財は、どのような内容のものであったのだろう。ここでは、その概要を確認してみよう。

〔史料1〕『永源庵由来略記写』[13]（点線・丸数字は筆者。引用史料の割書については〈 〉で示した）

一、延宝元年　細川丹後守殿行孝公御参勤之節、永源庵江御立寄、御先祖御納置之御品数多秘在仕候を御一覧、御先祖御代々之　御画像・　御霊牌安置、且什物等秘在之訳、於江府　妙応院殿綱利公（細川）江被仰談候ニ付、依御懇望、永源菴第九世顕令通憲長老代、左之品々御家江差上候、

一、明徳年中　恩賜之錦御旗并袋共……①

一、足利家所賜之　御旗……②

一、頼有《(細川)》公之御旗及竿共……③
一、頼有公之御甲冑……④
一、頼有公之御守袋……⑤
一、将軍義詮《(足利)》公賜　頼有公之状六幅
一、将軍義詮公賜　御家臣之賞状八幅
一、将軍義満《(足利)》公賜　頼長《(細川)》公之状六幅
一、将軍義持《(足利)》公所賜安堵状三幅
一、将軍義教《(足利)》公所賜安堵状及感賞状四幅
一、御下知状八幅
一、頼之《(細川)》公御自筆状二幅
一、頼有公譲領地于令嗣之状及遺属之状二幅
一、持之《(細川)》公執達状十五幅
一、勝元《(細川)》公執達之状二幅
一、管領代義春《(細川)》入道之状二幅
一、常有《(細川)》公之状一幅
一、宣案〈常有公・政有《(細川)》公〉

〔史料1〕は、延宝元年に永源庵から肥後細川家へ譲渡された品々を書き上げたリストである。大きく分けると、これらは古文書類と武具類によって構成されている。

以下、古文書類と武具類に切り分けて内容を確認してみよう。次に掲げた表1は、リストに掲載された表記と員数を手がかりに、古文書類と永青文庫所蔵文書を突き合わせて整理したものである。表1を見ると、書き上げられた六十一通の大半は、和泉上守護細川家歴代当主の受給文書により構成されている。いわば「和泉上守護細川家文書」と称すべきものだ。室町幕府と細川一門の繁栄を支えた和泉上守護細川家の由緒と歴史を物語るに留まらず、当該期の政治史理解にも資する貴重な古文書群である。(14)

このときに譲渡された和泉上守護細川家ゆかりの文化財のもうひとつの柱は、旗や甲冑といった武具類である。〈史料1〉冒頭に書き上げられた五件のうち、①「明徳年中　恩賜之錦御旗并袋共」、②「足利家所賜之　御旗」、④「頼有公之御甲冑」については、こんにちまで伝えられて永青文庫に所蔵されている。①は《錦旗》と呼ばれる旗で、明徳の乱を鎮圧するにあたり、後小松天皇が細川頼有へ与えたというもの。最古級の「錦御旗」伝世品として、広く知られている。(15)②は《神号旒旗》と呼ばれる旗で、やはり明徳の乱にさいして、将軍足利義満が頼有へ与えたというもの。白麻の旗の上部に八幡大菩薩の神号、その下には足利一門が旗印に用いた引両があらわされ、「八」の字は八幡大菩薩の使者と言われる鳩の形に書かれている。(16)なお、いわゆる「錦御旗」とは別に将軍が与える「武家御旗」が存在したことは菅原正子や杉山一弥の指摘どおりだが、(17)現時点で確認される伝世品は②だけではないか。④は、頼有所用と伝えられる《白糸妻取威鎧》のこと。「南北朝時代に流行した白糸妻取威の鎧の特色をよく示す」もので、(18)国の重要文化財に指定されている。

③「頼有公之御旗及竿共」と⑤「頼有公之御守袋」については、いまのところ伝世を明確に確認しえていない。ただし、③については享保八年（一七二三）二月に記された『細川頼有甲冑并旗之覚』（『御宝蔵之御品々之内書抜』所収、永青文庫所蔵、熊本大学附属図書館寄託〈四・八・八八〉）に、「八幡大菩薩」の神号を揮毫した「白旗」が①・②ととも

表1　延宝元年に譲渡されたと推測される古文書一覧

No.	〔史料1〕での表記	該当する現存文書	発給年月日	宛所	中世文書編番号	備考
1	将軍義詮公賜　頼有公之状六幅	足利義詮軍勢催促状	観応三年三月二十四日	細川讃岐十郎（頼有）	9	
2	〃	足利義詮感状	観応三年五月六日	〃	16	
3	〃	足利義詮軍勢催促状	観応三年六月二十七日	〃	18	
4	〃	〃	文和三年八月二十五日	〃	19	
5	〃	室町将軍家御判御教書	文和五年三月十日	細川宮内少輔（頼有）	20	
6	〃	〃	貞治四年十二月十三日	細川右馬頭（頼之）	25	
7	将軍義詮公賜　御家臣之賞状八幅	足利義詮感状	正平六年十二月十五日	香西彦九郎	7	
8	〃	〃	観応三年四月二十日	羽床十郎太郎	10	
9	〃	〃	〃	羽床和泉	11	
10	〃	〃	〃	有田隼人佐	12	
11	〃	〃	〃	太田雅楽左近将監	13	
12	〃	〃	〃	大庭次郎太郎	14	
13	〃	〃	〃	牟礼五郎次郎入道	15	
14	〃	〃	観応三年六月二十日	箕田八郎	17	
15	将軍義満公賜　頼長公之状六幅	足利義満御内書	（明徳三年）後十月十四日	細川刑部大輔（頼長）	32	
16	〃	室町将軍家御判御教書	応永七年三月二十三日	（細川刑部大輔頼長）	38	
17	〃	足利義満御内書	四月二十日	細川刑部大輔（頼長）	44	
18	〃	〃	五月二十四日	〃	45	
19	〃	〃	十月十五日	〃	46	
20	〃	〃	十一月八日	〃	47	
21	将軍義持公所賜安堵状三幅	室町将軍家御判御教書	応永十五年八月二十九日	（細川刑部大輔頼長）	42	
22	〃	〃	応永十八年八月二十一日	（細川九郎持有）	48	
23	〃	〃	応永二十二年十一月十日	〃	49	
24	将軍義教公所賜安堵状及感賞状四幅	〃	永享十年九月十七日	（細川九郎教春）	55	

25	〃	〃	〃	〃	56	
26	〃	足利義教御内書	三月十六日	細川九郎（教春）	73	
27	〃	〃	四月十日	〃	74	
28	御下知状八幅	室町将軍家御教書	応永七年八月二十四日	細川右京大夫（満元）	39	
29	〃	〃	〃	〃	40	
30	〃	〃	〃	細川讃岐入道（義之）	41	
31	〃	室町幕府管領下知状	宝徳二年四月二十九日	（細川弥九郎常有）	76	
32	〃	室町将軍家御教書	〃	細川弥九郎（常有）	77	
33	〃	室町幕府奉行人連署奉書	享徳二年九月十四日	細川弥九郎（常有）代	83	
34	〃	〃	延徳三年四月二十一日	細川五郎（元有）	103	
35						該当文書未検出
36	頼之公御自筆状二幅	室町将軍家御教書	永和三年九月六日	細川右馬頭（頼有）	26	
37	〃	細川頼之書状	（明徳元年）三月十六日	柞田（細川頼有）	30	
38	頼有公譲領地于令嗣之状及遺属之状二幅	細川頼有譲状	嘉慶元年十一月二十六日		27	
39	〃	細川頼有置文	〃	細川九郎（頼長）	28	
40	持之公執達状十五幅	細川持之書状	十一月十一日	治部少輔（細川頼敦ヵ） 刑部少輔（細川持有） 阿波（細川基之）	54	
41	〃	〃	（嘉吉元年）七月二十日	九郎（細川教春）	57	
42	〃	〃	（嘉吉元年）八月十二日	〃	58	
43	〃	〃	（嘉吉元年）八月十九日	〃	59	
44	〃	室町将軍家御教書	嘉吉元年九月五日	細川九郎（教春）	60	
45	〃	細川持之書状	（嘉吉元年）九月六日	九郎（細川教春）	61	
46	〃	〃	（嘉吉元年）九月十四日	〃	62	
47	〃	〃	（嘉吉元年）壬九月一日	〃	63	
48	〃	〃	（嘉吉元年）後九月五日	〃	64	
49	〃	室町幕府管領下知状	嘉吉元年閏九月十六日	（細川九郎教春）	65	

No.	〔史料1〕での表記	該当する現存文書	発給年月日	宛所	中世文書編番号	備考
50	持之公執達状十五幅	細川持之書状	(嘉吉元年)後九月十八日	九郎(細川教春)	66	
51	〃	〃	〃	細川九郎(教春)	67	
52	〃	細川持之遵行状	嘉吉元年十月五日	長塩備前入道(宗永)	68	
53	〃	室町将軍家御教書	〃	山名兵部少輔(教之)	69	
54	持之公執達状十五幅？	〃	文安四年十二月六日	細川刑部大輔(教春)	71	時期的には細川持之の没後
55	勝元公執達之状二幅	〃	享徳二年五月七日	山名相模守(教之)	80	
56	〃	細川勝元書状	六月二十六日	九郎	92	
57	管領代義春入道之状二幅	細川成之書状	(永正五年)三月五日	民部少輔(細川高国)	116	
58	〃	〃	〃	右馬助(細川政賢)	117	
59	常有公之状一幅	細川常有書状	六月二十八日	九郎	91	
60	宣案〈常有公・政有公〉	後花園天皇口宣案	享徳三年十一月二十九日	(細川常有)	未掲載	文末註(14)を参照
61	〃	後土御門天皇口宣案	文明十一年三月三十日	(細川政有)	未掲載	〃

に絵入りで記載されており、おおまかな形状は想定可能。寸法は「二幅弐尺、長八尺五寸」だという。この情報にかんがみると、③は永青文庫に所蔵されるもうひとつの《神号旒旗》（作品番号三七七三。横幅六二センチ、全長二六二・五センチ）である可能性が高い。

ともあれ、こうした武具類等について押さえておきたいことは、譲渡された品々がいずれも頼有ゆかりのものであった点だ。他の歴代当主ゆかりの品々が永源庵に伝えられていなかっただけなのか、肥後細川家サイドで頼有ゆかりの品々をあえて選定し、譲り受けた結果なのか。偏りの要因は定かではない。しかし、いずれにしても頼有は和泉上守護細川家の「始祖」であった。和泉上守護細川家においても、肥後細川家においても、その存在が重要視されたがゆえに、かかる伝来の様相となったのであろう。

（四）延宝元年以後の譲渡

ところで、〔史料1〕に記載された品々が延宝元年（一六七三）に譲渡された後も、永源庵と肥後細川家の間では和泉上守護細川家ゆかりの文化財の遣り取りが続いた。「発見」以来、肥後細川家は永源庵を「先祖」の菩提寺として位置づけており、近代までその関係が継続したためであろう。

たとえば、永青文庫には〔史料1〕に掲載された六十一通以外にも「和泉上守護細川家文書」とおぼしき十一通の文書（ほとんど足利義政の発給文書）が伝来する。細川行孝の命で編纂された中世細川家の歴史書『自家便覧』（熊本県立美術館所蔵）によると、もともとこれらは永源庵に納められていた文書であった。時期はわからないが、延宝元年の譲渡のさいに、あるいはそれ以後に肥後細川家へ譲渡されたものと考えられる[19]。

永青文庫に所蔵される「永源庵文書」というべき古文書群もまた、永源庵から肥後細川家へ譲渡されたものだ。これらは和泉上守護細川家の歴代当主が永源庵および関係寺院、住僧へ宛てた文書で構成され、延宝元年に「和泉上守護細川家文書」とともにいったんは肥後細川家へ譲渡された。しかし、寺の由緒や歴史に関わるという性格を配慮してのことであろう、肥後細川家は永源庵へ「永源庵文書」を返却[20]。その後、ある時点で再び肥後細川家へ譲渡されたと考えられる[21]。なお、現在その大半は帳面に文書を張り込んだ格好で装丁されており、箱には「御寄付状」と墨書した題箋が付されている。

その他では、和泉上守護細川家の歴代当主の肖像画、とくに肥後細川家と接点を有する以前（延宝元年以前）の制作とおぼしい《細川頼有像》や《細川元常像》の存在が注目される。本来は法要に使用されたこれらの肖像画は、明治元年（一八六八）に発布された神仏分離令の影響で永源庵が廃された後に、肥後細川家へ移されたようだ。たとえば、箱に記された墨書によると、《細川頼有像》は昭和十一年（一九三六）頃に肥後細川家へ譲渡されたという[22]。古文書以外の譲渡も見られたこと、譲渡（もはや蒐集というべきかもしれない）は近代まで見られたことに、ここでは注意したい。

このように、永源庵に納められていた和泉上守護細川家ゆかりの文化財の数々は、延宝元年の譲渡を画期として、長い時間をかけて肥後細川家へ譲渡されていった。しかも、その構成は古文書のみに終始しているわけではない。武具類や肖像画など、和泉上守護細川家の由緒と歴史を物語るさまざまな品々が含まれていた。

二　肥後細川家の系譜認識とのかかわり

前節では、和泉上守護細川家ゆかりの文化財の伝来経緯と概要を確認した。それでは、これらの文化財の存在は、肥後細川家における系譜認識の形成や変遷にどのような影響を与えた（あるいは与えなかった）のであろう。

（一）　肥後細川家における系譜認識の形成

この疑問を考える前提として、本項では肥後細川家における系譜認識の形成過程を確認したい。

自家の歴史を調査し、系譜を確定する機会をはじめて肥後細川家へ提供したのは、寛永十八年（一六四一）二月にスタートした『寛永諸家系図伝』編纂事業であった。周知のように『寛永諸家系図伝』は、諸大名に提出させた系譜をもとに江戸幕府が編纂したはじめての武家系譜集である[23]。肥後細川家の場合、細川幽斎の「家之書物」に関する問い合わせに返答した同年三月九日付細川忠興書状が残っており[24]、遅くともこれ以前に調査ははじまっていたようだ[25]。ただし、肥後細川家における調査は当初より難航の様相を呈した。調査開始よりまもなくして、時の当主・細川忠利が病没したためである。幕府の編纂担当者・太田資宗は、忠利の跡を継いだ細川光尚へ系譜の提出を依頼したが、若い光尚は対応に苦慮。祖父・忠興に依頼するよう資宗に返答した。その結果、調査は忠興の記憶を頼りに進められることとなり、忠興は資宗に対して「覚書」〔史料2〕を提出した。

〔史料2〕（寛永十八年）十二月二十日付細川忠興覚書写[26]

覚

夜前ハ太田備中殿（資宗）之御撚持セ給候、ハや夜ニ入申ニ付、先御使ハ返シ申候キ、

一、諸家先祖之系図被成御尋ニ付、私モ書上可申之由、此義内々承及候間、存候分、此中書付置可申事ニ御座候へ共、幽斎（細川）ハ三淵家ヨリ出タル者ニテ御座候、三淵ハ尊氏（足利）之ヲトシ子ニテ御座有タル由候、同名之ナキ様ニト候て、三淵ト作リ名字ニテ御座候由、幽斎男女之ヲトトイ（弟兄）共語リ申ヲ、私セカレニテ承置候ツル、其分カト存居申タルマテニテ御座候事、

一、但三淵之家ハ、御へや衆頭ニテ御座候へ共、御供衆ヨリハ下ニテ御座候事、

一、幽斎ハ、細川伊豆（高久）トヤラン、細川刑部少輔（晴広）トヤランニヤシナハレ、御供衆ニ罷成候ニ付、幽斎書物ハ越中（細川忠利）ニ渡シ遣申候シ、其内ニ御座候も、無御座候も肥後（細川光尚）可存候事、

一、私ハ大外様ト申物ニ罷成候て、又幽斎ト別家ニ罷成候、如此段々ニ御座候故、三淵系図も、又幽斎系図モ、私タメニハ入不申ニ付、一切不存候事、

一、大外様ト申ハ、大名ト御供衆之間ニテ御座候、国ヲ持候へハ大名ナミノ由承及候事、（後略）

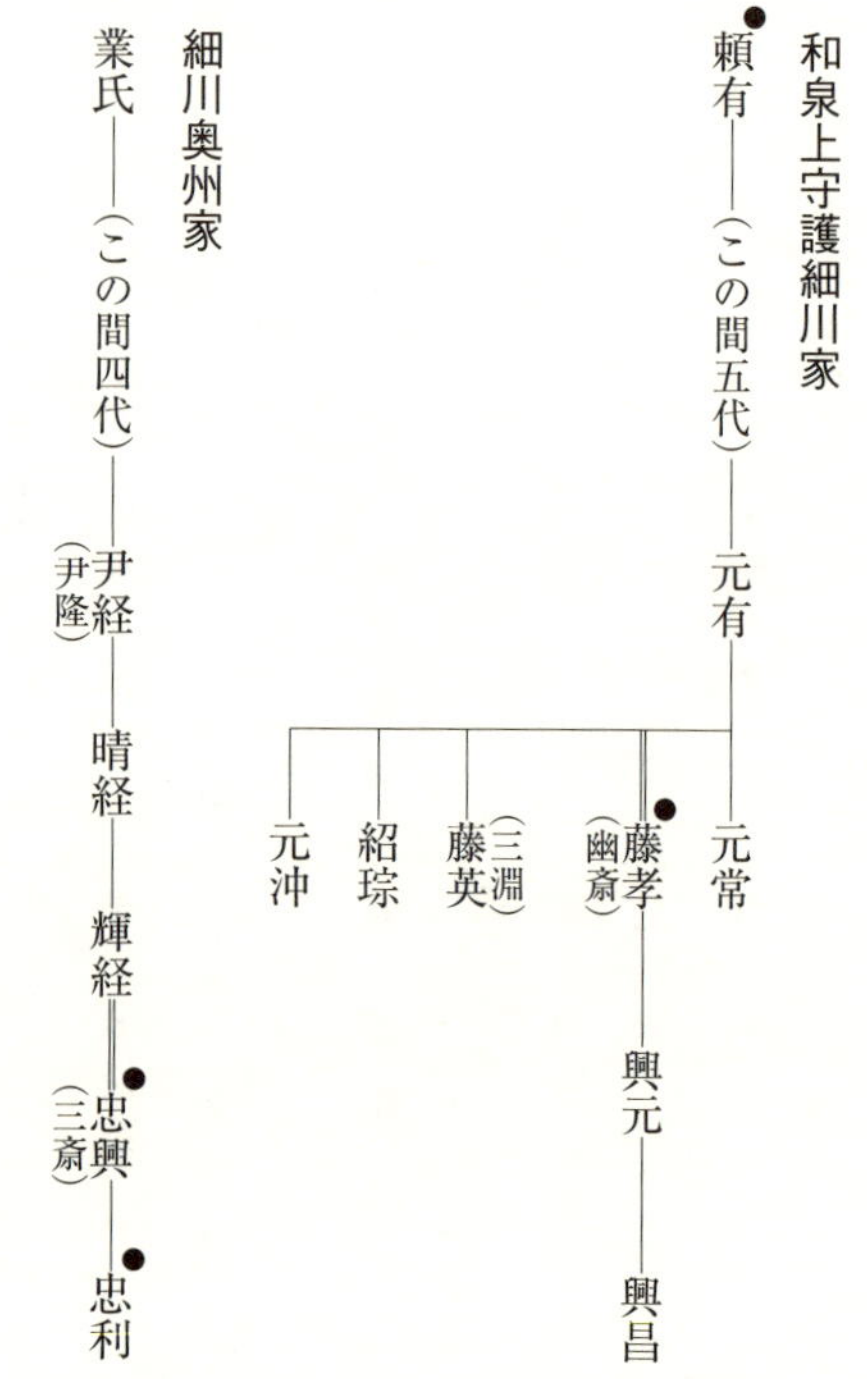

図１　『寛永諸家系図伝』に見える肥後細川家系図（略、養子を意味する二重線は筆者）

それでは、この時点で忠興はどのような系譜認識を持ち、資宗へ示したのであろう。

最初に忠興は、幽斎は室町幕府の御部屋衆頭であった三淵家の出身と明言。三淵家は足利尊氏の「ヲトシ子」の子孫であることと、他家と名字が同じにならないよう三淵なる名字が作られたという幽斎の証言を紹介している。

続いて三条目では、幽斎は「細川伊豆」「細川刑部少輔」に養われて御供衆になった、すなわち御供衆の家格を有する両名の家へ養子入りし、その名跡を継いだと証言している。幽斎を養った彼らが淡路守護細川家の名跡を継承する細川高久・晴広父子であったことは、山田康弘が明らかにしたとおりだ。(27) しかし、「細川刑部少輔トヤラン」という書き振りに象徴されるように、忠興は実名まで思い出せなかったらしく、このことが肥後細川家における系譜認識に大きな影響を与えることとなっていく。

四条目は、忠興本人の身の上を示す証言。自身は大外様衆となり、幽斎とは別家になったこと、そのために幽斎や三淵家の系図は不要であり、知っていることもない、と述べている。じつのところ忠興は、若い頃に大外様衆の家格を有する細川陸奥守輝経の養子となっていた。(28) 五条目に記されるように、室町幕府において大外様衆は大名（国持衆）と御供衆の中間の家格にあたり、幽斎の御供衆より格上であった。つまり、忠興にとって重要だったことは、幽斎の出自や養子入り先の解明もさることながら、自身が幽斎より高い家格を有する細川奥州家を継承したという事実であった。

こうした忠興の系譜認識を踏まえつつ、肥後細川家の系譜は寛永十九年秋までに完成を迎えた。図1は、『寛永諸家系図伝』に掲載された肥後細川家の系図を簡略化したものである。これを見ると、三淵晴員の子息、三淵藤英の兄弟として生まれた幽斎は、[29]和泉上守護細川家の当主・細川元有の養子になったとされる。一般的に幽斎の養父とみなされてきた細川元常は、この時点では義理の兄弟という位置づけだ。また、忠興以降の歴代当主は細川奥州家の系譜上に記載されている。幽斎とは別家になった、忠興が継承した細川奥州家のほうが家格は高い、という点を反映してのことであろう。

このように肥後細川家の系譜認識は、『寛永諸家系図伝』の編纂をきっかけとして、厳密さという点ではいささか心もとないまま、[30]幽斎と和泉上守護細川家の関係、忠興(肥後細川家)と細川奥州家の関係を基軸にして成立したのであった。

(二) 系譜認識の形成と和泉上守護細川家ゆかりの文化財

『寛永諸家系図伝』の編纂によって、肥後細川家の系譜ははじめて確定された。それでは、前節で確認した和泉上守護細川家ゆかりの文化財は、ここにどういった影響を与えた(あるいは与えなかった)のであろう。

結論を先に言うと、この時点で和泉上守護細川家ゆかりの文化財は、肥後細川家における系譜認識の形成にまったく影響を与えていない。すでにお気づきのように、『寛永諸家系図伝』編纂の時点で、それらはまだ肥後細川家に譲渡されていなかったためだ。延宝元年(一六七三)の譲渡は、『寛永諸家系図伝』編纂に係る肥後細川家の系譜完成から五十年ほど経った後の出来事。両者に因果関係は生じえない。

ただし、そうするとここで新たな疑問が生じよう。和泉上守護細川家ゆかりの文化財を入手していないにもかかわらず、なぜ肥後細川家は同家と系譜関係を形成したのか、換言すれば、なぜ細川幽斎は和泉上守護細川家の当主・細川元有に養子入りしたとみなされたのか、という疑問である。

はっきりした理由はわからないけれど、どうもその要因は元有の名乗った「刑部少輔」という官途にあったようだ。たとえば、肥後細川家の「正史」とされる『綿考輯録』を編纂した熊本藩士・小野武次郎景辰（景湛）は、このことについて「三斎君《（細川忠興）》之御書（史料2）」に「伊豆と哉覧、刑部少とやらんにやしなはれと被遊たるを以て、刑部少輔《（細川）》元有公之御養子と推究めたるにては有之ましきや」と推測している[31]。おそらく景辰の言うとおりで、系譜の提出を迫られた肥後細川家は、時期的にも家格的にも幽斎の養父に相応しい「細川伊豆」「細川刑部少輔」を中世の細川一門に捜し求め、最終的に細川刑部少輔元有という人物を発見し、養父に選定したのであろう。こうして幽斎は元有の養子として『寛永諸家系図伝』に記載され、肥後細川家は和泉上守護細川家と系譜関係を形成することとなった。

しかし、この時に編まれた肥後細川家の系譜は大きな齟齬を孕んでいた。元有の没年は明応九年（一五〇〇）。幽斎は天文三年（一五三四）生まれだから、元有は養父になりえない。

ここで注意すべきは、齟齬の事実そのものより、それが生じた理由であろう。案ずるに、この齟齬は和泉上守護細川家の歴代当主に係る年忌情報を有していなかったことで生じた単純な誤解である。そして、そのことは『寛永諸家系図伝』編纂の段階で肥後細川家が、年忌情報を集積する菩提寺・永源庵の存在を、ひいては和泉上守護細川家ゆかりの文化財の存在を把握していなかった状況をあらためて示唆する。肥後細川家がはじめて経験した系譜の確定作業は、驚くほど手がかりの少ない中で進められていたのであった。官途を頼りに幽斎の養父探しが行われ、結果的に齟齬が生じた背景は、このように理解されるべきであろう。

（三）　系譜認識の変遷と和泉上守護細川家ゆかりの文化財

和泉上守護細川家の菩提寺・永源庵と同家ゆかりの文化財の存在を知らないままに、形成された肥後細川家の系譜認識。ただし、系譜認識はここで完全に固まったわけではなく、時代とともに少しずつ変遷を遂げていく。それでは延宝元年（一六七三）に譲渡された和泉上守護細川家ゆかりの文化財は、その変遷にどのような影響を与えていくのであろう。

現時点で想定される最大の影響は、和泉上守護細川家ゆかりの文化財が提供する史的情報を手がかりとして、肥後細川家の系譜認識に修正が加えられていった点である。先述したように、『寛永諸家系図伝』に記載された細川幽斎と細川元有の養子関係は成立しえないものであった。しかし、「永源庵」の発見によって年忌情報を獲得し、譲渡された和泉上守護細川家ゆかりの文化財に含まれる古文書等により歴代当主の活動時期が判明したことで、肥後細川家はこの齟齬を確認。十八世紀以降、元有養父説に修正を加えていく。

以下、先学の成果を頼りに経緯を少し追ってみるとしよう。[32]細川行孝の命で編纂された最初期の家譜『自家便覧』『藤孝公譜』を見ると、元有の没年と幽斎の生年を明記しながらも、ここでは元有養父説を採用している。おそらく編者は、齟齬に気づいていたに違いない。しかし、別人を当て込むわけにもいかず、『寛永諸家系図伝』の記載に従ったと思われる。同様の状況は、享保四年（一七一九）付の跋を有する井沢長秀撰述『御家伝』まで続くという。

幽斎の養父について新見解を提示した人物は、細川宣紀・宗孝父子に仕えて『御家譜』を編纂した熊本藩士・平野長看であった。「御伝来之御書なとを以取しらへた」とされる長看は、齟齬に気づいたのであろう、幽斎の養父を元有の子息・元常と推定。[33]『寛永諸家系図伝』編纂を通じて形成された肥後細川家の系譜認識に修正を加え、元常養父説を提示した。[34]

和泉上守護細川家との系譜関係を維持しつつ元有養父説の齟齬を解消する元常養父説は、肥後細川家にとって都合の良い新説であったのだろう、これ以後、系譜認識の中で通説の位置を占めていく。その位置づけを決定的にしたのは、宝暦の改革で有名な細川重賢のもとで家譜の編纂に携わった小野景辰である。長看が編纂した『御家譜』を高く評価し、基礎資料に位置づけて編纂を進めた景辰は、さらに関連資料を洗い直し、元有養父説が誕生した経緯を次のように推測した。

〔史料3〕『藤孝公御養子ノ事』[35]

刑部之御官名は御代々之御家例と見へ申候〈元有《（細川）》様は御幼名五郎より刑部少輔に而御おわり被成、元常《（細川）》様は右馬介・刑部少輔・右馬頭、後に播磨守と被号候、ケ様之事委くはわかり不申、元有様を刑部様と覚、元常様を播磨守とはかり覚たるならんか〉、右之通故元有様の御養子と御書出に成候も左もて有事と奉存候、

景辰は、元有養父説が誕生した最大の要因を官途とみていた。『寛永諸家系図伝』編纂の時点で元有・元常両人の官途は「委くはわかり不申、元有様を刑部様と覚、元常様を播磨守とはかり覚たる」ゆえに、元有を養父に選定してしまったのだという。

それでは、どうして新たに元常が養父と認定されたのであろう。この点について、景辰は次のように述べていた。

〔史料4〕『藤孝《（細川幽斎）》公御養子ノ事』（傍線・丸数字は筆者）

①元有《（細川）》様御卒去より藤孝様御養子にならせられ候迄、御家之御正統五十ヶ年程御中絶之所を元常《（細川）》様御踏締、城州青竜寺辺三千貫より段々御手開け、丹後・豊前・肥後と次第に大国に御進み被成、御当代に至らせられ候、

（中略）

②元常様も少之間刑部少輔と申候、

（中略）

③元常様より永源庵に御納被置候御品々、綱利《細川》様御代に至、丹後守行孝《宇土細川》主の御取計に而、右御品々数十通之御感書等并永源庵過去帳なとも出候而、夫々相分り、右大切之御品・御感状等は被留置〈御国之御宝蔵・御城にもあり〉、御寄附状等は永源庵に御返被成、其砌寺領百石御寄附被成候、④是よりして元常様御正統之趣、委く相分、其証跡正敷候へとも、公義江御達等之儀はいか様とも御詮義無御座候哉、

掲載順と前後するが、〔史料4〕傍線部③・④によると、元常によって永源庵へ納められた「御品々」、すなわち和泉上守護細川家ゆかりの文化財が譲渡されたことにより、「元常様御正統之趣」は「委く相分」った。元有と幽斎の間「五十ヶ年」には、元常が存在したのである（傍線部①）。しかも元常は、一時期だけ刑部少輔を名乗っていたという（傍線部②）[36]。

つまり元常養父説は、和泉上守護細川家ゆかりの文化財が提供する史的情報に基づいた検証を経て、生み出されていた。ゆえに景辰は、最終的にこれを採用したのであった。

（四）細川元常養父説の公式見解化

こうして肥後細川家の系譜認識は、公式見解まで含めて修正の方向へ進みはじめた。いささか脱線するけれど、ここではその後の経緯を簡単に押さえておきたい。

まずは藩内の動きである。天明二年（一七八二）、小野景辰は「中清書」本という格好で「泰勝院様《細川幽斎》」より「真源《細川》

院様（光尚）」までの事績を記した『綿考輯録』を「御役所」へ提出。「御家譜増補之儀数年心懸、此度致全備候」ことに満足した藩主・細川重賢は、翌年三月に景辰を熊本城下の花畑屋敷へ召し出してその働きを褒賞した。重賢は『綿考輯録』の写本を座右に配し、しばしばこれを手に取っていたという(37)。その結果なされた褒賞は、『綿考輯録』が肥後細川家の「正史」に位置づけられた様子を示す一方で、重賢がその内容を確認し、承認を与えた事実を物語っている。幽斎の養父問題をはじめ、内容に不備・不足があれば褒賞したりしないであろう。『綿考輯録』の閲覧を通じて重賢は元常養父説を確認し、結果的にそれを承認する役回りを担うこととなった。

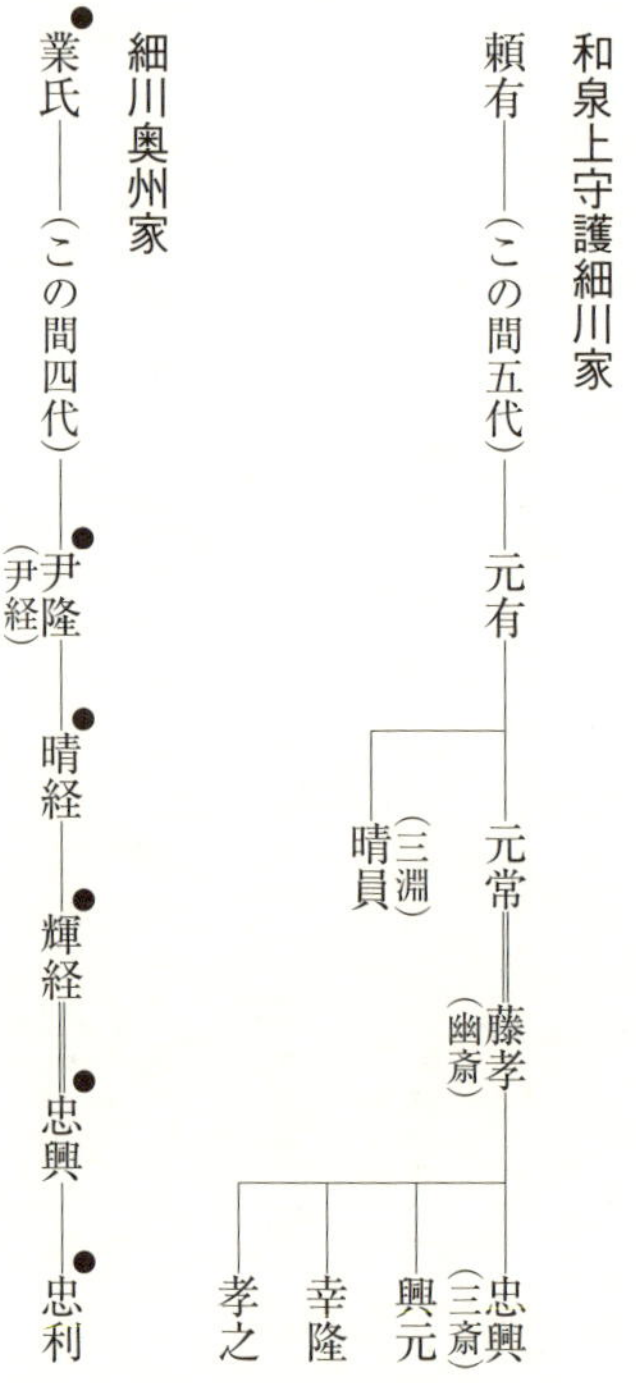

図2　『寛政重修諸家譜』に見える肥後細川家系図（略、養子を意味する二重線は筆者）

ただし、これで完全に元常養父説が元有養父説に取って代わったわけではない。『寛永諸家系図伝』の手まえ、肥後細川家は江戸幕府に対する系譜修正の申し入れを差し控えていたのである。たとえば、景辰は『寛永諸家系図伝』をすぐに差し替えるのではなく、幕府の問い合わせがあり次第、元常養父説を示せばよい、と考えていた(38)。

結局、肥後細川家が系譜の修正を幕府へ申請したのは文化七年（一八一〇）のこと。新たに命じられた『寛政重修諸家譜』編纂にあたり、系譜提出を求められたおりのことであった。

〔史料5〕（文化七年）十月晦日付池永喜三左衛門書付(39)

寛永年中諸家之系図御改之節、越中守（細川斉茲）先祖肥後守（細川）光尚より差上置候系図之内、兵部大輔（細川幽斎）藤孝儀、刑部少輔（細川）元有養子之系ニ書上置、旧記ニ茂右之通有之、於其後追々尽吟味候処、依室町家之命、藤孝儀、（細川）播磨守元常養子ニ相成候旨之家記茂有之、區々ニ相見候、光尚儀者、右旧記之通を以書上置候儀ニ可有御座処、元有遺跡者元常相続仕、其上藤孝儀、元有没後数十年を経、元常代ニ至出生仕候付、旁元常養子ニ相成候儀可為実跡相見候付、此度差出候系譜、元常養子之系ニ相認申度奉存候、右之趣相伺候様、越中守申付候、以上、

細川越中守内

十月晦日　池永喜三左衛門

右に掲げた〔史料5〕は、江戸留守居・池永喜三左衛門が幕府の大目付・井上美濃守へ提出した書付。『寛永諸家系図伝』に見える齟齬の存在と内容、齟齬が生じた要因を書き上げたうえで、元常養父説へ修正を加えたい旨を打診する内容のものだ。この申請の後、どういった手続きや遣り取りがなされたのか、今のところよくわかっていないけれど、最終的に元常養父説への修正は認められたらしい。文化九年に完成した『寛政重修諸家譜』（続群書類従完成会）において幽斎の養父は、元常に改められている（図2）。

こうして元常養父説は、肥後細川家の系譜に係る公式見解として内外に認められた。近年まで通説とされてきた元有―元常―幽斎という継承ラインは、ここで正式に確定したのである。

おわりに

本稿では、先学の成果に導かれつつ、和泉上守護細川家ゆかりの文化財の伝来経緯と概要、そしてその存在が肥後細川家の系譜認識に与えた影響について検討してきた。ひとえに筆者の能力不足により、永青文庫に伝えられた史料

を充分に活用できず、雑駁な整理に終始してしまった感は否めないけれど、ともあれ最後に残された課題と少し思い切った見通しを書き記し、不備の多い拙文に幕を引くとしよう。

ひとつは、肥後細川家の人々、ひいては熊本藩の人々は、本稿で確認してきたごとき和泉上守護細川家との関係をはたしてどれほど認知していたのか、という問題である。本稿は、ここに切り込むまで至っていない。

詳細は後日に譲らざるを得ないが、見通しを述べておくならば、『寛永諸家系図伝』編纂のおりに系譜認識が形成されて以来、時間の経過とともに和泉上守護細川家との関係は広く認知され、関心も高まっていたと考えられる。(40)『寛永諸家系図伝』の編纂後に譲渡された和泉上守護細川家ゆかりの文化財が提供する史的情報などを手がかりとして、家の由緒をたどり、藩祖に位置する細川幽斎・忠興父子の事績を顕彰する家譜がたびたび編纂された事実、(41)細川頼有所用《白糸妻取威鎧》の模造品や、(42)和泉上守護細川家歴代当主の肖像模本が制作された事実は、(43)そうした状況を示唆していよう。

また、幽斎の場合、古今伝授の継承者として江戸時代の歌界で重要視されていた点にも注意が必要だ。たとえば、俳諧連歌を大成した松永貞徳は、師と仰ぐ幽斎を「定家卿の御再誕」に位置づけて称揚し、自己の流派の正統性を高めようとしていた。そのような貞徳門流の動きもあって、江戸時代には幽斎の著作が（偽書も含めて）広く流布したという。(44)他の歴代当主と違って幽斎の存在感は、肥後細川家の内部に留まるものではなかった。幽斎に対する、ひいてはその出自に対する人々の関心は、思いのほか高かったに違いない。(45)

さて、このように見通してみた場合、和泉上守護細川家ゆかりの文化財はどのような意味を持っていたのであろう。

本論中で確認したように、江戸時代初期まで自明ではなかった肥後細川家の系譜認識は、『寛永諸家系図伝』編纂をきっかけとして成立。その後に和泉上守護細川家ゆかりの文化財は永源庵で「発見」され、先行して成立した系譜認識に基づいて肥後細川家へ譲渡された。系譜が先で、モノはあと。モノに即して和泉上守護細川家との系譜関係は成立したわけではない。

しかし、右のごとき経緯に留意する人物はどうやらいなかったようだ。結果的に和泉上守護細川家ゆかりの文化財は、和泉上守護細川家と肥後細川家の連続性を象徴する家宝となっていたとおぼしい。江戸時代からこんにちに至るまで、両家の関係を可視化する違和感のない「物的証拠」とみなされ、語られ続けてきたと、いまは考えておきたい(46)。

もうひとつ述べておきたいこと、それは『寛政重修諸家譜』以後に見られた系譜認識のさらなる変遷の問題である。以下、川島慶子の研究成果に学びつつ、少しだけ話を進めよう(47)。

明治五年（一八七二）十一月、明治政府の太政官は「各藩諸家」に対して系譜の提出を命じた。「国史編輯」事業に使用するためであった。この指示に従い、肥後細川家はあらためて系譜を作成。明治七年に太政官へ提出した(48)。

こうして新たに作成・提出された系譜で注目すべきは、細川忠興の位置づけだ。『寛永諸家系図伝』『寛政重修諸家譜』のいずれにおいても、忠興は細川奥州家の継承者に位置づけられていた。しかし、このときに提出された系図にその様子は見られない。忠興とそれに続く歴代当主は、こんにち一般的に流布している系図と同様に、和泉上守護細川家に連なる細川幽斎の後継者としてのみ記されている。『寛永諸家系図伝』の編纂から二三〇年、忠興のこだわった細川奥州家との系譜関係はほぼ完全に退けられてしまい、肥後細川家の系譜認識はここに最大の変化を迎えた。

それではなぜ、明治時代に至ってかかる大きな修正が加えられたのであろう。ここですぐに結論を用意することはできないけれど、おそらくひとつの要因は江戸幕府崩壊の影響にあろう。幕府崩壊によって『寛永諸家系図伝』や『寛政重修諸家譜』の記載内容は、誰にはばかることなく修正可能となった。細川奥州家との系譜関係を退けるという思い切った発想は、こうした状況で生まれたと考えられる。

もうひとつの要因は、肥後細川家における系譜認識が、この時点までに「「先祖」は細川奥州家ではなく和泉上守護細川家」という格好へ移行・変遷していた点にあろう。振り返ってみれば、『寛政重修諸家譜』において忠興は養父・細川輝経の後継者としてだけでなく、幽斎の実子としても掲載され（図2）、和泉上守護細川家の後継者として新たな位置を与えられていた。遅くとも『寛政重修諸家譜』編纂までに変遷はスタートしていたわけだ。

察するに、かかる状況の背景には、江戸時代中期以降に諸藩で高まりを見せていた藩祖顕彰の動きがあったのかもしれない。肥後細川家の場合、とくにクローズアップすべきは幽斎の存在である。近世大名としての基礎を築き、古今伝授の継承者としても名高い幽斎は、家の歴史と文化の根幹に位置する最も重要な人物であった。藩の内外で事績の顕彰が進められる中、肥後細川家は系譜上においても幽斎との連続性を強く意識し、強調する方向にシフトしていたのではないだろうか。

このような背景を想定すると、ここで意味あいを増してくるのは和泉上守護細川家ゆかりの文化財である。繰り返すまでもなく、幽斎は同家へ養子入りしたとされてきた。幽斎と因縁のある品々だと、みなせないこともない。しかも、幽斎の継承した和泉上守護細川家ゆかりの文化財は手もとに伝来している一方で、忠興の継承した細川奥州家ゆかりのものは伝わっていなかった(49)。肥後細川家としては、どちらに親近感を抱きやすく、系譜の連続性を主張しやすかったであろう。この想像は、じつに容易である。

いささか飛躍し、先走ったかかる見通しは、いまだ印象論の域に留まる筆者個人の卑見に過ぎない。けれども、こんにち私たちが目にする和泉上守護細川家と肥後細川家の一体的なイメージを理解するうえでは、まったく意味のない話題でもあるまい。あらためて論じる機会を期すとしよう。

註

（1）たとえば、精力的に和泉上守護細川家の研究を進めた森田恭二は「永青文庫蔵「細川家文書」には、和泉上守護家の文書が多数保存されている。すなわち藤孝が継いだ家系は、代々和泉上守護を勤めた細川家一流であった」「近世大名細川家に、中世以来の和泉上守護家文書が受け継がれた所に、細川藤孝の嫡流細川家の歴史の重みが感ぜられる。中世以来の細川氏の歴史と文化が、この家系には伝えられた」と述べていた（同「和泉守護細川氏の系譜をめぐる諸問題」〈『帝塚山学院大学人間文化学部研究年報』二、二〇〇〇年〉）。細川幽斎の養父に疑問符が付くまで、和泉上守護細川家ゆかりの文化財に係るこうした認識は一般的な理解であり、筆者もまたその例外ではなかった。

（2）山田康弘「細川幽斎の養父について」（『日本歴史』七三〇、二〇〇九年）、同「足利将軍直臣としての細川幽斎」（森正人・鈴木元編『細川幽斎　戦塵の中の学芸』笠間書院、二〇一〇年）。以下、山田の見解はこれらの論文による。

（3）細川高久・晴広父子については、設楽薫「足利義晴期における内談衆の人的構成に関する考察―その出身・経歴についての検討を中心に―」（『遥かなる中世』一九、二〇〇一年）を参照。

（4）なお、和泉上守護細川家ゆかりの文化財の伝来経緯については、すでに高浜州賀子「細川幽斎・三斎・忠利をめぐる禅宗文化（一）」（『熊本県立美術館研究紀要』一、一九八七年）や岡田謙一「肥後熊本藩主細川家と「細川家文書」」（『日本歴史』七三七、二〇〇九年）による指摘があり、筆者もまた拙稿「永青文庫所蔵の「中世文書」」（熊本大学文学部附属永青文庫研究センター編『永青文庫叢書　細川家文書　中世編』吉川弘文館、二〇一〇年。以下、本稿では前稿と呼称する）で整理を試みた。これらの成果を踏まえ、本稿ではあらためて伝来経緯を確認してみたい。

（5）『永源師檀紀年録』（永青文庫所蔵、熊本大学附属図書館寄託〈四・六・八四〉）天文二十年九月二日条。なお、和泉上守護細川家と永源庵の関係については、前掲註(4)高浜論文を参照。

（6）宇土細川家の成立経緯と初代当主・細川行孝の事績については、松下宏則「宇土支藩の成立」（宇土市史編纂委員会編『新宇土市史　通史編第二巻　中世・近世』宇土市、二〇〇七年）を参照。

（7）『衆妙集』については、土田将雄編『衆妙集』（古典文庫、一九六九年）を参照。

（8）細川行孝の曽孫・細川興文が記した『自家便覧　十五』奥書などによると、行孝は侍医・前田玄篤に命じて『自家便覧』および『藤孝公譜』『忠興公譜』の草稿を執筆させ、山羽平蔵に清書させたという。なお、これらの家譜については、興文が制作させた写本が熊本県立美術館に所蔵されている。詳細は、拙稿「宇土細川家で編纂・制作された『細川家譜』」（『熊本県立美術館研究紀要』一三、二〇一三年）を参照。

（9）ここであえて「発見」という表現を用いたのは、『寛永諸家系図伝』が成立し、細川頼有を祖とする和泉上守護細川家を「先祖」と認識しながら、この時点でいまだ肥後細川家は永源庵の存在を把握していなかったとおぼしいためである。

（10）（寛文十二年）六月三日付武田玉翁書状『宇土細川家文書』二〇〇五号文書（九州大学附属図書館付設記録資料館九州文化史資料部門所蔵）、（同年）七月二十五日付同書状『同』二〇〇六号文書など。

（11）（延宝元年）六月五日付細川行孝書状『正伝永源院所蔵文書』。

（12）前掲註(11)細川行孝書状、延宝元年十月二十八日付細川綱利寄進状『正伝永源院所蔵文書』。

（13）永青文庫所蔵、熊本大学附属図書館寄託（四・六・七八―一）。

（14）和泉上守護細川家文書の概要と性格については、前稿で大まかな整理を試みている。あわせて参照していただきたい。

なお、前稿を掲載する熊本大学文学部附属永青文庫研究センター編『永青文庫叢書　細川家文書　中世編』（吉川弘文館、二〇一〇年）は、永青文庫所蔵の中世文書を網羅的に紹介せんとするものであった。しかし、刊行後の調査で新たに三点の中世文書が発見された。遺漏分として、ここに紹介しておきたい（写真）。

①　享徳三年十一月二十九日付後花園天皇口宣案

②　文明十一年三月三十日付後土御門天皇口宣案

③　天正十三年十月六日付正親町天皇口宣案

これらの口宣案は「宣案〈常有公／政有公／藤孝公　三／二〉通之内」と墨書された木箱に一括して納められ、東京目

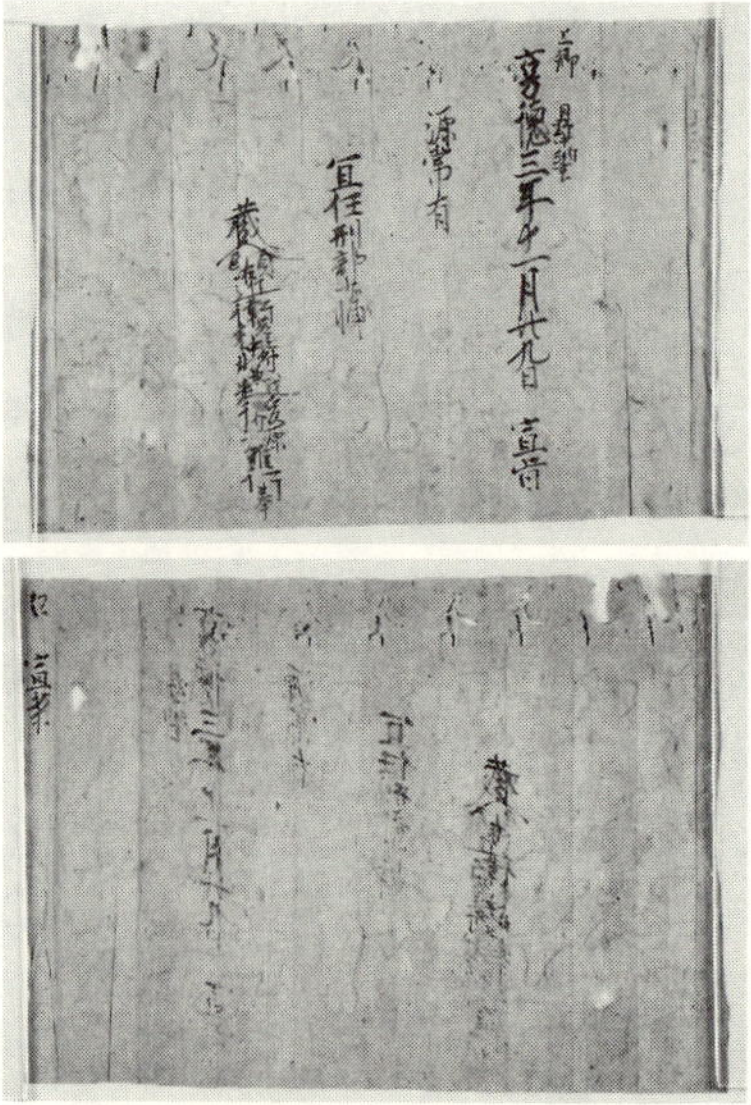

①　後花園天皇口宣案（下：裏）

白台の永青文庫に架蔵されている。箱書に見える「藤孝公」と「三」の字は、明らかな追筆である。①・②は、〔史料1〕に見える「宣案〈常有公・政有公〉」に該当するものと考えられ、これにより〔史料1〕掲載の古文書については、（筆者の突き合わせにミスがなければ）ほとんどの所在を確認することができた。

(15) 中世における「錦御旗」については、菅原正子「中世の御旗―錦御旗と武家御旗―」（同著『中世の武家と公家の「家」』吉川弘文館、二〇〇七年。初出は一九九一年）、杉山一弥「室町幕府における錦御旗と武家御旗―関東征討での運用を中心として―」（二木謙一編『戦国織豊期の社会と儀礼』吉川弘文館、二〇〇六年）を参照。

(16) 拙稿「《神号旒旗》解説」（熊本県立美術館編・発行『永青文庫の至宝展』二〇一一年）。

(17) 前掲註(15)菅原論文、杉山論文。

(18) 池田宏「《白糸妻取威鎧》解説」（東京国立博物館他編『細川家の至宝―珠玉の永青文庫コレクション―』NHK・NHKプロモーション、二〇一〇―二〇一一年）。

(19) 〔史料1〕に掲載されていない「和泉上守護細川家文書」の概要と伝来経緯については、前稿を参照。

(20) （延宝元年）十月二十八日付細川綱利書状『正伝永源院所蔵文書』など。

(21) 「永源庵文書」の概要と伝来経緯については、前稿を参照。

② 後土御門天皇口宣案（下：裏）

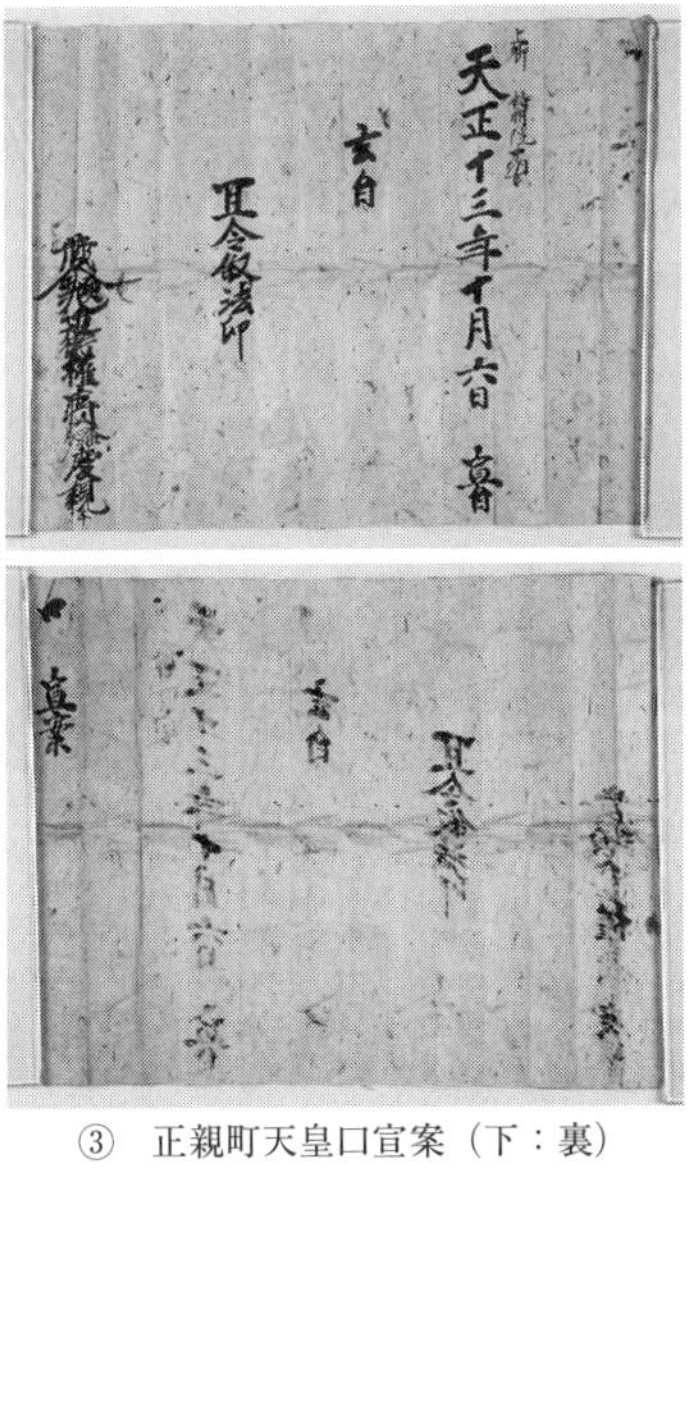

③ 正親町天皇口宣案（下：裏）

(22) 畑靖紀「《細川頼有像》解説」(『細川家の至宝―珠玉の永青文庫コレクション―』)。
(23) 『寛永諸家系図伝』については、山本信吉「『寛永諸家系図伝』について」(日光東照宮社務所編『日光叢書　寛永諸家系図伝　第一巻』続群書類従完成会、一九八九年)、橋本政宣「寛永諸家系図伝と諸家の呈譜」(同書)、小宮木代良「近世前期領主権力の系譜認識―寛永諸家系図伝の作成過程から―」(九州史学研究会編『『九州史学』創刊五〇周年記念論文集　上　境界のアイデンティティ』岩田書院、二〇〇八年)などを参照。
(24) (寛永十八年)三月九日付細川忠興書状『大日本近世史料　細川家文書　巻七』一六九三号文書。
(25) このあたりの事情については、橋本政宣「寛永諸家系図伝と細川系図」(『日本歴史』五〇一、一九九〇年)を参照。
(26) 『寛永諸家系図伝』(内閣文庫所蔵)。
(27) なお、細川幽斎の養父を考える場合、彼の家格を「御供衆」とした細川忠興の証言は注目に値する。室町幕府における家格秩序において和泉上守護細川家は「国持衆」に、細川高久・晴広父子が継承した淡路守護細川家は「御供衆」に位置づけられていたためだ。家格の点からも、幽斎が淡路守護細川家へ養子入りしたとする山田康弘の指摘は補強されよう。なお、室町幕府における家格の問題については、二木謙一「室町幕府御供衆」(同著『中世武家儀礼の研究』吉川弘文館、一九八五年。初出は一九八三年)、同「室町幕府の支配体制と武家の格式」(同著『武家儀礼格式の研究』吉川弘文館、二〇〇三年。初出は一九九八年)を参照。
(28) 細川輝経の事績については、福原透「角田因幡守入道宗伊・細川陸奥守入道宗賢の事蹟について」(『熊本史学』七四・七五合併号、一九九八年)を参照。
(29) 三淵晴員および三淵藤英については、金子拓「室町幕府最末期の奉公衆三淵藤英」(『東京大学史料編纂所研究紀要』一二、二〇〇二年)を参照。
(30) たとえば、〔史料2〕で細川忠興が触れていた「細川伊豆」の存在は捨象されている。また、和泉上守護細川家についても、細川元常以後の当主は検証されていない。元常以後も当主が存在したことは、岡田謙一「細川澄元(晴元)派の和泉守護細川元常父子について」(小山靖憲編『戦国期畿内の政治社会構造』和泉書院、二〇〇六年)、馬部隆弘「畠山氏による和泉守護細川家の再興―「河州石川郡畑村関本氏古文書模本」の紹介―」(『三浦家文書の調査と研究―近世後期北河内の医師三浦蘭阪蒐集史料―』大阪大学大学院文学研究科日本史研究室・枚方市教育委員会、二〇〇七年)などを参照。
(31) 『綿考輯録　巻二』(永青文庫所蔵)。なお、本稿では石田晴男・今谷明・土田将雄編『出水叢書1　綿考輯録　第一巻』(汲古書院、一九八八年）の翻刻によった。

(32) 肥後細川家の家譜類に見える細川元有養父説から細川元常養父説への変遷については、土田将雄「解説—細川藤孝出自考—」（『出水叢書7　綿考輯録　第七巻』一九九一年。初出は一九八二年）を参照。

(33) 細川元常は、文明十四年の生まれ。父・細川元有の死後に和泉上守護細川家を継ぎ、将軍足利義澄・義晴らに仕えて各地を転戦。天文二十三年に死去した。年代的には、天文三年に出生した細川幽斎が養子になったと考えて違和感のない人物ではある。なお、元常については、前掲註(30)岡田論文などを参照。

(34) 『御家譜』（永青文庫所蔵、熊本大学附属図書館寄託〈七・七・六〉）。

(35) 永青文庫所蔵、熊本大学附属図書館寄託（四・八・三一）。なお、本稿では『出水叢書7　綿考輯録　第七巻』の巻末解説に掲載される翻刻によった。

(36) ただし、細川元常が刑部少輔を名乗ったとする見解は誤りであろう。元常は永正四年八月以前に刑部大輔に任官し、天文二年二月以前に播磨守へ転じていた。この点については、岡田謙一「高越寺所蔵「蔵王権現永正十一年四月再興棟札」—細川元常奉納棟札について—」（『寺院史研究』一〇、二〇〇六年）を参照。

(37) 『綿考輯録』の編纂・清書・提出および褒賞に係る経緯については、『綿考輯録編纂次第』（永青文庫所蔵、熊本大学附属図書館寄託〈一〇六・六・二の一〉）を参照。なお、本稿では『出水叢書2　綿考輯録　第二巻』（一九八八年）の巻末解説に掲載される翻刻によった。

(38) 前掲註(35)『藤孝公御養子ノ事』。

(39) 『元有公元常公御系ニ付問合状』（永青文庫所蔵、熊本大学附属図書館寄託〈四・三・九〇〉）。

(40) 諸藩において藩祖を神格化したり、事績を顕彰したりする動きが活発化する江戸時代中期以降に、系譜認識は広がりと高まりを見せていくのではないだろうか。なお、藩祖顕彰の問題については、岸本覚「大名家祖先の神格化をめぐる一考察—熊本藩を事例として—」（佐々木克編『明治維新期の政治文化』思文閣出版、二〇〇五年）、同「近世後期における大名家の由緒—長州藩を事例として—」（『歴史学研究』八二〇、二〇〇六年）などを参照。

(41) 肥後細川家における家譜編纂の歴史については、土田将雄「解説—細川家記録の編集次第について—」（『出水叢書3　綿考輯録　第三巻』一九八九年）などを参照。

(42) 池田宏「《模造 白糸妻取威鎧》解説」(『細川家の至宝—珠玉の永青文庫コレクション—』)。

(43) 三宅秀和「大名細川家伝来の近世絵画について」(『永青文庫の至宝展』)によると、肥後細川家の御用絵師であった狩野養長は嘉永三年に永源庵を訪れ、同庵所蔵の「御代々様尊影 十一葉」を模写したという。なお、現時点で永青文庫には、「御代々様尊影 十一葉」にあたる肖像のセットおよび養長が模写した肖像のセット(十幅)が所蔵されている。

(44) 江戸時代の歌界における細川幽斎の位置については、さしあたり西田正宏「幽斎(学)の享受」(『細川幽斎 戦塵の中の学芸』)を参照。

(45) 細川幽斎の出自に関する情報がどの程度共有されていたのか、という点については今後の検討を待たざるを得ないけれど、小野景辰によると、『寛政重修諸家譜』において修正が加えられる以前より「武鑑」では細川元常養父説が採用されていたという(前掲註(35)『藤孝公御養子ノ事』)。

(46) ただし、江戸時代に和泉上守護細川家ゆかりの文化財の存在がどのように周知されていたのか、という点は残された検討課題である。基本的にこれらの品々は、熊本城の「御天守」「御花畑御宝蔵」に保管されていた(『御家譜続編』〈永青文庫所蔵、熊本大学附属図書館寄託(七・三・三・一〇)〉)。当主とその周辺以外の人々は、どれほど閲覧する機会を持てたのであろう。現時点では、享保八年二月、江戸幕府に仕えた医師・細川桃庵を通じ、細川頼有ゆかりの武具類が将軍徳川吉宗の閲覧に供せられようとしていた可能性を指摘しうるのみだ(『細川頼有甲冑并旗之覚』〈『御宝蔵之御品々之内書抜』所収、永青文庫所蔵、熊本大学附属図書館寄託(四・八・八八)〉)。

(47) 川島慶子「熊本細川藩における系譜・家譜編纂—「御筆類目録」の検討を通して—」(『地方史研究』二九一、二〇〇一年)。

(48) 『熊本細川家譜』(東京大学史料編纂所所蔵写本、四一七五—六九七)。なお、「各藩諸家」による系譜提出については、酒井信彦「本所々蔵華族諸家提出の家譜について」(『東京大学史料編纂所報』一二、一九七七年)を参照。

(49) ただし、一時期まで「細川奥州家文書」というべき古文書群は存在していたようだ。たとえば、細川行孝の命により編纂された中世細川家の歴史書『自家便覧』(熊本県立美術館所蔵)には、細川奥州家歴代当主の受給文書が引用されている。

〔付記〕 脱稿後、本書編者の稲葉継陽氏より『寛永諸家系図伝』の副本「細川家系図」(永青文庫所蔵、熊本大学附属図書館寄託〈一一三・一二・一〉)の存在をご教示いただいた。この系図は、江戸幕府へ提出した系譜の控として肥後細川家に伝えられたものと考えられ、やはり細川幽斎は細川元有の養子とされている。

また、校正作業の間に、山岸素夫「細川頼有所用　白糸妻取威鎧（袖欠）の考察」（同著『日本甲冑論集』日本甲冑論集刊行会、一九九一年）の存在を知った。和泉上守護細川家ゆかりの文化財の白眉というべき《白糸妻取威鎧》が肥後細川家へ伝来した経緯、保管の状況、鎧の形状と様式を確認・分析したうえで、甲冑史上における位置づけを考察した貴重な文献である。あわせて参照していただきたい。

細川家伝来の織田信長発給文書

――細川藤孝と明智光秀――

稲葉継陽

はじめに

十八世紀後半に肥後細川家の学者・小野武次郎が編纂した『綿考輯録』（出水叢書、汲古書院刊）は、肥後細川家の「藩祖」とされる藤孝（出家して幽斎玄旨）について、天文三年（一五三四）に室町幕臣の三淵晴員と公家の清原宣賢の娘との間に生まれたが、「実ハ将軍義晴公御胤」であり、義晴の命によって、和泉国上守護細川家の当主・元常の養子になったとする。しかし、じつは室町幕府内談衆の細川晴広という人物の養子となったのだという、最新の研究成果もある(1)。

本書収録の山田貴司論文が詳述しているように、藤孝和泉守護家継承説の根拠とされたのは、和泉守護家の菩提寺であった京都の建仁寺永源庵に所蔵されていた和泉守護発給・受給文書群、および錦御旗や甲冑類であった。肥後細川家は、これらを延宝元年（一六七三）に永源庵から入手して系譜・家譜編纂等に活用し(2)、現在は永青文庫に伝えられている。しかし、永源庵から入手した文書群一一三通、およびそのほか若干の収集文書の他には、肥後細川家に伝来した中世文書は皆無である。藤孝は、みずからが継承した「細川家」や父方の実家「三淵家」の文書類を受け継ぎ伝えることはなかったのである。それは、次のような事情によるものと考えられる。

元服した藤孝は、まず足利将軍義藤に奉公した。しかし、天文十九年（一五五〇）十一月、義藤は三好長慶に敗れ、近江堅田へと逃げのび、同二十一年正月に帰洛するも、翌年八月には、再び近江国の朽木谷に逃れた。それから永禄元年（一五五八）九月に長慶と和睦して再度帰洛するまで、五年間におよぶ将軍の放浪に、藤孝はつねに付き従っていたとみられる。さらに、永禄八年五月、義輝（義藤）は幕府の実権を握ろうとした三好三人衆と松永久秀によって殺害される。藤孝らは義輝の弟で奈良の興福寺にいた覚慶（義昭）を七月末に救出して、近江に逃れ、次いで越前の朝倉義景のもとへと移り、京都に復帰したのは永禄十一年十月のことであった(3)。

このような、天文十九年から一八年間にもおよぶ政治的混乱の渦中で京都を離れねばならなかった幕臣藤孝は、自身の家の文書群を継承管理することができなかったのではないか。

こうして、肥後細川家が実際に受給し蓄積した文書のうち最古のものは、永禄十一年に足利義昭を推戴して京都に進出した、織田信長の発給文書となった。後述するように、それは「藩祖」藤孝宛の朱印状・黒印状を中心とした五九通で、特定の家に伝来した信長文書の数としては最大である。

本論は、信長発給文書五九通全体の概要を確認したうえで、藤孝の織田政権のもとでの山城西岡時代と丹後宮津時代、それぞれの時代の文書の内容を分析することで、細川（長岡）藤孝、そして明智光秀の政治的位置を考察する。

なお、肥後細川家（永青文庫）伝来の信長発給文書全点の写真は、熊本大学文学部附属永青文庫研究センター編『永青文庫叢書　細川家文書　中世編』（吉川弘文館、二〇一〇年）に収録されている。本論中で文書の形態や状態について言及することがあるので、それについては同書をぜひ参照されたい。

一　信長発給群文書群の概要

（一）　文書群の編年分布

本節では、細川家伝来の信長発給文書の編年目録（表1）を参照しながら、文書群の概要をみてみよう。以下、文書引用番号は目録の通番号で示す。

信長発給文書の大半は、「藤孝公忠興公御感状等」と墨書した題簽の貼られた桐製の箱（縦五五・八チセン、横一九・三チセン、高七・八チセン）に収められた状態で、熊本大学附属図書館に寄託された。ただし、目録に示した全五九通のうち、軸装された27号の黒印状と、唯一の確実な信長直筆文書として有名な30号の二通だけは、現在は東京都文京区目白台の永青文庫に保管されている。また、滝川一益宛の18号と、羽柴秀吉宛の42号の二通は、この箱とは別の箱に収納されて伝来している。

信長は家臣とのやり取りに、書き止めに「謹言」とも記す折紙形態の印判状を用いたが、細川家伝来の信長発給文書の大半は、その典型例である。

五九通の翻刻文は、すべて奥野高廣『増訂　織田信長文書の研究』全三巻（吉川弘文館）に掲載され、多くの無年号文書も年次比定されている。筆者の検討によっても、奥野の年次比定に特段の訂正必要性は見いだせない。年次ごとの文書分布を示したのが表2である。

藤孝の山城西岡時代の発給にかかる文書が約七年間で三七通、丹後宮津時代のものが約二年間で一五通、年次比定

表1　織田信長発給文書編年目録

目録の通番号	永青文庫目録番号	年代	史料名	内容	差出・作成	宛所	員数	体裁	法量(㌢)	紙質	状態	備考
1	二〇七・仁・三 信長20	(元亀四年)二月廿三日	織田信長黒印状	(公義御逆心につき藤孝から畿内の情勢等の報告に対して、七ヶ条の指示)	信長(黒印「天下布武」)	細川兵部太輔殿(端裏上書)	1通	4続紙	縦三三・〇 横一六六・〇	楮紙		熊本県古文書等緊急調査のラベルあり。裏打あり。端裏に切封墨引・切封痕あり。年は内容による。
2	二〇七・仁・三 信長6	(元亀四年)二月廿六日	織田信長朱印状	(信長図らず上洛すべし。荒木・池田等一味の衆に才覚肝要)	信長(朱印「天下布武」)	細□兵部大□□(上書)	〃	折紙	縦二六・〇 横四〇・五	〃		熊本県古文書等緊急調査のラベルあり。切封墨引あり。年は内容による。
3	二〇七・仁・三 信長37	(元亀四年)二月廿九日	織田信長書状	(公方様へ質物交換を交渉、信長上洛し天下再興するを本望とす)	信長(花押)	細川兵部太輔殿(端裏上書)	〃	2続紙	縦三三・一 横八三・〇	〃		熊本県古文書等緊急調査のラベルあり。端裏に切封墨引あり。端に切封痕あり。年は内容による。
4	二〇七・仁・三 信長10	(元亀四年)三月七日	織田信長黒印状	(足利義詮方の畿内領主および諸大名の動勢等について十七ヶ条。信長図らず上洛すべし)	信長(黒印「天下布武」)	細兵殿へ(端裏上書)	〃	8続紙	縦三三・一 横三三九・〇	〃		熊本県古文書等緊急調査のラベルあり。切封墨引あり。年は内容による。裏打あり。
5	二〇七・仁・三 信長42	「元亀四」七月十日	織田信長朱印状	城州之内限桂川西地之事一識ニ申談候	信長(朱印「天下布武」)	細川兵部太輔殿	〃	折紙	縦二九・六 横四六・〇	〃		熊本県古文書等緊急調査のラベルあり。
6	二〇七・仁・三 信長54	(天正元年)十一月十六日	織田信長黒印状	(淀鯉五到来の礼状)	信長(黒印「天下布武」)	長岡兵部大輔殿	〃	〃	縦二九・〇 横四五・七	〃	虫損	熊本県古文書等緊急調査のラベルあり。裏打あり。年は内容による。
7	二〇七・仁・三 信長17	(天正二年)七月廿九日	〃	(光秀からの摂津方面の戦況報告に対して指示し、伊勢一揆攻めの状況を伝達)	〃	明智殿へ(端裏上書)	〃	4続紙	縦三三・五 横一五一・七	〃	汚損	熊本県古文書等緊急調査のラベルあり。裏打あり。年は内容による。端裏に切封墨引あり。
8	二〇七・仁・三 信長46	(天正二年)八月三日	〃	(河内三ヶ城での戦功を賞し、伊勢長嶋攻めの情勢を報告す)	〃	長岡兵ㇻ太輔殿	〃	折紙	縦二七・〇 横四四・〇	〃	〃	熊本県古文書等緊急調査のラベルあり。年は内容による。
9	二〇七・仁・三 信長18	(天正二年)八月五日	織田信長朱印状	(大坂方面の一揆を光秀と相談して根切にすべし、ならびに	信長(朱印「天下布武」)	長岡兵部太輔殿	〃	〃	縦二六・七 横四三・九	〃		熊本県古文書等緊急調査のラベルあり。裏打あり。年は内容

				伊勢長嶋の情勢を報告）								による。
10	二〇七・仁・三 信長13	（天正二年）八月十七日	織田信長黒印状	（信長、伊勢長嶋一揆衆の佗言を承引せず、摂津表の一揆に明智光秀と相談して才覚すべし）	信長（黒印「天下布武」）	長岡兵部大輔殿	〃	〃	縦二八・一 横四六・五	〃		〃
11	二〇七・仁・三 信長43	（天正二年）九月廿二日	〃	（河内飯盛下において一揆等を討捕り、首注文を送るを賞す）	〃	〃	〃	〃	縦二八・八 横四五・八	〃		熊本県古文書等緊急調査のラベルあり。年は内容による。
12	二〇七・仁・三 信長44	（天正二年）九月廿四日	〃	（河内萱振において討捕えた首注文を送るを賞す）	〃	〃	〃	〃	縦二八・六 横四〇・八	〃		〃
13	二〇七・仁・三 信長25	「天正参」三月廿二日	織田信長朱印状	（来秋の大坂攻めにつき、丹波舟井桑田両郡の諸侍を藤孝に付ける）	信長（朱印「天下布武」）	長岡兵ﾄ太輔殿	〃	〃	縦二九・〇 横四四・五	〃		熊本県古文書等緊急調査のラベルあり。
14	二〇七・仁・三 信長8	（天正三年）五月十五日	織田信長黒印状	（信長十三日に出馬し、十四日に三河岡崎に着陣。敵を根切にすべし）	信長（黒印「天下布武」）	〃	〃	〃	縦二八・〇 横四六・二	〃		熊本県古文書等緊急調査のラベルあり。裏打あり。年は内容による。
15	二〇七・仁・三 信長7	（天正三年）五月廿日	〃	（信長、十七日に牛久保迄進軍し、十八日に武田方に発砲）	〃	〃	〃	〃	縦二七・九 横四六・二	〃		〃
16	二〇七・仁・三 信長11	（天正三年）（五月）廿一日	織田信長朱印状	（信長、今日武田方と一戦におよび、残らず敵を討捕り生捕り多数、首注文を送るべしと報告）	信長（朱印「天下布武」）	〃	〃	〃	縦二七・三 横四四・〇	〃	破損	熊本県古文書等緊急調査のラベルあり。裏打あり。年月は内容による。
17	二〇七・仁・三 信長14	（天正三年）五月廿六日	織田信長黒印状	（五月廿一日長篠合戦の勝利を報告、武田勝頼の首は未だ見えず）	信長（黒印「天下布武」）	〃	〃	〃	縦二八・六 横四五・〇	〃		熊本県古文書等緊急調査のラベルあり。裏打あり。年は内容による。
18	二〇七・義・六番・二 信長57	（天正三年）八月廿九日	〃	（信長、昨日越前豊原着陣につき、一揆衆を残らず討果たし、走り入る者も悉く首を切るよう指示す）	〃	瀧川左近殿	〃	〃	縦二九・〇 横四三・〇	〃	汚損	熊本県古文書等緊急調査のラベルあり。年は内容による。

目録の通番号	永青文庫目録番号	年代	史料名	内容	差出・作成	宛所	員数	体裁	法量（センチ）	紙質	状態	備考
19	二〇七・仁・三 信長9	（天正三年）十月八日	織田信長黒印状	（播磨・丹後情勢の注進をうけて、信長十月十日に上洛すべし）	信長（黒印「天下布武」）	長岡兵部大輔殿	1通	折紙	縦二八・九 横四五・七	楮紙	汚損	熊本県古文書等緊急調査のラベルあり。裏打あり。年は内容による。
20	二〇七・仁・三 信長19	（天正三年）十月九日	〃	（丹波表の情勢について、明日十日に上洛するので相談すべし）	〃	〃	〃	〃	縦二八・八 横四五・六	〃		〃
21	二〇七・仁・三 信長50	（天正四年）四月三日	織田信長朱印状	（大坂攻めで麦薙し、籠城の男女を免ずるための札を立てるよう指示す）	（信長朱印「天下布武」）	惟任日向守とのへ 長岡兵部大輔とのへ	〃	〃	縦二九・二 横四六・三	〃	虫損	〃
22	二〇七・仁・三 信長55	（天正四年）六月廿八日	織田信長黒印状	（敵警固船が、安宅信康が味方しなかったことにより退散したとの報告を承認す）	（信長黒印「寶」）	長岡兵部大輔殿	〃	〃	縦二八・五 横四五・七	〃		〃
23	二〇七・仁・三 信長40	（天正四年）七月廿九日	〃	（大坂一揆勢との合戦での戦功、敵船奪取の功を賞す）	（信長黒印「天下布武」）	〃	〃	〃	縦二八・九 横四六・二	〃		熊本県古文書等緊急調査のラベルあり。年は内容による。
24	二〇七・仁・三 信長24	（天正四年）八月廿二日	〃	（佐久間信盛が木津方面に打入り、苅田をするとの報告を承認す）	〃	〃	〃	〃	縦二九・三 横四六・二	〃		熊本県古文書等緊急調査のラベルあり。裏打あり。年は内容による。
25	二〇七・仁・三 信長22	（天正五年）二月十日	織田信長朱印状	（根来寺攻めのため、二月十三日に河内路にて出陣すべし、信長も出陣すべし）	（信長朱印「天下布武」）	〃	〃	〃	縦二八・五 横四六・〇	〃	虫損	〃
26	二〇七・仁・三 信長28	（天正五年）二月十一日	〃	（根来寺攻めに明日十二日出陣専一、指示次第で進発すべし）	〃	〃	〃	〃	縦二九・六 横四六・〇	〃	〃	〃
27	信長59（東京）	（天正五年）二月廿三日	織田信長黒印状	（昨日の長尾における合戦先駈、数十人討取りの戦功を賞す）	（信長黒印「天下布武」）	長岡兵部太輔殿	〃	切紙もと折紙	縦一五・〇 横三九・〇	〃		掛幅装。杉箱入り（信長59、59の付、覚入）。熊本県古文書等緊急調査のラベルあり。寛文十三年五月廿四日の覚（切紙）あり。年は内容による。

27の付	信長59の付(東京)	(天正五年)二月廿三日	堀秀政添状	(昨日の長尾における合戦で討取った数十人の首を持参したことに対し御感状が発給されたことを報じ、野陣降雨の労をねぎらう)	堀久太郎秀政(花押)	長岡兵卩太輔殿	〃	折紙	縦二七・四 横四二・〇	〃		による。熊本県古文書等緊急調査のラベルあり。年は内容による。
28	二〇七・仁・三 信長34	(天正五年)三月十五日	織田信長黒印状	猿帰候て夜前之様子具言上候	(信長黒印「天下布武」)	長岡兵卩大輔とのへ 惟任五郎左衛門尉とのへ 瀧川左近とのへ 惟任日向守とのへ	〃	〃	縦二九・五 横四六・五	〃	虫損	熊本県古文書等緊急調査のラベルあり。裏打あり。年は内容による。
29	二〇七・仁・三 信長52	(天正五年)六月五日	〃	(去年矢蔵普請を申し付けた大工を再度越し置くよう指示す)	〃	長岡兵部大輔とのへ	〃	〃	縦二九・一 横四六・〇	〃	〃	〃
30	信長101(東京)	(天正五年)十月二日	織田信長自筆感状	おりかミ披見候いよ〳〵働之事候無油断馳走候へく候かしく		与一郎殿	〃	〃	縦二九・〇 横四五・八	〃		懸紙あり。熊本県古文書等緊急調査のラベルあり。年は内容による。
30の付	信長101の付(東京)	(天正五年)十月二日	堀秀政添状	(信長自筆の感状が発給された旨を報ず)	堀久太郎秀政(花押)	長岡与一郎殿	〃	〃	縦二七・五 横四四・六	〃		熊本県古文書等緊急調査のラベルあり。年は内容による。
31	二〇七・仁・三 信長38	(天正五年)十月三日	織田信長黒印状	(大和片岡城での戦功を賞す)	(信長黒印「天下布武」)	長岡兵部大輔殿	〃	切紙	縦一四・五 横四二・七	〃		熊本県古文書等緊急調査のラベルあり。裏打あり。年は内容による。
32	二〇七・仁・三 信長29	(天正六年)三月四日	織田信長朱印状	(近日丹州へ出馬につき、奥郡多喜郡への道を三月廿日以前に作り立つべし、検使を派遣すべし)	(信長朱印「天下布武」)	〃	〃	折紙	縦二八・九 横四六・一	〃		〃
33	二〇七・仁・三 信長12	(天正六年)十月廿五日	織田信長黒印状	(摂津国雑説に付き明智光秀と相談して対応すべし)	信長(黒印「天下布武」)	〃	〃	〃	縦二八・五 横四五・〇	〃	破損	〃
34	二〇七・仁・三 信長35	(天正六年)十一月廿日	〃	(摂津国の情勢について藤孝の報告を了承)	〃	〃	〃	〃	縦二九・三 横四五・五	〃	虫損・破損	〃

目録の通番号	永青文庫目録番号	年代	史料名	内容	差出・作成	宛所	員数	体裁	法量(チセン)	紙質	状態	備考
35	二〇七・仁・二 信長26	(天正六年)十二月十六日	織田信長朱印状	(摂津有岡城攻めの番等を由断なく勤め、敵地において調儀すべし)	信長(朱印「天下布武」)	長岡兵部大輔殿 長岡与一郎殿	1通	折紙	縦二八・八 横四五・七	楮紙	虫損	熊本県古文書等緊急調査のラベルあり。裏打あり。年は内容による。
36	二〇七・仁・二 信長33	(天正七年)正月十二日	織田信長黒印状	(有岡城攻めの父子替の在番を承認し、藤孝に鯨をすそわけに遣わす)	信長(黒印「天下布武」)	長岡兵部大輔殿	〃	〃	縦二九・二 横四六・二	〃	〃	〃
37	二〇七・仁・二 信長39	(天正七年)正月十二日	〃	(摂津有岡攻め父子番替を承認す)	〃	長岡与一郎とのへ	〃	〃	縦二九・七 横四五・二	〃		熊本県古文書等緊急調査のラベルあり。年は内容による。
38	二〇七・仁・二 信長5	(天正八年)八月十三日	〃	(藤孝丹後に入部。明智光秀と相談し、政道を油断なく申付けるべし)	〃	長岡兵部大輔殿	〃	〃	縦二九・六 横四五・八	〃	虫損	熊本県古文書等緊急調査のラベルあり。裏打あり。年は内容による。
39	二〇七・仁・二 信長1	(天正八年)八月廿一日	〃	(藤孝居城宮津の普請に明智光秀と相談して当たるべし)	〃	長岡兵ﾌﾞ太輔殿	〃	〃	縦二九・三 横四四・五	〃	〃	〃
40	二〇七・仁・二 信長15	(天正八年)八月廿二日	〃	(藤孝・光秀が八月廿日に丹後で吉原西雲を討果したことを承認す)	〃	長岡兵部大輔殿 惟任日向守殿	〃	〃	縦二九・二 横四五・八	〃	〃	〃
41	二〇七・仁・二 信長23	「天正九」三月五日	織田信長朱印状	(丹後国領知方を糺明し、指出の員数を宛行い余分は藤孝の覚悟に任すべし)	信長(朱印「天下布武」)	長岡兵部太輔とのへ	〃	〃	縦三一・五 横五〇・四	〃		熊本県古文書等緊急調査のラベルあり。
42	二〇七・義・六番二 信長58	(天正九年)六月一日	織田信長黒印状	(因幡鳥取城攻めについて、いかにも丈夫に調儀すべき事等五ヶ条を指示す)	信長(黒印「天下布武」)	羽柴藤吉郎とのへ	〃	3続紙	縦一四・三 横一三三・〇	〃		熊本県古文書等緊急調査のラベルあり。裏打あり。年は内容による。
43	二〇七・仁・二 信長31	(天正九年)七月廿八日	〃	(丹後の族船を松井に相副え山陰攻めに遣わすことを了承す)	〃	長岡兵部大輔殿	〃	折紙	縦二九・八 横四七・二	〃		〃
44	二〇七・仁・二 信長16	(天正九年)八月廿三日	〃	(藤孝が丹後の防衛を固め族船を組織して鳥取に兵粮を搬入することを確認す)	〃	〃	〃	〃	縦三〇・〇 横四七・二	〃	破損	〃

45	二〇七・仁・二 信長2	（天正九年）九月四日	織田信長朱印状	（丹後国一色知行出来分を明智光秀に預け置く）	信長（朱印「天下布武」）	″	″	″	縦三〇・二 横四七・五	″		熊本県古文書等緊急調査のラベルあり。年は内容による。
46	二〇七・仁・二 信長4	「天正九」九月四日	″	（丹後国矢野藤一知行分四千五百石を相渡し、残分悉く藤孝が進止すべし）	″	″	″	″	縦三〇・〇 横四七・五	″		熊本県古文書等緊急調査のラベルあり。
47	二〇七・仁・二 信長30	「天正九」九月七日	″	（一色知行出来分弐万石を引渡し、残所を藤孝に遣わすべし）	″	惟任日向守殿	″	″	縦三〇・三 横四七・三	″		″
48	二〇七・仁・二 信長21	（天正九年）九月十日	″	（矢野本地分を安堵し、出来分を藤孝に遣わし矢野の帰陣後に上使を入れ置くべし）	″	長岡兵部大輔殿 惟任日向守殿	″	″	縦三〇・〇 横四七・二	″		熊本県古文書等緊急調査のラベルあり。年は内容による。
49	二〇七・仁・二 信長41	（天正九年）九月十六日	織田信長黒印状	（丹後船手の輩をもって伯州表に動くことを承認す）	信長（黒印「天下布武」）	長岡与一郎とのへ	″	″	縦三一・六 横五〇・四	″		″
50	二〇七・仁・二 信長45	（天正九年）九月十六日	″	（松井康之等の伯州泊城・因幡大崎城での戦功を賞す）	″	長岡兵部大輔殿	″	″	縦三一・四 横五〇・四	″		″
51	二〇七・仁・二 信長32	（天正十年）四月十五日	″	（武田勝頼追伐を報告、近々安土に相着くべし）	″	″	″	″	縦三一・三 横五〇・二	″	虫損・破損	熊本県古文書等緊急調査のラベルあり。裏打あり。年は内容による。
52	二〇七・仁・二 信長27	（天正十年）四月廿四日	織田信長朱印状	（羽柴藤吉郎の備中高山攻めの状況次第で出陣出来るよう由断なく用意すべし、なお明智光秀が申すべし）	信長（朱印「天下布武」）	一色五郎殿 長岡兵部大輔殿	″	″	縦三一・五 横五一・二	″		″
53	二〇七・仁・二 信長36	二月十七日	織田信長黒印状	（唐錦一巻到来の礼状）	信長（黒印「天下布武」）	長岡与一郎とのへ	″	″	縦三〇・〇 横四七・二	″		熊本県古文書等緊急調査のラベルあり。
54	二〇七・仁・二 信長51	五月三日	″	（端午の祝帷二到来の礼状）	″	長岡兵部大輔殿	″	″	縦二九・五 横四五・五	″		熊本県古文書等緊急調査のラベルあり。裏打あり。
55	二〇七・仁・二 信長49	五月四日	″	（嘉例の帷二到来の礼状）	″	″	″	″	縦二九・四 横四六・五	″	虫損	″
56	二〇七・仁・二 信長53	五月四日	″	（端午の祝帷二到来の礼状）	（信長黒印「天下布武」）	長岡兵部大輔とのへ	″	″	縦二八・七 横四五・八	″	″	″

目録の通番号	永青文庫目録番号	年代	史料名	内容	差出・作成	宛所	員数	体裁	法量(㌢)	紙質	状態	備考
57	一〇七・仁・二 信長47	七月六日	織田信長黒印状	(帷三到来の礼状)	(信長黒印「天下布武」)	長岡兵部大輔殿	1通	折紙	縦二九・〇 横四五・五	楮紙		熊本県古文書等緊急調査のラベルあり。裏打あり。
58	一〇七・仁・二 信長48	九月九日	〃	(重陽の祝小袖一重到来の礼状)	〃	〃	〃	〃	縦二九・〇 横四五・五	〃	虫損	〃
59	一〇七・仁・二 信長3	十一月廿日	〃	(明智光秀と相談のときは追々申し越すべし)	信長(黒印「天下布武」)	〃	〃	〃	縦二九・一 横四五・八	〃		〃

不能の文書が七通（うち六通が贈物への礼状）となる。

元亀四年（一五七三）の1〜5号は、信長が足利義昭との最終的な決裂にさいして藤孝に書き送った書状と、山城西岡の「一職」支配権を付与した朱印状である。翌天正二年（一五七四）から三年にかけての7〜13号は、河内・摂津・伊勢方面での対一揆戦に関するもの。天正三年の14〜17号は、「長篠合戦」の状況について前線の信長が京都西岡の藤孝に速報した文書である。天正四年から七年までの文書は、大坂・根来寺・大和・丹波・丹後・摂津と、次々に戦線を展開する信長が、藤孝および嫡子与一郎（忠興）らに与えた朱印状・黒印状である。

石山本願寺炎上後の天正八年以降の文書は、中国攻略のために丹後に国替えとなった藤孝らに、信長が与えた朱印状・黒印状であり、藤孝による検地をはじめとする丹後支配のあり方、山陰方面に対する軍略、そして明智光秀の政治的位置に関する文書を含んでいる。

（二）　印判と宛所

次に、文書の差出の態様と宛所についてみよう。

全五九通のうち、印文「天下布武」朱印状が一六通、同黒印状が四〇通、印文「寶」黒印状が一通、書判の文書が一通、そして自筆感状（印判・花押なし）が一通となる。

信長は三種類の「天下布武」印を用いたことが知られるが、細川家伝来の発給文書に捺されているものはすべて、永禄十三（一五七〇）年の発給文書から確認される二番目の印章（「天下布武」の印文を馬蹄形の二重線で囲ったもの）である。しかし、特筆すべきは印文「寶」の黒印状22号で、現在のところ、唯一の伝存例として知られている。これは本願寺攻めにさいして、毛利水軍と織田方の淡路水軍（安宅信康）の動向について、藤孝から報告をうけた信長の返書である。他の黒印状と比較して、案件が特殊なわけではない。なぜこの文書で「天下布武」印を用いず、「寶」印が代用されたのか、理由は不明である。

さて、信長発給文書における朱印と黒印の使用上の基準は明確に存在したのだろうか。現存する信長文書全体を通覧した場合、「朱印状と黒印状をどのように使い分けたかは判然としない」という(4)。

表2　信長発給文書の年代分布

元亀4年（天正元年，1573）	6通
天正2年（1574）	6通
天正3年（1575）	8通
天正4年（1576）	4通
天正5年（1577）	7通
天正6年（1578）	4通
天正7年（1579）	2通
天正8年（1580）	3通
天正9年（1581）	10通
天正10年（1582）	2通
年次比定不能	7通

細川家文書においては、朱印状一六通・黒印状四〇通、すなわち二対五の伝存比率を示す両者であるが、前述のように、これらの信長発給文書群の大半は、信長が家臣である細川藤孝・忠興らとのやり取りに用いた折紙形態の文書である。そうした信長文書群の中では、朱印状に固有の使用基準が看取されるように思う。たとえば、編年目録の38～52号をみよう。天正八年八月の藤孝丹後国替えから同十年六月の「本能寺の変」直前までの間に発給されたこれら一五通は、藤孝の丹後支配体制の構築と、山陰方面への軍事戦略についての指示・承認文書群となる。このうち、朱印を用いた文書は次の六通である。

検地増分の藤孝による支配を命じた41・46・47・48号、丹後一色氏の検地増分を明智光秀に預け置く旨を伝えた45号、そして羽柴藤吉郎の備中高山攻めの状況次第でいつでも出陣できるよう油断なく用意せよと命じた52号である。六通のうち五通が丹後一国検地と増分の処置に関するもので、この問題について伝えた黒印状は存在しない。信長が藤孝に山城国桂川以西の一職支配権を保障した5号も朱印状である。知行制の構築に関する藤孝への権利付与、さらに藤孝自身への領域支配権の付与といった、権利の固定的・持続的保障には、信長は朱印状を用いたのである。

丹後国替え以前の文書では、朱印状一〇通のうち、大坂攻めに先立って丹波の諸侍を藤孝の指揮下に付けると命じた13号、大坂攻めの戦場での麦薙や立札について具体的に指示した21号、丹波攻めのための軍道普請を命じた32号、さらに、摂津有岡城攻めの番を油断なくつとめ、敵地において調議するよう命じた35号などが注目される。やや曖昧な言い方になるが、前述の52号文書も含め、軍事戦略上の重要任務＝義務を付与する場合には朱印状が用いられる傾向があった。

表3　信長発給文書の宛所

細川（長岡）藤孝宛	45通
細川（長岡）忠興宛	4通
藤孝・忠興宛	1通
藤孝・明智光秀宛	3通
明智光秀宛	2通
藤孝・一色五郎宛	1通
羽柴秀吉宛	1通
滝川一益宛	1通
藤孝・丹羽長秀・滝川一益・明智光秀宛	1通

このように、細川藤孝らに宛てた折紙形態の印判状において信長は、権利・義務の付与に朱印状を、藤孝からの戦況報告や首注文注進への返答、あるいは贈物に対する返礼等、一回完結的な意思伝達には黒印状を用いる傾向があった。

次に五九通の宛所について整理した、表3をみよう。藤孝宛、忠興宛、および宛所に藤孝が含まれる文書の合計五五通は、近世大名細川家の家文書として伝来するにふさわしい。しかし、明智光秀宛、羽柴秀吉宛、滝川一益宛の文書については、細川家伝来の理由を検討する必要がある。具体的には以下の各説で分析するが、羽柴・滝川宛の文書については、信長の意思を伝達する折紙黒印状の機能との関係で、さらに明智宛文書は織田政権における光秀・藤孝の関係およびそれぞれの政治的位置との関係で、理解されるべきものである。

(三) 文書の形態

信長が家臣への意思伝達に用いた文書は、多くが折紙の形態をとっている。すでに述べたように、細川家の信長発給文書の場合もその例外ではなく、全五九通のうち五三通が折紙であり、五通が折紙を折り目から裁断したうえで複数継ぎ合わせた形態の続紙である。紙質は楮を主原料とした「楮紙風料紙」と呼ばれるものである。すでに指摘されていることだが、信長が用いた「楮紙風料紙」には、「厚手で少しぽってりとしたタイプで粉っぽく白味が強い。紙の表面がもも け、毛羽だった部分の繊維が絡まってダマ状になっているようなものもある。状態によっては板目や簀目の痕が認められる」ものと、「薄手で粉をあまり含まない現在の美濃紙に近い風合いのもの」(5)とが混在している。しかも、薄手から厚手へ、あるいは厚手から薄手へ、という料紙の質の時期的な変化は認めがたく、いずれの時期にも両者が混在している。

時期的な変化がむしろ明確なのは、料紙の大きさのほうである。編年目録の備考欄に示したように、後世に裏打ちがなされたものが多く、これらのうちには、裏打ち時に料紙の周囲が裁断された可能性のある文書が含まれている。しかし、五九通のうち一八通には裏打ちがなされておらず、発給時の形態をとどめている。

これら一八通の料紙の法量をみると、年次をおって料紙が大型化する傾向を読み取りうる。すなわち、元亀四年(一五七三)二月段階の2号では、二六・○センチ×四○・五センチであった料紙が、天正三年(一五七五)の13号では二九・○センチ×四四・五センチとなり、さらに天正九年以降の41号、49~52号では、縦が三一センチ、横が五一センチをそれぞれ超えるまでになる。

こうした変化が生じる背景には、信長の権力のさまざまな変化・発展が想定されるであろうが、いまは、以上の事実が、同一の対象に発給されつづけた信長文書の料紙の経年変化を示す、貴重なデータであることを指摘するにとどめておきたい(6)。

（四）　信長発給文書群の伝世

肥後細川家に伝来した歴史資料の大部分は、現在、熊本大学附属図書館寄託の永青文庫資料に含まれているが、天正十年（一五八二）から元和七年（一六二一）まで四〇年間にもおよんだ忠興当主時代の忠興受給文書および藩政史料は、ほとんど伝存していない。すでに指摘されていることだが、忠興は元和七年に家督を忠利に譲るにさいして、蓄積されていた文書・記録類のすべてを隠居所である中津へ移管させている。新当主忠利のもとに置かれた小倉の奉行衆は、藩政上の先例を確認するために、中津奉行から文書・記録を借用せねばならなかったほどであった(7)。

このとき、信長発給文書五九通も、ほかの藤孝・忠興受給文書等とともに中津に移されたものとみられる。次に示す三斎の忠利宛書状は、三斎のもとにあった信長発給文書の行方を示すもので、寛永十八年（一六四一）に比定される(8)。

竹原清大夫被差越、肥後所（細川光尚）より之状、清大夫口上承候、①幽斎家之書物ハ不残其方へ進候、其外我々ハ書物持不申候、其上我々不弁前後様ニほれ候、②信長様・太閤様以来、氏系図之事なとニ一切御かまひなく、其者〳〵を御見立之上にて被　召仕候条、何事も不存候、其方ニ在之書物のことく可被申候哉、分別次第ニ而候、（中略）恐々謹言

三斎

三月九日　宗立（ローマ字青印）

越中殿《細川忠利》

御返事

肥後国替え後も、八代城にあって隠居領を支配していた三斎は、「幽斎家之書物」を手もとに保持していたのであったが、今度はそれらを残らず熊本の忠利に渡した、と述べている。傍線部②によれば、この文書移管は幕府による諸大名家の「氏系図之事」に関する調査、すなわち「寛永諸家系図伝」の編纂開始にさいして実現されたものとみられる。本書状の年次が寛永十八年に比定される所以である。

以上を踏まえて傍線部①を読めば、三斎は、系図編纂のための文書類移管を求める忠利に「幽斎家之書物」を渡したが、自分はその他には文書類は所持していない、と説明している。忠興がかつて信長や秀吉・家康から受給した多くの文書をみずから廃棄していたとは考えにくい。傍線部②からは、忠利による系図編纂への三斎の非協力な姿勢が読み取れるのだが、このとき三斎は、「幽斎家之書物」は熊本に送ったものの、自分の受給文書等は八代に留め置いたのではないか。

このように、肥後細川家（永青文庫）伝来の信長発給文書五九通は、天正十年（一五八二）以降、藤孝（幽斎）の隠居家の管理のもとに置かれたとみられるが、慶長十五年（一六一〇）の幽斎死後に忠興に移管されたあと、元和七年（一六二一）から寛永十八年（一六四一）までは、実質的な別家となった三斎隠居家（中津→八代）で管理されていた。それが同年に幕府から命じられた系図編纂のため、熊本の藩主忠利のもとへと移管され、現在に伝えられたものであった。しかし、このとき三斎は自分の受給文書や藩政史料の多くを忠利に渡さなかったとみられる。肥後細川藩主家

（永青文庫）には忠興宛信長発給文書四通、同秀吉発給文書六通、同家康発給文書四通が現存するが[9]、この他にも、寛永十八年三月に忠興のもとから熊本に移されず、ついに熊本の細川藩主家に移管されなかった忠興受給文書が、相当数存在した可能性がある。それらの文書や忠興代藩政史料の存在、および伝世過程の解明は、今後の課題とするほかない。

ともあれ、本稿が分析の対象とする信長発給文書五九通は、寛永十八年三月に細川三斎が「幽斎家之書物」と認識していたものであり、本来は幽斎（藤孝）の死去にいたるまで、彼の管理下にあったものとみられる。

二　山城西岡時代の文書

（一）　信長・義昭連合政権末期の文書

藤孝と信長の関係を示す最初の文書は、永禄八年（一五六五）に比定される十二月五日付の藤孝宛信長書状[10]である。同文書で信長は、義昭が入洛するとの重ねての「御内書」をうけ、すでにたびたび了承したように「上意次第」でいつでも「御供奉」するとの意思を藤孝に伝え、この旨を藤孝から義昭に「御取成」するよう依頼している。すなわち藤孝は近江にあった義昭に近侍しつつ、信長と義昭との取次の役目を果たしていた。藤孝は永禄八年の義昭近江脱出から連合政権期まで一貫して、義昭の取次・奉行人として、義昭と信長をはじめとする大名領主たちとを結びつける活動を行っていたことが知られる。

しかし、信長と義昭との対立が本格化する元亀二年（一五七一）、藤孝の立場に明確な変化が生じる。現存する信長文書によれば、同年六月段階までの藤孝は、信長の意思を義昭に「披露」する取次として活動していたことが知られるが（信二七九・二八〇）、信長は同年十月十四日付の朱印状（信三〇二）によって、「勝竜寺要害」の普請に用いる人夫を「桂川より西在々所々」から「門並」に三日間徴収する権利を、藤孝に付与した。この史料が信長と藤孝との主従関係の形成を明確に示す初見である。次いで翌年七月、信長は、西国街道の要地・西岡勝龍寺城を拠点とする藤孝に、大坂本願寺と洛中との交通を管理させる旨の朱印状を発し（信三二九）、さらに九月には、西岡在来の小領主革島氏に対して、藤孝の「与力」として「陣参・普請」以下の働きをなすよう朱印状をもって命じるにいたった（信三三三）。

このように元亀二年十月以降、信長は、城普請・夫役徴収・交通管理・軍事編成という、藤孝に西岡地域の支配を実現させるための基本条件を具体的に、かつ独自に付与するようになった。周知のように信長と義昭は、元亀三年九月以降、対立を深め、翌元亀四年はじめには、和睦か決裂か、ぎりぎりの交渉を展開していた。同年二月から三月に信長は、この交渉に関する文書を相次いで藤孝に発した。これが編年目録の1～4号である。

二月二十三日付の1号の冒頭には、「公義就御逆心、重而条目祝着不浅候」と記される。これは、信長と義昭の対立にさいして、藤孝が信長に情報の提供を重ねていた事実を示している。切紙四紙を貼り継いだ本文書は七箇条で構成され、第一条には「塙差上御理申上候処、上意之趣、条々被成下候、一々御請申候」と記されており、信長が使者を派遣して、義昭と直接の和睦交渉を行っていたことが分かる。そして、第二～五条では、摂津の荒木村重・和田惟長・伊丹親興、さらに石成友通の動向について、藤孝が信長に情報提供した内容を確認している。すなわち、信長と義昭の交渉は直接行われ、藤孝はその側面から、信長に畿内の政治情報を提供する。これが元亀四年二月から三月における藤孝の政治的立場であった。

かかる藤孝の立場は、二月二十六日付朱印状(2号)における、次のような表現からも鮮明となる。

京都之模様其外具承候、令満足候、今度友閑・嶋田を以御理申半候、依之条々被仰下ニ付て、いつれも御請申候、然者奉公衆内不聞分仁躰、質物之事被下候様にと申候、此内ニ其方之名をも書付候、可被得其意候、

信長は藤孝から京都の政治情報を提供されつつ、義昭との和睦にかかる人質交換などの条件交渉にあたっていた。注目すべきは、「然者」以下の部分である。信長は義昭に対して、和睦の条件として幕府奉公衆のうちの何人かを名指しし、人質を提出させるよう要求した。その指名リストのうちに、「其方之名」すなわち藤孝も書き付けておいたので、承知するように、というのである。これは、藤孝が義昭に奉公しながらも、水面下で信長と通じ、その立場から義昭周辺の機密性の高い政治情報を信長に流していた事実を示している。

信長と義昭が決定的に断交する直前の三月七日、信長は切紙を八紙も貼り継いだ十七箇条にもおよぶ4号の黒印状を藤孝に送った。その冒頭には、「五畿内・同京都之躰一々聞届候、度々御精ニ被入候段、寔以令満足候」と記され、藤孝の継続的な情報提供に信長が満足している様子がうかがわれる。本文書によれば、藤孝からの情報提供は、越前の朝倉、近江の六角ら、摂津・丹波・大和の諸領主、そして東国の上杉・武田など、義昭が信長追討の御教書を下した勢力の大半の動静におよんでいた。この後、三月二十五日に岐阜を発ち、大津逢坂の関に着陣した信長を、藤孝は荒木村重とともに出迎えた(『信長公記』)。

同年七月、信長への二度目の「謀反」のために山城槇島城に入った義昭は、十八日には信長軍に包囲され、敗北・没落した(『信長公記』)。元亀四年七月十日付信長朱印状(5号)は、信長が藤孝の「忠節」を評価し、山城国のうち桂川から西の地域の「一識(職)」の「領知」、すなわち、すでに信長との関係のもとで藤孝が行使し始めていた勝龍寺城領に対する領域支配事実を、権利として保障した文書である。

こうして藤孝は、将軍と決別した信長のもとで、自身も室町幕府と決別し、勝龍寺城領を中核とした山城国西岡地域を領域的に支配する権力となった。細川家伝来の信長発給文書の続紙文書五通のうち、三通が元亀四年に集中しているのは、信長と義昭との決別までの過程の最終段階において、藤孝が果たした特殊な役割を反映しているのである。

（二）　戦いの渦中での発給文書

西岡勝龍寺城を本拠にした藤孝であるが、その地域支配の権限は、室町将軍にとってかわった信長の権力があってこそ、行使できるものであった。したがって、信長の軍事動員を拒むという選択肢は、藤孝には存在しなかった。天正二年（一五七四）から四年までの藤孝は、他の信長家臣の部将とともに、一向一揆攻めの矢面に立たされていった。7～12号、18号、21～28号は、河内・伊勢・越前・紀州における一揆攻めのあり方を示す文書群である。

天正二年六月、信長は尾張・美濃・伊勢国境にあたる長嶋の一揆「御成敗」のために出陣したが、藤孝は明智光秀らとともに、河内・摂津方面の一揆に対処していた。7～10号文書は、信長が藤孝や光秀に長嶋攻めの状況を伝達するとともに、河内・摂津で戦う両者に具体的な指示を与えたものである。

七月二十九日付の7号で信長は、「長嶋之事も存之外雑人原北入候て、無正躰事推量之外候、はや城中ニ男女の餓死ことの外多由相聞候」と述べて、長嶋城に多くの「雑人」らが逃げ込む状況となり、餓死者が多数出ており、落城は時間の問題だと光秀に伝えていた。長嶋城は最終的に九月末には落城することになるが、八月五日付の9号は、長嶋と大坂の二方面で一揆と交戦状態にあった信長の方針と、そのもとで大坂方面を担当する藤孝・光秀の関係を表現する史料である。

9　尚以摂河表手当等之事、御才覚専一候、不可有由断候、此表端之一揆北込候大鳥井与云所、三日ニ落城候、

首数事不及注候、可有推量候、
南方之一揆等、所々身方中へ可相働之由、其沙汰不実ニ候、雖然於罷出者、不寄何時係合、大坂根切之覚悟専用候、様子明智可被相談事簡要ニ候、尾・勢之中一揆由候、尋出、悉楯切ニ申付候、長嶋一城ニ北入候間、弥取巻詰寄候、兵粮等一円無之由聞届候、旁以落居不可有幾程候条、則致上洛、彼表之儀、平均可申付候、委細九郎左衛門尉可申候、恐々謹言、
（天正二年）八月五日　信長（朱印）
長岡兵部太輔（藤孝）殿

信長は、長嶋城攻撃に集中しながらも、「南方」すなわち摂津・河内の一揆等の動向に関する情報を得て、それを大坂攻め担当の藤孝に伝達していた。こうした状況を踏まえたうえで注目すべきは、以下の二点であろう。

第一に、尚書で摂津・河内の一揆への手当には藤孝の「御才覚」が重要だと念押ししている信長だが、本文では、「大坂根切之覚悟専用候、様子明智可被相談事簡要ニ候」と述べ、大坂攻めは明智光秀との相談で対応するよう命じていた。これは、光秀からの戦況報告に対して指示を与えた光秀宛の7号文書が、細川家に伝来したこととも関係している。すなわち、軍事編成上の光秀と藤孝の一体性、および織田権力の畿内支配における光秀・藤孝の地位に関する問題であり、この点は第三節で、丹後時代の文書によって詳述することにしよう。

第二に、本文書中にみえる「根切」「楯切」という、一揆に対する武力的処断に関する表現の特殊性である。これらは、信長の一向一揆に対する徹底虐殺、一向一揆の解体による近世国家・兵農分離の確立という移行期像の根幹に据えられたタームであった。(11) この点に関する重要史料を二点、検討してみよう。

尚々走入候者共、悉くひを切由可然候、

18委細披見候、仍一昨日ハ依洪水不相動之由、得其意候、漸水も可干落候間、猶々念を入、不残可打果事、専一候、左候て隙明候者、此表へ可罷越候、さき〳〵手遣之様子可申聞候、先書如申遣、昨日豊原（越前）着陣候、可成其意候、

謹言、

八月廿九日（天正三年）　信長（黒印）

瀧川左近（一益）殿

21其面之麦悉薙捨候哉、猶以無由断可申付事専一候、然而隙明候者、大坂籠城候男女事□（可）相免候間、早々可罷出之旨、口々立札可然候、坊主以下用ニも立候者をハ不可赦免候、可成其意候也、

四月三日（天正四年）　（朱印）（信長）

惟任日向守（光秀）とのへ

長岡兵部大輔とのへ

18号は、天正三年八月の越前一向一揆攻めにさいして、信長が最前線で戦う有力部将の滝川一益に指示を出した黒印状である。一揆の拠点であった越前国豊原に着陣した信長は、一益に次のように伝えていた。「一昨日は洪水で攻めることができなかったという報告を受けたが、もう水も引いてきただろう。念を入れて一人残らず討ち果たせ。それが終わって時間ができたら、自分がいる本陣に来い。その後の一揆攻めの具体的な指示をお前に与える」。このように、対一揆戦における信長の家臣に対する指示は、一刻の猶予をも与えない、苛烈なものであった。本陣出頭が遅れるわけにはいかない一益は、一揆殲滅の戦いに没頭せざるを得なかったであろう。

さらに注目すべきは、尚々書部分に、降参した一揆勢も一人残らず首を切れ、との信長からの指令が明記されていることである。おそらく、次々と投降する一揆勢の処置に困った一益が、信長に判断を仰ぎ、それに応える形で与え

られた指示であったとみてよい。

また、この文書（折紙）は裏打ちされておらず、原形態をとどめているが、料紙の右下の部分が黒ずみ、毛羽立っており、全体がひどく汚れている。これは、滝川一益宛である本文書が細川家に伝わった理由と関係しているものと思われる。料紙の右下は、折紙を折りたたんだとき表面になる部分である。越前一揆攻めには、藤孝を含む織田家中の主だった部将はすべて参陣していた。本文書の汚れと毛羽立ちは、この文書が信長の命令を徹底すべく、前線の部将たちの間で回覧されたときに付いたものではないかと考えられる。滝川宛の文書が、なぜ細川家に伝来したのかも、回覧の最後に藤孝の手元に来て、そのまま細川家に保管されたとみれば、理解可能である。

このように、信長は部将たちに対して恐怖に満ちた統率を加えた。これによって信長のカリスマ性や強権性が維持されたのであろうが、そうした信長の権力構造もまた、一揆衆に対する武士たちの恐怖心に支えられていたのであろう。

21号は、翌年の四月に大坂本願寺を包囲していた光秀と藤孝に与えた朱印状であり、本願寺攻めの具体的方法を指示している点が重要である。

第一は麦薙である。大坂方の領域支配を実力行使によって否定し、同時に生産を破壊するこの戦術を、信長は、徹底的に実施するよう二人に厳命している。第二は、「大坂籠城候男女」に対する措置原則の通達である。前述の長嶋城と同様に、織田軍に包囲された本願寺にも、多くの大坂方の民衆（「男女」）が「籠城」していた。信長は、これらを赦免するので早く本願寺の郭内から外に出るよう記した札を、本願寺への出入口に立てるよう、二人に指示している。ただし信長は、赦免対象はあくまで本願寺の権力を構成する者以外の「籠城男女」である、と念を押している。

本願寺周辺の生産は破壊するが、籠城の民衆は助命するという。しかし、避難籠城している民衆と、本願寺の「用に立」つ「坊主以下」とを、戦場でどのようにして識別しろというのだろうか。誰を殺害し、誰を助命するか。換言すれば、大坂方として行動する人々のどこまでを「一揆」と認識し、処断するか、織田方の武士たちにとって、それさえも自明のことではなかったのである。

これらの信長文書は、織田権力と一向一揆との対決を、十六世紀の武家権力が平民百姓に対する暴力行使の客観的な基準を模索し自覚化していく過程における画期として、分析する必要性を提起しているといえよう。(12)

さて、藤孝は、以上に検討したごとき信長の指示伝達文書の他に、みずからの戦功を信長に報告することで、黒印が捺された感状を得ていた。河内での一揆勢相手の戦功を賞した11・12号、大坂一揆勢との合戦での敵船掠奪の功を賞した23号、根来攻めでの先駈、数十人討ち取りの功を賞した27号、大和片岡城での戦功を賞した30・31号等が、それである。

注目すべきは、こうした感状のうちの二通に、添状として発給された堀秀政の書状が付属して伝来していることである。次に示すのは、そのうちの一例である。

30　働手から□□□かしく

おりかミ披見候、いよ〳〵働之事候、無油断馳走候へく候、かしく、

（天正五年）十月二日

（長岡忠興）与一郎殿

30の付　御折帋具令披露候処、則　御自筆之被成御書候、尚以相替儀候者、追々可有御注進候旨、御意候、恐々謹言、

堀久太郎

（天正五年）
十月二日　　秀政（花押）

長岡与一郎殿

御陣所

30は、信長に反旗を翻した大和の松永久秀の拠点であった片岡城に、十五歳の細川忠興が一番乗りを果たしたことに対する、信長の感状であり、秀政の添状によって、信長自筆であることが確定できる唯一の例となっている。これによれば、忠興の戦功を伝える折紙は、信長の側近であった秀政に届けられて、秀政から信長に披露され、すぐさま信長「御自筆之御書」が発給されたことが分かる。また、同年二月発給の27号に付された秀政の藤孝宛添状（27の付）には、「其許野陣雨降候て御迷惑推量申候、相替儀候者、追々御注進肝要候」と、わざわざ記されており、雨中の野陣にあった藤孝への心配りをみせている。

信長との円滑なコミュニケーションを維持するためには、藤孝といえども、堀秀政のような信長側近の奏者との関係を円滑にしておく努力を継続する必要があったものと推察される。右の自筆文書をはじめとする細川家伝来の信長感状の数々は、いわばそうした努力の賜物であったといえよう。

（三）　京郊領主としての藤孝の活動

一揆勢との対決の最前線にあった藤孝は、一方で、その本拠とする山城国西岡の地域的特性に立脚した活動をもって、信長に奉仕していた。

次の黒印状は、いわゆる「長篠合戦」の直前に、三河岡崎に着陣した信長が、京都にあって大坂の動静に備えていた藤孝に送ったものである。

14　尚以雖無実子細候、南方辺之事、心懸専一候、
去十二日之折紙令披閲候、鉄炮放・同玉薬之事、被申付之由尤候、弥家中被相改可然候、就其此表之事、無相替
儀候、長篠堅固候条、後詰之事、丈夫ニ令覚悟候、自兼日申入候、十三日ニ出馬候て、昨日十四至岡崎着陣候、
明日者、敵陣取近所迄人数押出、可相備候、於無敗軍者、所与天候条、可根切候、猶吉左右追々可申送候、謹言、
（天正三年）
五月十五日　信長（黒印）
長岡兵卩太輔殿

注目すべきは冒頭部分である。藤孝は五月十二日付の書状でもって、「鉄炮放・同玉薬」を手配したと、信長に報告していた。これに対して信長は、この件について、「家中」の調査をすすめるように返答している。「鉄炮放」とは鉄砲の射手となる足軽（雑兵）、「玉薬」とは言うまでもなく鉄砲用の火薬である。

「長篠合戦」は、大量の鉄砲を組織的に用いた信長が、武田軍団に壊滅的打撃を与えたことで知られるが、信長は藤孝に合戦の直前まで、鉄炮足軽と玉薬の調達を命じていた。おそらく藤孝による足軽・火薬調達には、細川家中の徹底調査とならんで、労働力と物資が集散する京都の流通経済に依存して、それらを獲得する方法があり、信長もそれに期待した面があったのではないか。次の黒印状も、京郊領主としての藤孝の活動を示す文書である。

29去年矢蔵申付候時、召仕候大工内、上手両人候つる、其者を早々可越置候、其外ニもよく仕候大工を馳走候て、
十人急度可下置候、不可有由断候也、
（天正五年）　（信長）
六月五日　（黒印）
長岡兵部大輔とのへ

冒頭にいう「去年矢蔵申付」が安土城の櫓普請とみられることから、天正五年に比定される文書である。信長は藤

孝に、去年の櫓普請に用いた大工のうちに、「上手両人」があったので、その者を再度、安土に早急に派遣すること、さらに、その他にも技術の優れた大工を調達し、十人ほど派遣するよう命じている。「十人急度可下置候」という表現からみて、藤孝による大工衆の調達場所は京都であったろう。

中世後期の京都には、権門寺社の建物修造に従事する職人集団と、その集団の棟梁として権門寺社と契約する大工が活動していた。藤孝は、信長の権力の形成過程において、そして城郭史上においても画期的な意義を有する安土築城にさいして、京都における長年の活動の中で培われたネットワークをいかした貢献を求められたのであった。

三　丹後国替えに関する文書

（一）　丹波戦略関係文書

さらに注目されるのは、丹波国に対する信長の戦略展開の過程で、藤孝に期待された役割である。次の二点の朱印状をみよう。

13来秋大坂合戦申付候、然者丹州舟井・桑田両郡之諸侍、其方へ相付上者、人数等別而相催、可被抽粉骨候、此旨申触、各可成其意事、簡要之状如件、

天正参
三月廿二日　信長（朱印）

長岡兵卩大輔殿

32近日至丹州可出馬候、奥郡・多喜郡へ道事、二筋も三筋も人馬之往還無障候様、来廿日以前可作立候、可為大軍
候之条、成其意、不可有由断候、重而可遣検使候、謹言、
（天正六年）三月四日　（信長）（朱印）
長岡兵部大輔殿

13号は、天正二年（一五七四）の一向一揆との激しい戦いを経た信長が、翌年秋に予定していた「大坂合戦」のために、丹波国船井・桑田両郡の「諸侍」を藤孝に「相付」る、すなわち両郡の在地領主らを藤孝のもとに軍事編成するとの命を伝達している。そして信長は、この動員編成を徹底するために、当該の在地領主らにこの旨を申し触れ周知させるよう、藤孝に命令しているのである。

確認すべきは、天正三年時点での丹波両郡は、藤孝や光秀が当知行安堵・闕所地処分・公事賦課等の権限を、いわば公的に行使することが不可能な地域であったことである。しかし両郡は、藤孝が一職支配権を保持する山城国西部とは、国境を挟んで隣接する地域でもあった。このことは、すでに天正二・三年の時点で、藤孝が自領に隣接する船井・桑田両郡の在地領主層との間で、彼らを軍事的に組織するために有効な、なんらかの政治的関係を形成していた事実と、信長による両郡諸侍の与力編成令が、その事実に依拠して発令されたことを暗示するものである。『信長公記』には、天正三年から信長の対大坂戦に丹波の国侍が参陣していたと記されている。これら勢力の組織化に、藤孝が果たした役割は少なくなかったとみるべきである。『信長公記』巻八の天正三年九月条に、信長が丹波国船井・桑田両郡を藤孝に与えた、と記されているのは、以上の事情を反映した解釈であろう。

32号は、藤孝によって船井・桑田両郡の在地領主層との間に築かれていた政治的関係が、信長の丹波奥三郡・多紀郡地域への侵攻の前提の一つとされていた事実を示す文書である。天正六年三月四日、信長は藤孝に、丹波奥郡・多

紀郡攻めのための複数の軍道を、大軍の人馬が支障なく往還できる規模で作り、二十日までに普請し終えるよう厳命している。藤孝が奥郡・多紀郡に入る道を普請すべき場所は、西岡から船井・桑田郡までの山陰道、およびその脇往還であったと推察され、その普請には、両郡の「諸侍」の協力が不可欠であったものと考えられるのである。

こうして、明智光秀を主力とした丹波攻略は天正七年には完了し、石山本願寺も翌年八月に灰燼に帰した。このとき藤孝らの面前にひらけたのは、自立的な領主諸階層が多く存在した丹後国と、その背後にある毛利方の山陰地域であった。こうして天正八年、細川藤孝の丹後国替えが断行されることになった。

（二）　藤孝の丹後支配と明智光秀

天正八年八月、藤孝は丹後に入国した[13]。その直後に信長が藤孝に発した黒印状は、藤孝の丹後支配に対する明智光秀の関与のあり方を象徴的に示すものである。

38 至其国早々参着候由、尤以可然候、於様子者、惟任(光秀)かたより具申越候、弥相談、政道彼是無由断可申付事専一候、
此方見舞遅々不苦候、猶珍儀候者、可注進候也、
(天正八年)八月十三日　信長（黒印）
長岡兵部大輔殿

摂津・河内における対一揆戦においても、藤孝が明智光秀と一体的な軍事編成をうけていたことはすでに指摘したが、藤孝の丹後入国の「様子」は、明智光秀から信長につぶさに報告されていたのである。それだけでなく、藤孝には、光秀との「相談」によって、丹後守護の一色氏や国衆さらに百姓を支配するうえでの「政道」を示し、領国支配体制を構築していくことが求められたのであった。

この38号文書以降、「本能寺の変」直前の52号にいたるまでの一五通のうち、光秀が宛所や本文に表れる文書は、じつに八通にのぼるのである。以下、検討してみよう。

八月二十一日付の黒印状（39号）で、信長は藤孝の報告に応えて、「居城之事、宮津与申地可相拵之旨、得心候、定可然所候哉」と述べている。藤孝が丹後支配の拠点を守護所のあった府中ではなく宮津に定め、「居城」の普請を開始することを認めるとともに、宮津の戦略的位置を確認するかのような文言を記している。しかし、注目されるのは、さらにつづけて、宮津城普請について、「就其普請之儀、急度由候、則惟任かたへも朱印遣之候間、令相談丈夫ニ可申付儀肝要候」と伝えていることである。丹後支配の安定と山陰地方への出撃のため、宮津の城普請は急がねばならないが、その件は光秀にも朱印状でもって伝えている、光秀と「相談」して、しっかりとした城普請をするように、という趣旨である。このように光秀は、藤孝の居城普請にかかる監督権を信長から付与され、行使していた。本文書にいう「居城相拵」をもう少しひろくとれば、伝統的な府中を離れて一国支配の拠点を形成するうえで不可欠な、町割りなどに関する監督権をも想定することが可能であろう。

次に示すのは、その翌日付の黒印状である。

40 一昨日廿午剋之注進、今日申剋到来候、披見候、仍其国吉原西雲不罷出、依野心相動、悉討果候由候、尤以可然候、尚々万方無由断調儀専一候也、

（天正八年）
八月廿二日　信長（黒印）

長岡兵部大輔殿

惟任日向守殿

本文書は、藤孝入国直後の丹後国衆との支配従属関係の取り結び方を示す重要史料である。藤孝はまず、拠点を宮

津に定めた時点で、国内の国衆に出仕を命じ、対面の儀礼を通じて人格的関係を取り結ぼうとした。ここに名のみえる吉原西雲は、丹後西部の峰山領を支配していた有力国衆であったが、藤孝のもとに「罷出」なかった。そのため、「野心」をはたらかせたという理由で一族・家臣ともに討たれたのであった。そして、本文書の宛所が光秀と藤孝であった事実に明確に示されているように、光秀は、丹後入部直後の国衆との対面という、藤孝の領国支配の基礎の構築の現場に立ち会い、こうしたアクシデントを藤孝とともに処理し、信長に報告する立場にあったのだった。

藤孝入部時の丹後国内には、一色氏、その家臣筋にあたる矢野氏といった室町期の守護職に存立根拠をもつ権力、さらに右の西原氏をはじめとする自立的な国衆が割拠していた。藤孝は、国衆出仕のあと、彼らと明確な主従関係を結び、客観的な基準によって軍事動員を実現するための条件を形成する過程に入った。翌天正九年三月発給の信長朱印状は、この過程を語る史料である。

41 ①丹後国領知方之事、国中無所残遂糺明、②諸給人手前、面々指出之員数無相違充行、③於余分者、其方任覚悟、④軍役已下速可申付也、

天正九
三月五日　信長（朱印）
長岡兵部太輔とのへ

本文書で信長は、傍線で示した四段階で藤孝の権力編成法を指示している。まず①では、藤孝に「丹後国領知方」の「国中残す所無」き「糺明」、すなわち丹後一国の総検地を命じている。この一国検地は、いうまでもなく丹後で初めての石高制検地であり、それによってはじき出された総高は、豊臣期における細川家の領知高一一万七〇〇石、さらに近世の丹後国表高へと引き継がれたと考えられている(14)。

次に②では、石高制検地とならんで、藤孝への出仕を通じて従属の意思を表明した国衆以下諸階層に、彼らの責任で「指出」を提出させ、そこで申告された数値を知行高として宛行い、藤孝の「給人」として編成するよう指示している。

しかし、①検地によって把握された石高と、②国衆以下からの指出によって申告された石高との間には、③「余分」と表現される検地踏み出し分の発生が予期されていた。信長はこの「余分」を把握して再配分する権限を、藤孝に付与している。「余分」は藤孝が山城西岡から引き連れてきた家臣らの知行分や、自身の蔵入地へと繰り込まれたものと推察される。

そして、国衆以下への指出申告分の宛行い、検地「余分」の家臣らへの配分といった、藤孝による石高知行制の創出は、④これら「諸給人」の「軍役」の確定のために急がれた措置であった。これによって藤孝は、丹後における軍事権力としての組織と動員システムとを、得ることになったのである。

しかし、ここで藤孝のもとに成立した細川（長岡）の「御家」の組織に、丹後国内のすべての武家領主が包摂されたわけではなかった。守護の系譜を引く一色氏とその重臣の矢野氏の存在である。

丹後一国検地が完了したのは、天正九年八月のうちであったと推察される。当時の一色氏は、宮津の西方に相対する、与謝郡岩滝・弓木に拠点を保持し、丹後国の西半分すなわち但馬国寄り地域をおさえていたと考えられ、『綿考輯録』第四は、天正九年五月に藤孝の娘伊也が一色義有（五郎）に嫁したとする。こうした一色氏に、織田権力はいかに対応したのだろうか。

45丹後国一色知行・出来分事、預置惟任日向守、可被相談、猶追而可申出候也、
（天正九年）
九月四日　信長（朱印）

長岡兵部大輔殿

47一色知行・今度出来分、前後引合貮万石之通、以検地之員数引渡候、残所長岡兵部大輔(藤孝)ニ可遣之候也、

天正九
九月七日　信長（朱印）

惟任日向守殿

これらの朱印状によれば、一色氏の「知行」分（指出分）と、検地によって発生した「出来分」については、国衆とは異なる措置がとられたことが分かる。45号によれば、信長は「一色知行・出来分」をまず明智光秀に預け、その後の処置は追って通達すると述べる。

その三日後に光秀に宛てて発給されたのが47号であり、信長は、「一色知行・今度出来分」のうち二万石を、検地で確定された目録とともに一色氏に「引渡」し、残りを藤孝に遣わすよう、光秀に指示しているのである。

このように、検地と指出提出とによって確定された一色氏の知行分・出来分は、信長によって一色氏および藤孝に宛行われた。そのさい、これらの所領・知行をいったん信長から預けられ、両者に打ち渡す実務を現地で司ったのが、明智光秀であった。

一色氏の重臣矢野藤一の知行分（本地）および出来分の処置について、信長が指示した以下の二点の朱印状は、こうした事情をより具体的に伝えている。

46丹後国矢野藤一知行分事、寂前申上員数四千五百石相渡候、残分悉令進止、可抽戦功候也、

天正九
九月四日　信長（朱印）

長岡兵部大輔殿

48矢野知行今度出来分事、長岡（藤孝）ニ遣之候き、然而只今矢野因州面令在陣之条、無帰陣之間、強々上使等入置候てハ如何候之間、先令用捨、帰国時申付尤候、又矢野本地相渡分事、員数無相違郷切仕、無申事候様候て可然候、可成其意候也、

（天正九年）九月十日　信長（朱印）

長岡兵部大輔殿

惟任日向守殿

46号で信長は、「矢野藤一知行分」については、矢野が申告した指出の数値をもとに四五〇〇石の知行を信長として渡し、残りの分（検地出来分）については、藤孝が進止して戦功を抽んでるように、と伝えている。そのうえで信長は、六日後の48号で、矢野知行の「本地」と検地による「今度出来分」の打ち渡しについて、具体的な指示を光秀・藤孝に与えているのである。

まず、信長が藤孝に与えた出来分については、現在、矢野自身が因幡国に在陣中なので、留守中に所領打ち渡しの「上使等」を強引に入れ置くのは穏当でない、したがって、打ち渡しは矢野の帰国まで待つように、と指示している。次に矢野「本地」を矢野自身に打ち渡すにさいしては、相違なく「郷切」に石高を確定して、紛争を起こさないように措置するよう命じている。

ここで注意すべきは、所領の藤孝への打ち渡しに、「上使」すなわち信長の遵行使が入部させられる点である。使者が実際に安土から派遣されるか否かは別としても、「上使」による打ち渡しは、矢野の所領で発生した出来分の矢野からの収公と藤孝への給与が、信長によってなされることを象徴的に示す手続きである。しかし、ここでも所領・

知行の打ち渡しを現地で司っていたのは光秀であった。48号文書にみられるような信長のきめ細かな指示は、打ち渡し時期が年貢収納期と重なるという緊張状況にあって、穏便な権利移転の実現をはかる光秀が、信長に上申したことによって、引き出されたものであったろう。

このように、丹後国に入部した藤孝と信長は、石高制検地と指出徴収とをいわば車の両輪として、権力構築を進展させた。それは、第一に、指出分＝当知行分の藤孝からの宛行による国衆の細川給人化、第二に、同じく当知行分を信長から宛行うことによる旧守護家の織田部将化、そして第三に、検地出来分の藤孝への集中による細川権力の拡大強化であった。

そして、こうした丹後における権力の構築過程全般を現地で管理・監督したのが、明智光秀であった。以上に検討したように、光秀の丹後における活動は、つねに信長と緊密な連絡を取り合いながらなされていた。光秀は、藤孝・一色氏・矢野氏を基軸とした丹後の織田分国化を主導する、いわば信長の代官として、天正八年八月から翌年九月までの一連の政策を管轄したとみることができる。

(三)　山陰方面への軍事動員と光秀

したがって、如上の権力構築の結果として成立した丹後における軍事動員体制についても、光秀が重大な役割を果たすことになったのは当然であった。

天正九年（一五八一）に比定される六月一日付の羽柴藤吉郎宛の黒印状（42号）は、信長が秀吉に因幡鳥取城攻めについて具体的な指示を与えた文書である。そこでは、「小敵相侮候て、深々と罷出、千万ニ一も失利候へハ、云外聞云実儀旁以不可然候、能々成其意、いかにも丈夫ニ可令調儀候」などと記し、敵を侮ることなく、長期戦を覚悟して充分に調議をはかるよう念押ししていた。

藤吉郎宛の本文書が細川家に伝来したのは、秀吉の鳥取城攻めを藤孝らが丹後から支援するよう信長の指示をうけていたことと関連する。43号によれば、七月の時点で藤孝は、丹後地域の「賊船」すなわち海の武士団を組織して、松井康之に指揮させ、山陰地方の前線へと派遣する準備を整えていた。秀吉宛黒印状は、鳥取城攻めの長期化が信長の指示によるものであることを秀吉が藤孝に明示して、継続的な支援を確実なものとするために、秀吉から藤孝のもとへと転送され、細川家に伝来したものと推察される。

次に示すのは、松井水軍派遣の具体的目的、それが丹後地域に引き起こすであろう軍事緊張状況、それへの明智光秀の関与のあり方を伝える、黒印状である。

44 廿日注進状、今日廿三到来披見候、仍丹州面敵罷出候者、可出陣候旨申候処、無由断用意之趣、尤以可然候、於様躰者惟日（惟任日向守光秀）申聞候き、猶々心懸専一候、次今度其国賊船依申付、彼口身方城々へ兵粮丈夫入置、其外敵船等追込灘□□深々相動之旨、是又肝心候、松井（康之）折帋令披見候、弥可入勢之由、可申聞事簡要候、次南方動之儀も聞届候也、

（天正九年）八月廿三日　信長（黒印）

長岡兵部大輔殿

まず、文書の後段によれば、松井康之は書状でもって信長に因幡方面での自身の働きの様子を報告しており、松井の任務が、毛利方勢力と相対している「身方城々」に兵粮米を運び込むこと、敵船の拠点となる浦々に攻撃をかけることであったと分かる。九月十六日付の黒印状（50号）によると、丹後賊船を率いた松井は、伯耆方面にまで攻め込み、敵城を攻撃放火するとともに敵船六五艘を撃破するという戦功をあげ、信長に賞されている。

次に文書の前段をみると、こうした支援活動に刺激された毛利方水軍が丹後方面に反撃に出ることが予想され、藤孝自身が出陣して対応すべく準備を進めていたことが分かる。そして信長は、細川家におけるこうした臨戦態勢構築の「様躰」について、明智光秀からの報告で把握していたのであった。

こうして山陰の毛利勢力との対決を優勢にすすめた織田権力は、対毛利戦線の主戦場を備中平野へと移した。天正十年、備中高松城を包囲する秀吉のもとへ畿内から援軍を派遣しようとした信長は、次の朱印状を藤孝と一色五郎（義有）に与えた。

52中国進発事、可為来秋之処、今度小早川（隆景）従備前児嶋令敗北、備中高山楯籠之間、羽柴藤吉郎令出陣取巻之由注進候、重而一左右次第可出勢候、無由断用意専一候、猶惟任日向守可申候也、謹言、

四月廿四日（天正十年）　信長（朱印）

一色五郎（義有）殿

長岡兵部大輔殿

本文書は細川家伝来の信長発給文書で年次比定可能なもののうち、最後のもので、信長が自身の中国出馬の準備のために本能寺に入る、ほぼ一月前の日付を有する。まず宛所に注目されたい。藤孝と一色五郎とが並立している。信長は二人に、秀吉が備中高山城を取り巻いている戦況を伝え、状況次第でいつでも「出勢」可能なように「用意」しておけ、と伝えている。次に注目すべきは本文の末尾、「猶惟任日向守可申候也」の文言である。天正十年五月、「中国進発」の段階でも光秀は、丹後国において信長に対して軍役を直接負担する藤孝・一色五郎の双方に、信長の意思を伝達し、直接的に指揮する権限を信長から委任され、行使していたのであった。

かくして、藤孝の丹後入国、居城の選定と普請、石高制検地の実施と領主諸階層からの指出徴収、当知行分安堵に

よる主従制の形成、検地踏み出し分の接収と知行宛行、一色氏・矢野氏への石高知行の宛行という、光秀が監督した一連の政策過程は、信長のもとで畿内諸領主層への軍事指揮権を行使していた光秀の権力自体を、拡大させる過程ともなったのである。

「本能寺の変」は、すでに目前に迫っていた。

おわりに

信長から最も多くの文書発給をうけていた部将は誰か。

奥野高廣『増訂　織田信長文書の研究』を通覧した印象を述べれば、一貫して信長の信頼を得て活動しつづけた明智光秀と羽柴秀吉は、とくに多くの文書を受け取っていたように思える。しかし、光秀の家も秀吉の家も、さらに佐久間・柴田といった譜代重臣の家の多くも、滅亡・没落してしまった。むろんそれは「天下統一」をめぐる政治闘争の結果であるが、そのとき、多くの信長発給文書も消滅の憂き目にあったのだった。細川藤孝は、室町将軍から信長に仕えて大名化し、彼を祖とする肥後細川家は、室町幕臣出身の国持大名として江戸幕末を迎えた唯一の家となった。その結果、元亀四年（一五七三）から天正十年（一五八二）まで一〇年間にわたる五九通という、最多の文書が伝存することになったのである。

本論で不充分ながらも検討したように、細川家伝来の信長文書は、信長・義昭連合政権崩壊期の緊張に満ちた政治状況、武士領主制の一定の発展の帰結として形成された織田権力と「一向一揆」との武力対決の歴史的意味、織田権力の石高制検地と当知行安堵による権力編成、そしてその権力編成上の明智光秀の政治的地位などについて、重要な論点を示してくれる文書群である。そして、これらの論点を深めることが[15]、織田政権論を基礎構造から進展させるうえで、ひいては統一政権の確立安定とともに実現し長期持続した「天下泰平」の歴史的実体を追究するうえで、きわめて重要であることは、多言を要さないであろう。

註

（1）山田康弘「細川幽斎の養父について」（『日本歴史』七三〇、二〇〇九年）。
（2）細川家伝来のこれら中世文書については、熊本大学文学部附属永青文庫研究センター編『永青文庫叢書　細川家文書　中世編』（吉川弘文館、二〇一〇年）に全点図版入りで収録されている。なお、同書収録の山田貴司「永青文庫所蔵の「中世文書」」を参照されたい。
（3）稲葉継陽「細川幽斎と信長・秀吉・家康」（『細川幽斎展（図録）』熊本県立美術館、二〇一〇年）参照。
（4）（5）松下浩・高木叙子「信長文書の語るもの」（『信長文書の世界（図録）』滋賀県立安土城考古博物館、二〇〇〇年）参照。
（6）信長発給文書の料紙大型化という事実は、松下浩・高木叙子前掲「信長文書の語るもの」においても一般的傾向として指摘されており、これを個別家文書群において確認させる点で、本事例は重要であろう。
（7）吉村豊雄「初期大名家の隠居体制と藩主権力」（『近世大名家の権力と領主経済』清文堂、二〇〇一年、初出は一九九七年）、山田貴司「細川家の名物記「御家名物之大概」考」（『細川コレクション　永青文庫の至宝展（図録）』熊本県立美術館、二〇一一年）参照。
（8）『大日本近世史料　細川家史料七』一六九三号。
（9）熊本大学文学部附属永青文庫研究センター編『永青文庫叢書　細川家文書　中世編』（前掲）参照。
（10）奥野高廣『増訂　織田信長文書の研究』全三巻（吉川弘文館、一九六九〜一九八八年）六〇号。以下、同書からの引用は「信六〇」のように略記する。
（11）信長の対一揆戦における「根切」について考察した最新の論考として、播磨良紀「織田信長の長島一向一揆攻めと「根切」」（新行紀一編『戦国期の真宗と一向一揆』吉川弘文館、二〇一〇年）を参照されたい。
（12）朝尾直弘「自序」（『朝尾直弘著作集　第八巻』岩波書店、二〇〇四年）、藤木久志『刀狩り』（岩波新書、二〇〇五年）、稲葉継陽「中世民衆運動から百姓一揆へ」（『日本近世社会形成史論』校倉書房、二〇〇九年、初出は二〇〇七年）参照。

(13) 藤孝の丹後入部後の政策に関する先行研究として、吉村豊雄「大名権力の成立」（『近世大名家の権力と領主経済』清文堂、二〇〇一年、初出は一九九三年）を参照。

(14) 『舞鶴市史　通史編（上）』（一九九三年）五八七頁以下、参照。

(15) 堀新「信長公記とその時代」（同編『信長公記を読む』吉川弘文館、二〇〇九年）、神田千里の『戦争の日本史14　一向一揆と石山合戦』（吉川弘文館、二〇〇七年）をはじめとする一連の研究、播磨良紀前掲「織田信長の長島一向一揆攻めと「根切」」、朝尾直弘前掲「自序」、池上裕子「大名領国制と荘園」（『日本中近世移行期論』校倉書房、二〇一二年、初出は一九九九年）、早島大祐「織田信長の畿内支配」（『日本史研究』五六五、二〇〇九年）参照。

十九世紀の宿場町を拠点とする地域運営システム

――熊本藩の藩庁文書、「覚帳」・「町在」をもとに――

松﨑範子

はじめに

近世期には全国的に街道が整備されて、宿駅という都市機能を持つ多くの在町が農村地域に建設されている。ところが往来が限定される藩領域の宿場町は、建設後まもなく衰退する。しかし十九世紀になると商品経済の発展によって周辺地域の中心地となり、さらには地方行政の拠点となっていることから、本稿では熊本藩の藩庁文書を用いて、宿場町の運営と地方行政を一体化することで完成する組織的な地域運営システムについて究明する。

熊本藩の藩庁文書には、「覚帳」と「町在」という記録群がある。「覚帳」とは藩庁奉行所のうち民政・地方行政の担当部局である郡方の帳簿であり、「町在」とは人事考課担当部局としての選挙方における領民の社会活動・行動記録など種々の功績・功業を評価・褒賞した記録簿である。熊本藩研究では、この二種類の帳簿をもとに地方行政制度の解明が進んでいる(1)。

ここで明らかになったことは、全国的に十八世紀後期となる宝暦―天明期には「農村荒廃」が問題となっているが、熊本藩では宝暦期に大規模な藩政の機構改革が行なわれたことで、藩庁奉行所は部局で編成された中央行政機関となり、このうち地方行政を受け持つ郡方部局は、明和・安永期には拡大する社会の公共業務を担う機関としての役割を大きく顕現することである。そして寛政期末には「覚帳」の形態が整うとともに「町在」が成立すると、十九世紀には地方行政官たる惣庄屋が(2)、地域が必要とする政策形成をすることで行政が実行されることであった。

本稿では以上の成果をふまえて、同じく「覚帳」と「町在」を用いて、零落した宿場町が地方行政のもとで立て直される様子をみていくが、検討において素材とするのは山本郡正院手永の植木町である。手永とは郡と村との間に設けられた中間行政区域のことであるが、同町は十七世紀末に宿場町として正院手永のなかに建設された。しかし立地条件として城下に近いため宿場町として発展するどころか、建設後まもなく衰退する。また植木町の所属する正院手永というのは、藩内でもきわめて零落難渋とされる土地柄であった。しかし天明期に惣庄屋による対策が始まると、これを受けて化政期には積極的な産業振興事業が展開し、天保期には実質的に植木町が正院手永の中心地となって、同町に置かれた手永会所を拠点に地域全体が運営されている。

こうした地方行政の展開は、「覚帳」の様式を変化させるとともに、「町在」には会所業務を支えた功績で褒賞された人々が多く記載されるようになる。そこで本稿では、手永会所を中心に会所役人が宿駅の業務を担いながら、いかに宿場町を維持して、地域全体を運営するようになるのかを明らかにしたい。

一　部局成立以前の宿場町の運営と行政系統

山本郡正院手永に形成された植木町（＝味取新町）は、豊前街道という熊本藩の主要街道と高瀬往還・大津往還の分岐点にある宿場町で、天明期には手永会所も置かれて地域の中心地となる。しかし近世前半の植木町はというと、宝暦期の機構改革によって地方行政制度が確立して惣庄屋の管轄となるまで、その所属がはっきりしない。ここでは植木町がどのように形成されて領主支配と対応していたのか、宝暦以前の行政系統について述べる。

（一）　領主政策による宿場町の建設

植木町は元禄八年（一六九五）に、味取町の新町として建設された宿場町である。最初に建設された味取町は、加藤氏に代わって細川忠利が肥後熊本藩の領主となった寛永九年（一六三二）に、豊前街道の宿場町として建設が始まった。その時の状況については、同町の有力者であった堀家が、文政二年（一八一九）に先祖の由緒をもとに藩に救済を求めた「乍恐奉願覚」[3]に、次のように記されている。細川忠利が岩野原という地に目をつけて宿場町の建設を始めると、近隣の山城村から堀家の先祖を召し出して味取町を取りまとめる別当に任命したこと、そして家屋敷だけでなく開地の地面も拝領したことで、堀家には細川氏だけでなく他の大名家も宿泊して、「御用御宿」をつとめるようになったとある。

「御用御宿」のある味取町住民の役負担については、文化十年（一八一三）の「覚帳」で知ることができる[4]。ここには寛永十年に五十軒の町並みが形成されたが、年貢や諸公役が免除されており領主への負担がなかったこと、町並みが形成されると諸大名だけでなく一般の旅人も利用するようになったことで、味取町はすぐに宿場町として機能をはたすようになったとある。

ところが味取町は豊前街道と高瀬往還・大津往還の分岐点から外れるため、元禄期に味取町の新町として植木町が建設されることになった。建設当時の植木町の状況についても、やはり堀家が藩に提出した文書[5]で知ることができる。

ここには、正院手永の下滴水・舞尾・仁連塔・一木・岩野村の五か村にまたがる植原という荒れ地に新町を建設するにあたって、藩では町域とする区域に「丁数拾弐丁縄張」と十二の町割りをすると、居住願いを出した者には家屋敷を与えて商売を許可しながら町の形成を進めたこと、熊本城下と味取町との間に設けられていた鹿子木町の本宿としての機能を植木町に移したことが記されている。そして植木町で新たに拝領した堀家の懸屋敷には細川氏や諸大名が宿泊したとあることから、堀家が引き続き植木町の宿役人となって駅所を任されたことが明らかとなる。

植木町の運営にあたっては、堀家の三代目九郎右衛門を別当に任命している。藩では町域を、熊本城下に近いほうから二丁ずつを一丁目（懸）として、六丁目までの「十二丁—六懸」[6]に編成して住民に宿役の負担を求めており、そのために「五ヶ所町」として区別されている熊本城下町や川尻・高橋・高瀬・八代町という藩内の主要な町と同様に、町奉行以下、御番衆を置いた。このことから藩の構想として、農村にあっても惣庄屋の受け持つ区域とは区別して、植木町を「五ヶ所町」並みの町場にする計画であったことが判明する。しかしながら遅れて建設された植木町は、味取町とは異なり地子が免除されていないうえ、住民が別当以下町役人の給銭や町の運営にかかる諸費用をすべて軒懸け、つまり家屋敷を単位に負担して、宿駅の御用をつとめたのである。

（二）　零落の始まり

藩の構想のもと建設された植木町であったが、十八世紀になって商品経済が農村に浸透して、城下周辺をはじめ各地で出小屋の開設がみられるようになると、町並みの衰退が問題となっている。享保期には植木町の別当が、そのための対策を藩に求める内容が「覚帳」にある。この内容からこの段階の在町への行政系統が判明するので、次に関係部分を提示する。[7]

（享保十年）三月廿五日

一、山本郡味取新町之儀元禄八年ニ町立被仰付、最早三拾ヶ年余ニ相成候へ共商売茂無之、無□□（欠損、以下同）ニ而次第ニ及零落、宿馬等茂□□兼候、其上他所衆泊り之節宿□□取続難成ニ付、手はしの見せ物芝居晴天十日充三ヶ年間之間御免被成被下候ハヽ、其余力を以取続申度由奉願通別当とも書付、且又御郡奉行衆添書共去夏被相達置候処、別当□□茂如何様共不被仰付由ニ而、又々□□書付御郡奉行衆より被指出候付、御郡奉存寄を茂承繕候処ニ、宿町之儀ハ数ヶ所之儀ニ付、此願御免被成候ハヽ、段々類引ニ茂相成可申候、其上所之潤ニ者相成可申候へ共、物躰下方費申儀□可有之候間、旁願難叶可有□□願書付ニ付札被仕候ニ付、伺□□調御家老中江相達候処ニ、思召□□願難叶由御奉行衆江申遣、書付等指戻申候事、御家老中江之伺手紙左之通

以手紙申立候、山本郡味取新町次第零落仕候付而、見せ物芝居晴天十日充三ヶ年之間御免被成下旨、別当共書付共ニ御奉行衆より茂書付相添、去夏相達置被申候へ共、御免難被成儀故見合置候処、何とそ如願被仰付被下候様ニと弥下方奉願候由、御奉行衆より内意相達被申候付、御郡方衆江申談□□仕指出被申候付、□□談仕候処ニ、宿町之儀数ヶ所之儀付而、此願御免被成候ハヽ、段々類引ニ茂相成可申候間、願難叶可有御座哉と奉存候、則御郡奉行衆より之書付共ニ両通指上奉伺候、以上

六月廿四日　　奉行中

乁壱岐様　存寄無之候、以上
乁大膳様　右同
乁求馬様　存寄無之候、以上

〽数馬□　□寄無之候、以上
〽備前□　存寄無之候、以上

史料の内容は、植木町別当が享保九年（一七二四）の夏から救済を求めて、見せ物芝居興業を年間に十日、三年間開催する許可を願い出たことに関してである。正徳二年（一七一二）には植木町以下、八つの在町奉行が廃止されていたことで[8]、御郡奉行が直接、別当から要請を受けたのであるが、藩庁奉行所の奉行衆の意見は、宿場町は植木町だけではないので、植木町だけに許可することはできないというものであり、これを受けての家老の判断は「存寄無之候」、つまり判断できないというものであった。このことから十八世紀前期には、まだ在町は惣庄屋の受け持ち区域になく、対策をするためのしくみが未整備であることが判明する。

したがって宝暦期になると植木町の零落状況はさらに進んで、建設当初は十二丁あった町並みは半分の六丁に減って、残りの六丁の町並みを二丁ずつ三懸に編成して宿駅の御用をつとめるようになっていた[9]。堀家に宿場町の運営を任せていたのでは、駅所どころか宿場町の存続自体、危ぶまれる事態となっていたのである。

二　地方行政制度に組み込まれた宿場町の運営

宝暦期の機構改革で藩庁奉行所は、勝手方・町方・客屋方・作事方・普請方・掃除方・御船方・選挙方・刑法方・屋敷方・学校方・郡方・寺社方の十三の部局で編成された中央行政機関となる。すると領域の支配系統として、城下町以下、川尻・高橋・高瀬・八代という領内の主要在町は町方部局の管轄に入り、これ以外の在町は郡方部局の管轄となる。したがって在町は所在する地域の手永に編成されて、惣庄屋が受け持つようになる。

すると天明期には正院手永でも、植木町住民からの要請を受けて煙草の製造を町の産業とすることで、惣庄屋が宿場町の立て直しに取り組む様子がみられるようになる。そこで本節では天明期に始まる惣庄屋の取り組みと、そのなかで浮上することとなる地域が抱える問題について明らかにする。

（一）　惣庄屋による対策の始まり

宝暦期の機構改革で地方行政制度が確立すると、部局制の採用によって藩庁奉行所から領内各地へ出される御用状が増えている。宝暦九年（一七五九）六月の御勘定頭の「覚」(10)では、藩庁奉行所から各地の米蔵とともに手永会所への往復文書が増えたことで、豊前街道と高瀬・大津往還が交差する植木町駅所に継飛脚を増員することを検討しており、植木町の宿場町としての機能が重視されるようになっていた。

しかし植木町の零落問題はまったく解決されないため、天明期になって正院手永の惣庄屋阿部次郎三は、植木町の立て直しに着手する(11)。しかしこれが目論見とは異なる展開をとったため、その後、長期にわたって正院手永の惣庄屋を悩ませることとなる。この様子を、寛政元年から翌二年にかけて植木町の煙草屋一同と植木駅所雇いの馬士一同から提出された文書でみることにする。

まず植木町の煙草屋一同が提出した文書(12)からみる。これは立て直しのために藩から借用した資金の返済問題が表面化する寛政元年のものであるが、かなりの長文であるので、在町の町役人から提出された文書がどのように藩で審議されたのかをみるために、必要部分だけを次に提示する。

乍恐奉願覚

一、銭拾七貫弐百八匁　　但、町方ニたはこ受取居候分代銭小前帳前

一、同七貫三百六拾三匁九分五厘　但、未年たはこ御仕込銭元潰ニて払来候小前帳前

一、同四貫九百目　　　但、切粉御仕込ニ付前銀廿日限御貸方ニ相成居候一切分小前帳前

合弐拾九貫四百七拾壱匁九分五厘

（中略）

右者、私共町及零落、六町之内三丁者此以前惣潰ニ成、相残ル三丁も極々零落仕、宿並之儀も差支候処より、先年段々積合被仰付刻ミたはこ仕立之御仕法御願立被下候、然処去冬已来猶又御病気被差出、次第御勝不被成候故、已後之儀追々町役人中存寄も御聞被成、寄々何れも存寄申上置候処、当夏頃より右御請込御断被仰上候御様子、いつれも当惑仕候、右御断之儀幾重ニも御見合せ被下候様、先通追々町役人中申上候得共、御痛ニ付何分ニも不被任御心底ニ、是非御断被仰上可仕様も無御座候、（中略）然処右之御仕込若々被為差止候而、年賦納迄仕候様ニとも成行候而者、兎ニも角ニも難押移御座候、此処御慈悲之筋を以宜敷御仕法被仰付可被下候、然者始末御蔭を以年賦納も仕取続、宿並之儀勤上度奉存候

一、惣躰当町之儀たはこ外商売之筋無御座候、元ト入さへ御座候へハ何程も仕事御座候へ共、少々之本入ニ而人数ニ懸り取計出来申候儀ハ、先たはこにて御座候、此儀者方角近御郡も専作候品ニ而、遠方を懸け諸商売取計候失墜ニ見合申候へハ、朝夕ニも少々宛雑作無之取計も成候事ニ付、第一手寄宜敷御座候、依之御仕込之御根方被為立置、旅商人たはこ買ニ持来候金銀両替、又者たはこを御願被成候計ニ而も方角懸りも宜敷段、弥共旅人も当町を以差入込候程ハ地廻・旅出共ニ当町を差在中より附出候ニ付、駄賃之鞍数迄も相増、問屋〳〵ハ口銭、旅籠其外在中付廻り買、向キ〳〵口入破産仕候者迄渡世ニ相成、且又切粉ニ成候得者、常者空敷打過候老人・子共之手先キにて相応之仕事御座候而、此余力も延方ニ成、且又段々在中よりたはこを運ヒ

出候者も、塩類ニても調帰候様ニ御座候へハ、自然と煮売店通も相応ニ渡世仕候、（中略）乍恐御慈悲ニ已後之儀何分宜敷様重畳奉願候、為其乍恐連判之書付を以奉願候、以上

味取新町たはこ屋

寛政元年十二月　　　幸助（以下五十六名の氏名は略）

同町丁頭　寿三

九兵衛

仁平次

別当　寿吉殿

阿部次郎三殿

河喜多藤平殿

大村亀之助殿

史料の内容を検討する前に文書形態から説明すると、宝暦期の機構改革で在町が所在する地域の惣庄屋の管轄となったことで、煙草屋一同が作成した文書は在町の町役人である「丁頭―別当」から惣庄屋阿部次郎三に渡され、惣庄屋が郡代である河喜多と大村に提出すると、藩庁で審議されるという行政系統が成立していることが確認できる。

次に史料の内容であるが、寛政元年十二月になって植木町の煙草屋一同、五十七名が藩に願い出た内容とは、惣庄屋阿部次郎三が天明五年（一七八五）から煙草産業を植木町に仕立てる目的で、藩から十五か年賦で拝借した銀百貫目の返済の期限延長である。煙草屋一同がこのような文書を提出した理由は、天明期に積極的に煙草産業仕立てに取り組んできた惣庄屋阿部次郎三が病気となったことで事業が中断したため、拝借銀の返済が困難となったためである。

ところで植木町の煙草屋一同は提出文書のなかで、自分たちが求める返済計画を藩に提示したうえで、阿部の取り組みを評価して植木町が煙草産業に取り組むことの利点を次のように説明している。植木町の地理的条件として、正院手永の周辺は葉タバコの生産地であり、植木町は宿場町であるので多くの旅人が往来するため、製品化された煙草の取引場所として有利な位置にある。また植木町に煙草産業があると駄賃や問屋口銭が増えるだけでなく、住民にとっても刻み煙草の製造は老人・子供もできる仕事であり、植木町が煙草の集散地となれば町内に多くの人々がやってきて、煮売りなど様々な商売が成り立つことになる。それに隣接する諸藩では葉タバコを生産していないので、領域を超えて手広く取り扱うことのできる産物であると強く主張している。

明和・安永期には「覚帳」の願筋の上申文書を受けた部局稟議制の行政記録としての性格が明確になり、手永に地方行政が移譲されて住民からの提案が藩で審議されるようになっていたことで、藩ではこの要請を受け入れて、寛政二年（一七九〇）五月には返済問題の解決と零落問題への対策を、阿部に代わって正院手永の惣庄屋となった米村多太夫に命じることとなる。

すると米村多太夫は、すぐに植木駅所雇いの馬士一同からの拝借願いを受ける(13)。これに至る経過として、天明元年までは人馬継ぎ立てのため毎日村々から十五人の百姓と十一疋の馬が駅所に詰めており、不足する場合は手永に割り当てることで宿役をつとめていた。しかしこれでは急場には間に合わないだけでなく百姓の負担が大きいという理由で、阿部次郎三は天明二年から馬二十五疋を駅所の雇い馬として、馬を牽く馬士には定まった賃銭を村々の負担で雇うようにした。

ところが天明六年から八年にかけての飢饉による物価高騰で馬士は生活に困窮するようになり、そのうえ老馬となった馬を替える余裕がないため、寛政二年には宿馬を維持することができなくなっていた。そのため植木町の馬士二十五人全員が、馬仕立ての費用として一疋につき銭三百目、合計銭七貫五百目の拝借を願い出たのである。拝借にあたって馬士たちが十五か年賦の「成崩拝借」を希望すると、藩では拝借願いは了承するものの、借用期間は十か年、金額は一年間に一人の馬士が銭四十八匁八分四厘を返済することとしたことで、条件を受け入れられない馬士一同は拝借を断念する結果となる。

しかし米村多太夫が手永全体の零落問題に取り組んだことで、「正院手永之儀も、至而零落之所柄候処、心を用、村々救立之仕法を組立、追々成立、諸上納速ニ有之、且、植木町之儀ハ、亡所同前ニ有之候処、教示を加、風儀も立直、同所御囲籾蔵建方之節も始末出精相勤候」[14]と救済仕法を作成して、零落所とされてきた正院手永にも手永会所のある植木町に御囲籾蔵が開設された。しかし煙草業者の借銀返済問題と馬士の問題については解決することができず、寛政七年から八年にかけての「覚帳」には、藩と煙草業者との間で米村が返済問題にいっそう苦悩する様子が記されている。[15]寛政十年（一七九八）にはついに米村が病気がちになったことで、藩では農政に熟達した徳富太多七を葦北郡津奈木手永から送り込んで、植木町を含む正院手永全域の抱える問題の解決を任せることにした。

（二）対策の行き詰まり

これより徳富太多七による取り組みをみる。正院手永の惣庄屋となるとすぐに徳富は、正院手永が抱える問題を調査して「乍恐奉願覚」[16]で藩にその結果を詳しく報告する。ここでまず取り上げていることは、正院手永の町村が抱える莫大な拝借金の返済問題についてである。正院手永には藩から求められた御上金上納銭の残分のほか、御囲穀類去巳年迄追々拝借銭の残分、寛政二年と同三年の御救立方拝借銭の残分、天明七年と同八年の質屋・造酒屋商札運上銭からの拝借銭残分があり、このうち植木町の分としては、天明五年に煙草産業仕立てをするために御郡方銀百貫目を拝借したが、まだ銀四十一貫五百目の返済が残っていた。

この時期の正院手永の会計をみると、安永三年（一七七四）に年貢上納のために銀五十貫目を月一分の利銭で藩から拝借して村方へ月二分の利銭で貸し出し、差額の利銭で「会所仕立銭」を形成することを目指して、天明期末には約銀六十貫目を村方へ貸し出していた。それが寛政十年になると銀百三十七貫余と貸し出した金額が増えており、その返済のために正院手永の人々は熊本城下の商人、とくに植木町に近い出京町の船越理右衛門・森儀三郎・米屋新右衛門という商人からも借用するようになっていた。徳冨が返済に苦しむ村々の様子を実際に見聞して藩に報告したことは、二季御算用の時期になると正院手永の庄屋・頭百姓・小百姓たち数百人が熊本城下に押し掛けること、目的は扶持方米を払うことができないので銀主からその費用を借用するためで、年間数十日、延べにして千七、八百人が熊本城下に滞留すること、これでは農事を欠いて田畑の手入れも行き届かず、不作をまねいて零落することは必定ということであった。

では徳冨は正院手永の惣庄屋として、植木町の煙草産業仕立ての拝借金の返済問題をどのように解決しようとしたのかというと、報告書と一緒に「正院会所仕立銭永年賦奉願帳」を提出して三十五か年賦を願う。しかし藩からの回答は、徳冨の返済計画は「余り急速之取計いたし太造之儀、返而障り多」として再検討を求めており、翌年二月になってあらためて「山本郡正院手永難渋村々拝借御米銀年賦奉願覚」を提出する。このなかで煙草仕立ての残銀四十一貫五百目の返済方法として考えたのは、質地からの上徳米を村方に貸し出してその利米などを蓄えることであった。これは当初の五か年間はその準備期間として、六年目から三か年賦で返済することを計画するというもので、つまり植木町の煙草産業仕立ての拝借金を、手永の才覚で工面するというものであった。しかしこの提案に結論が出ないまま、徳冨も正院手永の惣庄屋を辞任することになり、寛政十二年十一月に徳冨の跡を受けて正院手永惣庄屋となった河野八兵衛によって、徳冨の試算に間違いがあることが発見されると、再び植木町の煙草屋一同が抱える問題は持ち越されている。(17)

次の惣庄屋である河野八兵衛が享和三年（一八〇三）三月に考え出した解決策はというと、それは残銀四十一貫五百目の捨て方＝帳消しであった。しかしこれに対する郡方奉行の回答も、「先惣庄屋徳冨太多七よりハ都而年賦返納之見込を付け相願置、御難題薄キ様取計候儀ハ尤事ニ候、然処河野八兵衛よりハ太多七相達候筋者、当前為取結候永年賦願出候儀ニ相聞、自分見込之返納相成かね可申候付、悉皆捨方被仰付候様ニ願出、莫太之米銭可成たけ損失ニ不相成様精力を尽、仕法を付可申儀有之候処、軽々敷悉皆拝借願出候儀不都合之至ニ付、願之趣難叶候条、如何様返納之仕法を付、願出候様可有御申付候」(18)と、すべて捨て方＝帳消しを願い出るというのは藩に莫大な損失を与えることであって、これは軽々しい申し出であるとして、返済手段をあらためて考え直すようにと指示するものであった。

それでも河野が再び捨て方を願うと、この年は藩財政強化のために請免（定免）制を実施したので、手永の負担を考慮して三年間の猶予を認めるが、捨て方については認めない。惣庄屋が手永の問題として自主的に解決するようにというもので、天明期以来の返済問題は、享和期になっても依然、解決されないままであった。

三　藩庁奉行所における担当部署の整備と支援体制の成立

（一）　担当部署の整備

十八世紀末になると在町へも地方行政官としての惣庄屋による対策が実行されることとなり、零落した宿場町の立て直しが図られた。しかしこの時点では、煙草業者が直接、藩から資金を拝借することで行なわれたため、この後、間に立った惣庄屋は返済問題で苦労することとなり、植木町の問題には取り組みすらみられないという状況であった。では「会所御備銭（官銭）」[19]が成立する十九世紀になると、正院手永の惣庄屋はどのように植木町の問題に取り組むのか、ここでは郡方部局で作成されていた「覚帳」のなかでも、とくに小物成方の記録を用いて検討する。

植木町の問題についてみる前に、寛政期末から文化期にかけての藩政の変化について説明する。寛政期以降、財政難に陥っていたことで、文化期に大奉行嶋田嘉津次による改革が始まると、藩庁奉行所には各部局を受け持つ奉行による集権的な合議体制が完成する。そして郡方部局では、寛政末年には惣庄屋と郡代による徹底した村・地域との政策調整が行なわれ、政策調整された案件が郡代によって部局に提案されるという稟議制が成立していたことで、部局の内部に「郡代局」と連携して担当業務を処理する部署の配置が明確となる。これについては文化八年（一八一一）に作成された「官職制度考」[20]でみることにする。

寛政九年には宝暦以来ずっと郡方部局の中心であった「御郡間」が廃止されたが、郡方部局には郡方奉行の直接配下として、奉行所に詰める根取・書記・荒仕子という職員がいた。そして年貢徴収をする「内検」や郡代が詰める「郡代局」、領内を巡見する「郡目付」、年貢米を収納する「米稟」、山林担当の「杣方」、水理担当の「井樋方・塘方」、牧山担当の「牧山支配」、郡政の監察をする「郡横目」、これに本年貢のほかの雑税を受け持つ「小物成方」という郡方附属の部署が編成されている。郡方奉行のもとで直接、地方行政を担当したのは、「郡代局」に所属する郡代である。各地においては手永ごとに手永会所に詰める惣庄屋以下の手代・下代・小頭・詰夫走番という会所役人、村ごとには庄屋・頭百姓・五人組・村横目がいて、藩庁奉行所郡方奉行のもとには郡代、郡代のもとには「惣庄屋—会所役人」、および個別村の村役人という系統的な機構が完成した。

ところでこのなかの小物成方であるが、御郡間が廃止された寛政九年から享和期までは勘定方に所属して、藩の貸殖を受け持っていた。しかし享和三年（一八〇三）閏正月に、財政難解消のために発行していた勘定所御銀所預という藩札の現銀引換え騒ぎによって、勘定頭以下の役人が処罰されて勘定所の機能が解体したため、小物成方は郡方部局に移管される。すると文化二年には、郡方部局の「覚帳」としては郡方根取のもとにあった「（本方）覚帳」と、小物成方で管理していた「（小物成方）覚帳」[21]の二種類の「覚帳」をみることができるようになる。

（二）　支援体制の成立

小物成方が郡方部局に移管された後、嶋田嘉津次の政策のもとで藩の地域政策は大きく転換する。熊本藩には「寸志」という制度があるが、これは領民が藩に金穀を上納することで、その見返りに褒賞として特権や格式を取得したものである。寸志の目的はしだいに藩への協力だけでなく、公共工事の資材・労力の提供や、難渋者の救済という地域行政に関することまで拡大する。これが盛んになるのは文化九年のことである。そして同年には郡村での一切の貸殖を禁止すると、[22]小物成方が地域対策に関わる記録が「（小物成方）覚帳」でみられるようになる。文化十年十一月には領内的に、国産煙草を大坂に移出するための試みとして、製品化を進めるために鹿子木杢平以下の惣庄屋に煙草の見本を提出することを求めており、同十二年には商品作物である人参・砂糖の生産状況や養蚕の調査をするなど、[23]惣庄屋が中心となって地域の産物仕立てに取り組むことを指導する。

これに対応して文化期には藩の流通政策として経済刺激策も始まっていたことで、文化十年閏十一月には「在中ニ而商売不苦品」として、穀類一般・食品・生活雑貨・衣類・材木類・小物・薬など煙草を含む四十九品目を在町で販売することを許可し、また「五ヶ町より在中へ持参商売不苦品々」として、城下町や川尻・高橋・高瀬・八代町の商人が塩・農具・綿・油以下二十四品目について在町で販売することを許可する。そして街道・往還筋の出小屋でも「五ヶ町より在中へ持参商売不苦品々」と同じ二十四品目の商品を取り扱うことを許可して、領内における商品の販売規制を緩和する。(24)

この変化は植木町の煙草産業にも大きく影響をもたらしている。在中で煙草の販売が許可されたことで、植木町の商人も直接、煙草を店売りできるようになったわけであるが、逆に城下町をはじめとする五か町からも商人が煙草を持ち込めるようになったことでは、とくに熊本城下町の古町地区には煙草を取り扱う商人が多いことから、城下町に近い植木町にとっては厳しい商売環境となった。

そのうえ正院手永では天明期以来の拝借金の返済問題が片付いていなかったことで、文化期になると惣庄屋はますますこの問題で苦労する。そのなかで植木町では、文化四年（一八〇七）二月二十日に火災被害を受けている。藩主や諸大名が宿泊する御茶屋が焼失すると、火災直後の三月二日には大奉行嶋田嘉津次の直接指示で御茶屋とともに町家を再建するための費用、五十貫目の拝借が決まる。(25)それも「返上納仕様者追而達方」と返済条件も決めないままの貸与で、至急の再建を求めてのことであった。しかしこれは手永にとっては借財がさらに増えることであり、返済のために文化十一年十二月には富講興業の開催許可を受けて落銭を返済資金とするようにしたが、(26)翌十二年十二月には藩が富講の開催を制限したことで返済の手立てを失っており、(27)手永自体が財政的に自立できるように会所官銭を増強するための対策が必要となっていた。

ところで、藩庁奉行所の各部局における部署の配置が明確になった文化八年四月に、正院手永の別当は交代している。新しく惣庄屋となったのは、阿蘇郡内牧手永から所替えとなった犬塚安太である。犬塚安太が正院手永の惣庄屋に選ばれたのには、次のような理由がうかがえる。(28)

犬塚家というのは加藤家の家臣で、知行地は阿蘇谷狩尾村にあった。加藤氏の改易後は阿蘇郡内牧町に居住して、正徳二年（一七一二）以降、内牧手永で人馬会所横目をつとめ、安太の父、一五郎も人馬会所横目をつとめ後に同手永惣庄屋となったという、宿駅業務に通じていた家筋である。内牧町というのは、熊本藩でもっとも主要な豊後街道筋にある宿場町である。安太は文化二年に親跡を継いで内牧手永惣庄屋となると、類焼被害にあった内牧町の立て直しをしたことで、その功績をかわれて、正院手永の惣庄屋に任命されたものと考えられる。

犬塚安太は正院手永に着任すると、すぐに植木町の返済問題に着手することとなるが、文化十年には味取町も零落を理由に救済を求めるようになっていたことで、在町自体の立て直しに取り組まざるを得ない状況となっていた。

味取町の別当・丁頭ら町役人が犬塚安太に提出した「乍恐奉願覚」(29)には、味取町の零落は宿駅が植木町に移ったことに始まり、そのうえ天明期までは味取町にあった会所も植木町に移ったことで、味取町には人々が集まらなくなっていたとある。それに文化四年二月の植木町火災は味取町にも影響して、「植木町出火後等者、右之上ニ宿元ニ者銘々御宿用相勤家居之取繕等仕、御退場を茂引請居申候儀御座候、然所近年難渋ニ差向、何分今日々々之渡世茂難為仕、右御用ニ罷出候而茂肌寒躰ニ而、他国之見聞殊之外恥入、且御給仕等薩州様其外御大名様御通行之節抔、御次迄罷出候事ニ付、不敬之唱ニ可相成哉茂難計程ニ有之、心痛至極奉恐入候」と、植木町だけではつとめることのできない宿泊御用を味取町が代わって引き受けたためその負担は大きく、今日に至っては味取町住民の暮らしも成り立たなくなっているという。そこで味取町では町で所有する御赦免開を引当て＝抵当に、銭十九貫七百目の拝借と揚酒本手（酒の販売権利）六本の許可を藩に要請したのであった。

この文書が犬塚安太から郡代に提出されると、藩では銭十九貫七百目の拝借は小物成方とともに郡方部局で、揚酒本手については町方部局で審議をした。郡方奉行は小物成方の意見を受けて御赦免開の引き当てを検討すると、要請の一部である銭六貫五百目を融通するが、町方部局での審議は「当時者御賞美筋之外ハ揚酒本手願ハ御僉議御畳置ニ相成居候事」という理由で揚酒本手の御免を認めず、味取町の願いを却下する。

その後、必要とする資金を藩から借用できなかった味取町では、翌文化十一年正月に住民四十七名と丁頭二名・別当一名、合計五十名が連名で、再び申し立てを提出する。その内容とは、味取町の住民一同が再び資金の拝借と揚酒本手の御免を求めるために、今度は郡方横目とみられる藩の役人松山次郎助と松村喜三兵衛に、抵当とする御赦免の野開畑の坪々引き合い見分を要請する。このなかで味取町の住民は、味取町というのは藩主細川忠利の指示によって建設された「由緒有之所柄」であることを強調して昨年十一月と同様の要請をするが、拝借が認められたのはやはり希望金額の一部だけで、揚酒本手の御免も再び却下されている。それでも諦めきれない味取町から三度目の審議を求める願書が同年二月に提出されると、郡方部局では町方部局の管理下にある揚酒本手の御免はかなわないが、拝借希望額のうち銭三貫二百目については野開運上銀を抵当に、残りの銭十四貫目は野開の地所を引き当てとすることで、ようやく受け入れる。この味取町の問題から判明することは、文化期末になると財政的に窮乏する藩の審査は厳しいが、惣庄屋からの上申文書を受けた郡方部局では、小物成方が郡方部局のなかで資金融資を受け持つ部署として機能していることである。

こうして味取町の問題を解決した犬塚安太は、次に正院手永の零落問題を植木町の問題と絡めて解決するための上申を始める。文化四年以降の「覚帳」から、とくに植木町・味取町に関係する内容を書き出したものが表1である。表にみるように「(本方)覚帳」は政策形成に絡む事案が中心であるので、藩に資金融資を求めることが目的の植木町・味取町に関するものは少ないが、「(小物成方)覚帳」には両町へ資金を貸し与える記録が多く含まれている。

したがってこのなかには、植木町では文化十一年に煙草の価格が下落すると、正院手永が小物成方を通して大坂御

表1 「覚帳」にみる植木町・味取町の記録　　○は「(小物成方) 覚帳」

史料番号	年　月　日	内　　容
○文5.1.8	文化4年閏4月	植木町焼失で再建費用拝借願い（50貫目）
文5.2.13	文化10年9月	作馬の仕立て銭拝借願い
○文5.3.1	文化11年4月	作馬代拝借願い
〃	文化11年12月	〃
〃	文化11年 —	植木町煙草，大坂積み登り計画
〃	文化11年12月	植木町家建て拝借銭返済延期願い
文5.3.3	文化10年11月	味取町零落救済願い
〃	文化11年2月	宿駅道具，味取町取り救い願い
〃	文化11年4月	作馬代追加拝借願い
○文5.3.5	文化12年12月	植木町出火拝借銭返済延期願い
〃	文化13年4月	締め油差し返し願い
〃	文化13年12月	味取町・同新町煙草産業の元手拝借願い（4貫目）
〃	文化13年12月	植木町出火拝借銭返済延期願い
〃	〃	味取町零落救済拝借銭返済延期願い
○文5.3.8	文化15年4月	植木町出火拝借銭未返済につき審議
〃	文化15年8月	味取町・同新町元手銭拝借願い（4貫目）
文6.1.3	文政3年8月	小倉路人馬賃銭見直し願い
○文6.1.4	文政3年3月	味取町同新町元手銭拝借銭願い（1貫540目）
〃	文政3年7月	味取町・同新町煙草仕入銭元手銭拝借願い（4貫目）
〃	文政3年11月	味取町堀家拝借願い（5貫470目7分8厘4毛）
○文6.1.5	文政4年7月	味取町・同新町元手銭拝借願い（4貫目）
〃	文政4年10月	味取町堀家救済願い
〃	文政4年11月	〃
〃	文政4年12月	味取町拝借銭返納延期願い
文6.1.9	文政6年12月	味取町零落立て直し再願い
○文6.1.14	文政7年7月	味取町・同新町諸職元手銭拝借願い（3貫目）
○文6.1.17	文政8年11月	村備え蔵建て方御免願い
○文6.1.19	文政9年7月	味取町・同新町諸職元手銭拝借願い（2貫目）
〃	文政9年10月	作馬代拝借願い
〃	文政9年12月	作馬代再拝借願い
○文6.2.1	文政10年7月	味取町・同新町諸職元手銭拝借願い（2貫目）
〃	文政10年12月	馬代拝借3ヶ年割合
○文6.2.4	文政11年7月	味取新町郡方の米穀歩入所取り計らい銭拝借願い（20貫目）
〃	〃	味取町・同新町諸職元手銭拝借願い（2貫目）
〃	文政11年12月	作馬代3ヶ年拝借、来春分当暮引き渡し願い
○文6.2.5	文政12年5月	味取新町の米穀歩入所取り計らい銭拝借願い（20貫目）
〃	文政12年7月	味取町・同新町諸職元手銭拝借願い（2貫目）
〃	文政12年9月	味取新町の米穀歩入所元銭払い底で拝借願い（50貫目）
文6.2.6	文政12年6月	味取町倒家再建費用拝借願い（17貫200目）
〃	文政12年7月	味取町倒家再建費用再拝借願い
○文6.2.18	天保3年7月	歩入所元銭差し支えで拝借願い（30貫目）
〃	天保3年閏11月	歩入所元銭の拝借願い（30貫目）
文6.3.12	天保9年5月	味取町倒家再建費用拝借願い

用達鴻池伊助にその売りさばきを依頼するという、これまでにない対策が行なわれており(30)、植木町の返済が滞らないように小物成方が協力する様子がみられる。また文化十年からは惣庄屋が手永の零落問題と駅馬の確保の問題とを抱き合わせて、作馬＝農耕馬を仕立てることの取り組みが始まっている。この取り組みに、小物成方がどのように加わったのかを次の史料でみる(31)。

㋐　覚

六百疋之内当戌年相求申筈之分

一、馬弐百疋

此代四拾貫目

内

百三拾六疋　　相求申候分

代弐拾七貫弐百目　　但、撫弐百貫目完

残馬六拾四疋

代拾弐貫八百目

但、此分当年馬手ニ入不申候ニ付、返上納仕置、来年尚拝借仕筈ニ御座候得共、来正月者早々買入申度奉存候間、直ニ御渡置被下候様奉願候

右者、正院手永作馬代拝借之内一ヶ年ニ為求不申分者返上納仕置、猶拝借之筈ニ御座候、当冬之儀、公義御囲籾一件混雑仕、前文之通相調不申、来正月十一日前より買方ニ差遣申筈ニ御座候間、右之代銭直ニ御渡置被仰付被下候様奉願候、此段覚書を以申上候、以上

文化十一年十二月　　　　犬塚安太（印）

右書面之通相違茂無御座候間、右残銭辻
直ニ御渡被置被下候様、於私茂奉願候、已上

香山俊助殿（印）

御郡方　御奉行衆中

㋑（貼紙1）

「本紙書面之通ニ候ハヽ、百三拾六疋分之上納者願之通当暮者半方上納ニ可被仰付哉

一、当年弐百疋買入之筈ニ〆、五月四拾貫目被渡置候処、手永混雑之儀ニ而馬数揃兼候ニ付、不足六拾四疋分之代銭拾弐貫八百目者、此節返納ニ相成、尚追而被為拝借筈ニ候得共、書面之通来正月初より買入ニ相成候得者、譏之間ニ御座候得共、此節之儀者直ニ可被渡置哉と奉存候

「ス」　　　　　　小物成方根取

河崎　」

㋒正院手永馬代拝借分返納等之儀ニ付、書付被相達置候書面ニ候ハヽ、百三拾六疋分ハ当暮半方上納ニ被仰付候

一、当年弐百疋買入にして四拾貫目被渡置候処馬数揃兼、不足六拾四疋分之代銭拾弐貫八百目ハ此節上納被仰付筈候処、来正月初より買入ニ相成候ヘハ纔之間之儀ニ付、此節之儀ハ直ニ被渡置候条、可有其御達候、以上

十二月晦日　　　　御郡方御奉行中

香山俊助殿

ここに記されていることを、まず文書形態から説明すると、内容は㋐から㋒の三つの部分で構成されている。㋐は、正院手永では六百疋という大量の数の作馬＝農耕馬を仕立てる計画を立て、文化十一年には二百疋を予定して藩から

資金を借用したが、うち六十四疋は確保できなかったため、ひとまず返納することを惣庄屋が郡方奉行に申し出たものである。㋒はこれに対する審議の結果で、年明けまで間もなく、年明けにはすぐに買い入れが始まるので返上納に及ばずとある。ところでこうした郡方奉行の回答は、㋑による小物成方の報告を受けてのものであった。

つまり惣庄屋が提出した文書を山本郡代である香山俊助が押印をして郡方部局に提出した後、郡方部局の根取が小物成方に意見を求めた結果が㋑の貼紙で、㋑をもとに郡方奉行は判断をしたのである。しかしこれでこの一件は終了したわけではなく、年が明けると次年度分の拝借が始まるため、小物成方に戻ってきたこの文書に、小物成方では「ス」と、つまり解決済みと書き入れたのである。

このように文化期には、小物成方が資金融資を担当し、かつ資金の出入りを管理するという藩の支援体制ができると、奉行が審議する必要のない貸借記録は「(小物成方)覚帳」で保管されることとなった。したがって「(小物成方)覚帳」には、文化十一年からは住民の難渋救済のための拝借願い、同十三年からは味取町・植木町の煙草産業への資金融資の記録があり、これに文政十一年から始まる米穀歩入り銭の記録が綴じ込まれているのである(表1)。

この後、正院手永の惣庄屋は、藩の融資を受けて手永内に多くの作馬を保有することができるようになったことで、文政三年(一八二〇)に駅所に徴用される人馬賃銭の問題に取り組むと[32]、同七年十一月には村ごとに蔵を建てて備蓄を強化し[33]、翌八年には手永独自に「五百石備之仕法」[34]を始めている。「五百石備」とは、手永が上畝物や御赦免開を買い入れてその徳米を積み立てて土地改良や井手等の普請に充当した費用で、これには街道や駅馬の費用も含まれている。その後も惣庄屋は対策費とするための財源確保を重ねたことで、文政十年の冬に藩から銭四十五貫目を拝借して米穀歩入会所を開設すると、手永が独自に資金を融資することができる財政システムが完成することとなる[35]。すると作馬代は翌十一年、煙草の元手銭拝借も同十二年を最後に、「覚帳」から関係記録がなくなるだけでなく、手永が歩入会所の資金として藩から借用する記録も天保三年（一八三二）で終わる（表1）。これは手永が藩に代わって、地域住民に支援をすることが可能となったことを示している。

さらに天保二年には、宿駅の御用をつとめる百姓の負担を軽減するために、駅所の仕法改正をする。文政八年には五百石備という街道整備費用を捻出するための仕法ができていたが、「駅所之儀諸通行之節々村々より人馬差立、其内ニ者通行延引、又者兼而用心夫之手当彼是農繁之砌ニ茂呼出費夫多、莫大之人馬立ニ相成、難渋至極病根之一ツとも相成候儀ニ御座候」[36]と、農繁期であっても人馬が調達されるため各村の出費は多く、これが正院手永難渋の原因の一つであるとして人足調達の方法を見直すと、正院手永では人足に出る百姓に賃金を払うことができるようになる。

四　広域的な地域運営システムの完成

十九世紀に地方行政が転換して、地域に自主的な支援体制ができると、零落した宿場町も立ち直ることができた。これは地方行政を受け持つ郡方部局のなかに、融資業務を担当する小物成方があることで可能となった。

本節では、このように広域的に展開する地方行政制度と対応するために、手永会所ではいかに人員を確保して業務を遂行していたのかを明らかにする。会所業務の関係者については、領民の功績・功労に対する藩の褒賞記録である「町在」でみるが、ここでは宝暦から明和・安永期にかけて百姓内部に生成される武士身分待遇の「在御家人」の増加とあいまって、地方業務を受け持つ地方役人が増加していることに着目して、地方行政が組織的に展開すると手永会所の業務に宿駅の運営業務も包括されて、一元的な地域運営システムが実現することを述べる。

（一） 手永会所による宿駅の運営

地方行政制度のなかで、手永会所に会所役人の整備が進むのは宝暦期以降のことで、これは地方行政制度の成長にともなう。しかし宝暦段階の正院手永の会所職員についてみると、惣庄屋の執務場所としての会所にはわずかの補助職員がいるだけで、役所というほどの規模ではなかったことが、次の宝暦十一年（一七六一）の史料に記されている。(37)

奉願口上之覚

私手永会所詰之役人共、手代壱人・会所番両人・下代両人、都合五人ニ而、此間諸御用相勤来申候処、去秋より下代両人を御代官所ニ引放申、追々御参勤并御巡見御衆様御通付而ハ、当前より之諸御用繁多御座候而、会所詰三人ニ而ハ手足不申、右三人之内も壱人ハ地引合ニ付、御内検衆江猶又引放申候付、当二月より来二月迄何とそ会所詰壱人増方ニ御立被下候様ニ奉願候、御巡見御衆様御通相済、半途より増方之役人差返申候義、気之毒ニ奉存候間、右之通奉願候、願之通被仰付被下候ハ丶、給米六石五斗手永出米ニ被仰付可被下候、右会所詰壱人増方奉願候付、下小頭両人当二月二日より減方ニ仕候、此段宜様御沙汰被成へく候、以上

宝暦十一年二月　　正院武平次

大塚甚蔵殿

蠏江七太夫殿

御郡間

ここには正院手永会所の職員として、惣庄屋のもとに手代一名・会所番二名・下代二名の、合計五名であったとある。しかし二名の下代は郡代のいる「御代官所」詰めとなったことで、手永会所で業務をするのは手代一名・会所番

二名の三名となった。そのうち一名も「地引合」という検地に動員されたため、残った職員では会所業務を処理できないことから、会所詰めを一人、手永請けで増員することを願い出て、臨時的に会所の御用をつとめる下小頭二名の雇いを中止したのである。

しかしその後、地引合によって検地帳も改正されて、これにもとづいての村役人による実務業務が重視されるようになった天明期には、正院手永でも手永会所を味取町から宿駅のある交通に便利な植木町に移して、惣庄屋を中心とする会所役人は新しい施設で業務にあたるようになる。また明和・安永期には惣庄屋による上申文書の行政処理形態ができ、寛政末年からは農村社会からの上申事案を藩庁における稟議の起案書とするようになっていたことで、文化期の郡方部局では郡ごとに任命された郡代のもとで、各手永は手永会所に詰める惣庄屋以下、手代・下代・小頭・詰夫走番という会所役人を増員して、これに村ごとにいる庄屋・頭百姓・五人組・村横目とが連携して系統的な地方行政が実行されることとなった。

ところで植木町駅所では天明期の惣庄屋阿部次郎三の時期に、植木町駅所の雇い馬の定数が決まったものの、寛政期になると零細な馬士だけでは雇い馬を維持・管理できなくなっていた。したがって文化期に惣庄屋が小物成方から資金を調達して各村に作馬を仕立てて、駅馬の徴用に対応できるようにすると、人馬の調達など宿駅に関する役負担はすべて手永請けとなった。そして弘化元年（一八四四）から同三年にかけて、それまで村々に割り当てていた人夫への賃金を会所官銭から支払うようにしたことで、植木町の宿駅制度も完成する。(38)会所官銭とは手永会所が管理していた地域の資産のことである。零落の著しかった正院手永でも、文政十年に小物成方から資金を借用して自ら米穀歩入会所を開設し、地域が成り立つための対策に取り組んだことで会所備えが強化されていた。

これより正院手永が自主的に運営されるようになったことで、手永会所における業務の変化を「町在」でみることにする。表2は植木町駅所の関係者である。(39) これをみると駅所には責任者としての駅所惣代がいて、その下には惣代助役や取締役が置かれ、ほかに馬差助人同所定詰という現場担当者も置かれている。駅所惣代となった高木勝左衛門は投刀塚村庄屋であり、惣代助役の市三郎は植木町丁頭、駅所取締役の二名は会所手代と会所詰めである。これに馬士をまとめることのできる馬差金兵衛が加わって、植木町駅所を運営するという組織となっている。

このうち高木勝左衛門は植木町別当をつとめた経歴をもち、文政十一年に駅所惣代となると駅所仕法替えに取り組んだ人物で、植木町駅所に常時詰めて諸方との応対をしながら人馬の継ぎ立てを受け持った。仕法替えのさいに具体的な方策を考えたのは、駅所取締の片山孝兵衛と畠山卯一郎である。とくに片山は役所業務に堪能で、手永会所では年貢徴収のさいに基本台帳となる庭帳改正を受け持ち、駅所の仕法替えにおいては会所官銭から人馬賃銭を支払えるように駅所備えを強化したことが評価されている。駅所惣代助役の市三郎は植木町丁頭であったが、駅所仕法替えにおいては高木とともに駅馬の確保や人足への対応に奔走し、駅所惣代助役となると駅所惣代の補佐をして人馬の継ぎ立てにあたったとある。

以上の三名が言わば宿駅の業務をする宿役人で、これらの業務を支えたのが駅所馬差助人同所定詰の金兵衛であった。駅所と金兵衛の自宅は壁隣りにあり、昼夜を問わず自他家中や飛脚・継人馬を速やかに調達して、宿役人のもとで実労を受け持った。金兵衛のような馬士と行動を共にする者がいることで、宿馬を速やかに動かすことができたのである。

表2　植木町駅所の関係者

駅所業務	氏名	会所職務
駅所惣代	高木勝左衛門	投力塚村庄屋・萩迫村庄屋後見
駅所惣代助役	市三郎	植木町丁頭
駅所取締	片山孝兵衛	会所手代・滴水・山城村庄屋後見
〃	畠山卯一郎	会所詰
駅所馬差助人同所定詰	金兵衛	なし

「天保十二年・嘉永二年　町在」をもとに作成。

（二）　手永会所を中心とする地域運営組織の完成

ところで小物成方からの資金拝借で立ち直りをみせた味取町であったが、天保期になると味取町の零落問題は再燃する。天保九年五月に味取町の別当は、四月二十六日に大風で町並みが倒家したため、その修復費用として銭二十貫目の拝借を藩に願い出る。[40]しかし味取町は文政十一年にも大風で被害を受けていたため、この時点でまだ銭十五貫目余の返済が残っており、藩は容易に味取町の拝借願いを認めない。交渉は長引き藩が引当て＝抵当を求めると、味取町では「正院手永味取町再拝借引当小前軒帳」を作成して、町並みを抵当とする事態にまで至る。

結果として味取町は銭十五貫目を拝借することができ、返済は一割の利子で十か年賦となる。藩では返済金についても、味取町というのは寛永期に藩主によって建設された町であるため地子免除であったが、拝借中は「上ヶ高」同様と心得て、地子に相当する費用を徴収して返済することを求める。惣庄屋に対しては、「上ヶ高」分で不足する場合は、「其元支配銭より聊無滞返納可有之段證文差出置、年々十一月廿五日限相納、向後難題筋決而願出不申候様、夫々可有御達候」と、惣庄屋のもとで管理する資産、つまり手永官銭から返済することを誓約させている。

この味取町の拝借一件は、正院手永ではこれまでも煙草仕立てに対する支援体制は進んでいたものの、在町への対策がまだ不十分であることを知らしめることとなった。したがって植木町・味取町の住民が成り立つように、天保十一年からは手永会所が中心となって、会所官銭をもとに積極的な煙草産業振興事業が始まることとなる。

これについても、煙草産業振興事業で褒賞された人々に関する記録が「町在」にあるので、[41]その内容をまとめたものが表3である。ここは煙草産業振興事業関係者を、「町方産業倡格別見締」といっている。町方産業倡格別見締となったのは、植木町別当高木喜三郎・駅場取締役畠山卯一郎・味取町見締緒方徳左衛門と、とくに植木町を担当する

表3　正院手永の産業振興事業関係者

会所職務	氏名	分担業務
植木町別当	高木喜八郎	町方産業倡格別見締
会所詰	畠山卯一郎	町方産業倡格別見締
唐物抜荷改方横目	坂田武兵衛	諸拝借滞納・拝借願い見聞、根帳出入立会
〃	高木素兵衛	諸拝借滞納・拝借願い見聞、根帳出入立会
なし	緒方徳左衛門	町方産業倡格別見締、味取町見締
なし	森永喜兵衛	植木町産業倡方格別見締
会所役人手代以下11名		文書記録
植木町丁頭	市三郎・平三郎・庄兵衛	植木町別当の補佐
植木町帳書	恒助	植木町別当の補佐

「弘化二年　町在」をもとに作成。

森永喜兵衛である。目的は煙草の取引を増やして在町を立て直すことにあるため、正当な交易が行なわれるように唐物抜荷改方横目である坂田武兵衛と高木素兵衛も加わるという組織編成となっている。

では町方産業倡格別見締役が取り組んだ内容であるが、これはまず煙草産業に従事する者へ会所官銭から永年賦で資金を貸し与えて、個別の業者を救済することから始めた。そして藩とは植木町の町床にかかる年貢や富講の落銭を対策費として活用することができるように交渉しながら、煙草産業従事者の元手銭を備えていった。

対策のなかでとくに中心となったのは、町方産業倡格別見締の高木喜八郎と畠山卯一郎で、森永喜兵衛はこの二人の補佐をした。森永が拝借銭滞り高の調査を受け持って返済のための仕法ができると、元手銭拝借の場に直接立ち会って根帳を管理したのは、坂田武兵衛と高木素兵衛である。植木町別当の高木喜八郎と味取町の緒方はそれぞれの町で対応にあたり、住民が家業に精を出すように町内を巡回して仕法の徹底につとめた。また手永会所の手代以下は繁雑な事務処理を受け持って日記・書類等の作成をしたが、これらは植木町の丁頭・帳書が加わることで可能となった。

こうして手永会所を中心に在町を立て直すための産業振興事業が始まると、長い間零落していた味取町も活気を取り戻し、植木町では大名の臨時の宿泊にもかなりの家が下宿をつとめることができるようになり、弘化二年には薩摩島津氏の通行にあたって、すべて町側の負担で準備ができたうえに、家の作事も進んで町並みの景観が改善されたとある。これは味取町・植木町の町役人と駅所の関係者が、手永会所における業務の一環として対応するようになった結果である。

おわりに

本稿では熊本藩の藩庁文書である「覚帳」「町在」という二つの記録群をもとに、宝暦期の機構改革によって藩庁奉行所が部局で編成されて、民政・地方行政を担当する郡方部局のもとで地方行政制度が進展すると、十九世紀には地方行政官たる会所役人が手永会所を拠点に、都市的な宿場町と農村地区とを地方行政のなかで一体化して、組織的に地域全体を運営するようになることを明らかにしてきた。検討の素材としたのは、宿場町（植木町）の零落が問題となっていた山本郡正院手永であった。

記述にあたって着目したのは、宿場町の運営が地方行政に組み入れられると、零落した宿場町がどのように立て直されるかということであり、惣庄屋が宿場町の零落問題に取り組むなかで、地方行政を担う手永会所の機能がいかに成長するのかであった。これより、行政制度が進展するなかで変化をみせる「覚帳」と、これに対応して成立する「町在」をもとに、組織的な地域運営システムが完成するまでの経過をまとめる。

まず「覚帳」の変化をみると、宝暦期以前の「覚帳」は藩庁奉行所の記録簿であり、郡方部局の「覚帳」が成立するのは中央行政機構の完成によって部局が成立してからのことであった。郡方部局が地域社会の公共業務を担う機関となると、それまで惣庄屋の管轄になかった宿場町の業務は地方行政システムのなかで処理されることとなり、宿場町から提出される文書は郡方部局の「覚帳」に収録されることとなった。

次に「覚帳」が変化をみせたのは寛政期末のことであった。この時期には惣庄屋が提出する上中文書による「覚帳」の形態が整うとともに、寛政十一年には領民の社会的功績を褒賞するための選挙方部局の「町在」も成立して、十九世紀には手永会所が地域で必要とする政策を形成・企画することで地方行政が実行されることとなった。そして文化期の改革では藩庁奉行所の部局内部の業務内容が整備されるのにともない、小物成方という貨殖機関が勘定方から郡方部局に移管されたことで、郡方部局に「(本方)覚帳」と「(小物成方)覚帳」が成立した。

つまり、文化期の熊本藩では領民の褒賞制度と結びついての「寸志」という民間の資金提供で政策が実行されるようになっていたが、正院手永のような格別に零落して寸志が望めない地域に対しては、藩による支援体制ができることになった。したがって「(小物成方)覚帳」には、正院手永の惣庄屋が藩から資金融資を受ける記録が多く含まれている。その結果、藩からの拝借金をもとに惣庄屋が対策に取り組むと、植木町も零落から立ち直って地域における産業・流通の中心地となり、植木町にある正院手永会所には会所役人だけでなく、植木町の町役人や宿駅業務をする馬士や地方業務を支える地域の有力者も加わって、広域的に地域運営をする組織が形成された。そればかりか手永会所が会所官銭という資産を財源として、地域全体が一元的に運営されるしくみが完成したのである。

本稿では、郡方部局の「覚帳」と選挙方部局の「町在」を用いて検討してきたが、以上のことを導き出すことができたのは、二つの記録群が奉行所部局の間で相即するものであり、その中身は各部局の担当者と手永会所との対応でできあがった藩庁文書だからである。したがって部局の業務内容の整備が進むと、「覚帳」の様式は変化した。それは、地方行政機関である手永会所が、地域が必要とする政策を実現するために人員と財源を確保して業務の枠を広げたことで、地方行政の展開を具体的に示す記録簿となったからである。

註

（1）「覚帳」「町在」に関するこれまでの検討内容は、科学研究費補助金基盤研究（B）吉村豊雄「災害復興の行政メカニズム—永青文庫「覚帳」一件文書の行政的編成—」（『永青文庫細川家文書の史料学的解析　近世民衆生活・行政実態の比較史的研究』、二〇〇七年）、「近世地方行政における藩庁部局の稟議制と農村社会—熊本藩民政・地方行政担当部局の行政処理と文書管理—」（『藩政アーカイブズの研究—近世における文書管理と保存—』岩田書院、二〇〇八年）、「日本近世における評価・褒章システムと社会諸階層—一九世紀熊本藩住民評価・褒章記録「町在」の成立・編成と特質—」（吉村豊雄・三澤純・稲葉継陽編『熊本藩の地域社会と行政—近代社会形成と起点—』思文閣出版、二〇〇九年）、「近代への行政的基点としての宝暦—安永期—熊本藩を中心に—」（『熊本大学文学部論叢』一〇一、二〇一〇年）などによる。

（2）十九世紀の惣庄屋制の展開については、今村直樹「十九世紀熊本藩の惣庄屋制と地域社会」（志村洋・吉田伸之編『近世の地域と中間権力』山川出版社、二〇一一年）など。

（3）「文政三年　覚帳」（文六・一・四）。なお本稿で用いる史料は永青文庫蔵細川家文書であるので、例外を除いて所蔵者を注記せず、史料名・史料番号のみとする。

（4）「文化十年　覚帳」（文五・三・三）。

（5）「文久元年　覚帳」（文七・二・一二）。

（6）拙稿「城下町の行政区域と運営システム」（『近世城下町の運営と町人』清文堂出版、二〇一二年）。熊本城下町の内部には「丁」（個別町）と、丁をまとめる「懸」という編成があり、これに対応して「丁頭—別当」という町役人が任命されていた。これが植木町でも採用されている。

（7）「享保十年　覚帳」（文三・一・五）。

（8）『城南町史』三七七頁。

（9）前掲註(5)参照。

（10）「宝暦九より十二迄　覚帳」（文三・二・一二）。

（11）「天明八年　覚帳」（文四・一・八）。

（12）（13）「寛政元年　覚帳」（文四・二・一）。

(14)「在中先祖附」(一二・一〇・一〇三)。
(15)「寛政七年　覚帳」(文四・二・一〇)、「寛政八年　覚帳」(文四・二・一五)。
(16)「寛政十一年　覚帳」(文四・二・二〇)。
(17)「寛政十二年　覚帳」(文四・二・二三)。
(18)「享和三年　覚帳」(文四・三・三)。
(19)熊本藩の地域財政システムにおいて、手永が一定額の年貢収納を請け負うという「請免制」が採用されるなかで、百姓からの雑税や地域の運上銀を会所に集めて手永の資産とした「会所御備銭(官銭)」が文化期には成立していた。今村直樹「近世後期藩領国の行財政システムと地域社会の「成立」―熊本藩を事例に―」(『歴史学研究』八八五、青木書店、二〇一一年)など。
(20)『肥後文献叢書　第一巻』一二六～一三七頁、歴史図書社、一九七一年。
(21)「文化二年　(小物成方)覚帳」(文五・一・二)。
(22)鎌田浩『熊本藩の方と政治』一一一頁、創文社、一九九八年。
(23)「覚帳頭書」(文八・一・二六)。
(24)『熊本藩町政史料　二』四二五頁、細川藩政史研究会、一九八九年。
(25)「文化四年　(小物成方)覚帳」(文五・一・八)。
(26)「文化十一年　(小物成方)覚帳」(文五・三・一)。
(27)「文化十三年　(小物成方)覚帳」(文五・三・五)。
(28)花岡興輝『近世大名の領国支配の構造』八〇頁、国書刊行会、一九七六年。
(29)「文化十一年　(本方)覚帳」(文五・三・三)。
(30)(31)　前掲註(26)参照。
(32)「文政三年　(本方)覚帳」(文六・一・三)。正院手永は一郡一手永であるため、人馬継ぎ立ての負担は他手永と比べて重いものとなっていた。
(33)「文政八年　(本方)覚帳」(文六・一・一七)。
(34)「嘉永二年　町在」(九・二四・三)、正院手永御惣庄屋河野八兵衛の項。

(35)「文政十一年　（小物成方）覚帳」（文六・二・四）。
(36)前掲註(34)参照。
(37)「宝暦十一年　覚帳」（文三・二・一三）。
(38)前掲註(34)参照。
(39)「天保十二年　町在」（九・二三・五）・「嘉永二年　町在」（九・二四・三）、正院手永植木駅所関係者の項。
(40)「天保九年　（本方）覚帳」（文六・三・一二）。
(41)「弘化二年　町在」（九・二三・九）。正院手永町方産業倡格別見締の項。

永青文庫蔵熊本大学寄託和漢書の蔵書構成

森　正人

はじめに

細川家および熊本藩に蓄積された膨大な史資料は、一九六四年に財団法人永青文庫（現・公益財団法人永青文庫）より熊本大学に寄託された。寄託に当たり両機関が取り交わした契約書では「細川家北岡文庫古文書」と称される。「北岡文庫」の呼称を用いるべきであろうが、すでに広く定着している呼び方に従うこととする。寄託を受けた史資料については、森田誠一編『永青文庫　細川家旧記・古文書分類目録　正編』（藩政史研究会、一九六九年）、『同　続篇』が公刊され(1)、その大概は広く知られていよう。有数の大名家文書として、現存する近世武家文書を概観するなかで、笠谷和比古による「その文書量の豊富なこと、中世および近世初期の重要史料を多数含んでいること、そして保存状態の良好であることなどによって、細川家文書が第一級の価値を有することは疑いない(2)」との評をまつまでもなく、これまでにも、日本史・日本文学・美術史・日本法制史・日本建築史等の分野で永青文庫史資料を用いた多くの研究成果が生み出されている。その研究成果とともに、とくに貴重な資料は写真・影印・翻刻等のかたちで公刊され、学界に提供されてきてもいる。

しかし、史資料群が膨大であるだけに、その全体像を捕捉することは容易でない。それを概観する作業は、本書所収の稲葉継陽の論文に委ね、本論文は文書・地図絵図資料を除く、和漢の書籍の蔵書構成および蔵書形成について述べようとするものである。

永青文庫の和漢書に関しては、書誌学、目録学からの研究はほとんど行われていない。これまでは、日本文学研究者が、それぞれの専門の分野に必要な研究資料を求めて、必要な範囲の資料のみを調査し、研究資料として活用してきた。そうした利用の方法は永青文庫に限られるものではなく、大方の研究者の姿勢であった。しかし、今や永青文庫蔵和漢書の全体としての性格を明らかにすべき時期にきている。

もとより、文書ほどではないにしても、和漢の書籍も総数六〇〇〇点を超え、個人の調査分析の及ぶ範囲を超えることは明らかである。ただ、諸目録類の整備をはじめ、これまでの調査研究の蓄積がある。とくに一九八一〜一九八四年にわたって国文学研究資料館が実施した調査、これを受けて熊本大学文学部と国文学研究資料館が研究連携に関する協定を結び、和漢書の目録作成を目指して二〇〇四年より再開した調査、二〇〇九年四月に設置された熊本大学文学部附属永青文庫研究センターが中核となってこれを継承し、現在に続く調査である(3)。これらによる成果に多くを依拠しつつ、永青文庫蔵熊本大学寄託の和漢書がどこに由来し、どのように管理され、どのように継承されて伝存しているのか、そのことによって書籍群はどのような性格を備えることになったのか、こうした基礎的な問題について検討を加えることとする。

一　北岡文庫史資料の熊本大学寄託

財団法人永青文庫による北岡文庫史資料の熊本大学への寄託の経緯については、森田誠一編『永青文庫　細川家旧記・古文書分類目録　正編』の「まえがき」に簡潔に記されている。そこから摘記すれば次のとおりである。

一九六四年に寄託形式で史料を熊本大学に移管することにきまった。

一九六四年十月に「お文庫」の史料約七〇〇〇点が移された。

一九六五年に「川端お庫」の分も、さらに「御神庫」「御宝庫」「七間御蔵」の貴重品の一部も熊本大学で保管することになった。

但し漢籍の大部分は京大文学部へ。

当時の法文学部国史研究室の関係者の言によれば、寄託に先立ち、細川邸跡の蔵から同所の四阿に運び出し、一夏をかけて予備的な調査が行われたという。一九六四年十一月二日には財団法人永青文庫と熊本大学の間で寄託に関する最初の契約が交わされている。その契約文書に付属するのが、寄託史料名を書き上げた『細川家北岡文庫古文書目録』である。契約は、寄託史資料を追加して一九六六年六月二十二日にも結ばれ、それにも『細川家北岡文庫古文書目録』二冊が備わる。この三冊の目録は、鉄筆謄写版により少数部数印刷され、附属図書館はじめ熊本大学内の業務に用いられることがあった。以下はこれを『寄託目録』と称する。第二回目の契約のおりの目録には、表紙にそれぞれ「(その二)」「(その三)」と印刷した紙が貼付されている。これにもとづき、第一回目の契約に添えられた目録を(その一)として扱うこととする。

しかし、これら三冊の目録ではいまだ分類と厳密な意味での登録番号は施されず、一九六九年の森田誠一編の目録(以下『分類目録』と略称する)作成に向けての調査は、法文学部国史研究室関係者を中心として法制史の鎌田浩教授の参加協力によって行われたのであった。北岡文庫資料は当時の法文学部棟(通称：赤レンガ、現：五高記念館)および旧・第五高等学校化学実験場に搬入され、調査は、はじめは法文学部棟で、後に資料を収納した熊本大学附属図書館に場所を移して進められたと聞く。これら一連の受け入れ作業および『分類目録』作成作業に当たり、すでに上妻博之[(4)]が作成していた『北丘文庫蔵書目録』（『上妻目録』と略称する）は、大きな役割を果たしたようである。

これとは別に、小規模で、限られた資料が対象であったとはいえ、日本文学関係者による調査も行われていた。熊本大学法文学部国文学研究室により『北岡文庫蔵書解説目録―細川幽齋関係文学書―』（一九六一年十二月、以下『解説目録』と称する）、「『北岡文庫蔵書解説目録』（続）」（『法文論叢』第十五号　一九六三年六月、以下「解説目録（続）」と称する）が遺されている。『解説目録』は、一九六〇年十二月と一九六一年五月に寺本直彦・長谷川強・野口元大の三教官によって行われた調査に基づいて作成、公刊された。その「はしがき」によれば、調査は熊本市の細川邸跡に存する五蔵すなわち御神庫・御宝蔵・川端御蔵・七間御蔵・御文庫にわたって行われたという。

北岡文庫の名の由来となった北岡の地、妙解寺跡にはかつて細川邸があった。妙解寺は初代熊本藩主忠利の菩提を弔うために建立され、以後細川家の菩提寺となったが、神仏分離により廃寺となった。その跡地には細川邸が建てられていたが、一九四五年七月三日の空襲により本邸は焼失した。一九六〇年代に北岡にはほかに二蔵があったとも聞くが、史資料の収められていたのは五蔵に限られるようである。五蔵の呼称は『分類目録』と『解説目録』とで完全には一致しない。右両目録で呼称の相違するところは、御宝庫（『分類目録』）と御宝蔵（『解説目録』）とであるが、後に検討するように、いずれかが誤りというわけではなく、当時両様の呼称が行われていたと見なされよう。

こうして、この五蔵のどこにどのような資料がどのように収蔵されていたかを把握し、そこから資料に対する細川家あるいは北岡文庫管理者の考え方と、いくつかの資料群の性格をうかがい、位置づけを試みることとする。

『分類目録』は文書・書籍にわたるすべての資料を、北岡文庫の性格に適した観点から、全体の内容にふさわしい基準により分類している。しかし、そのため北岡文庫における元来の収蔵状態は、登録記号に多少の痕跡を手がかりとして残すほか、不明である。北岡文庫において収蔵庫が異なるということは、資料の性格も役割も異なり、またその来歴も異なることを意味しよう。そこでまずは、寄託以前の北岡文庫五蔵それぞれの相違と関係を明らかにしたい。

二　北岡五蔵

熊本大学寄託資料と五蔵の関係については、『解説目録』「解説目録（続）」と『寄託目録』とを照合することによって関連づけが可能となる。

『解説目録』「解説目録（続）」には、調査された当該資料を収納する蔵と当時北岡文庫で用いられていた登録番号とが明記されている。一方、『寄託目録』（その一）（その二）には、全体にわたって「〈御文庫〉」という記載があり、この二冊に登載される資料は基本的に御文庫に置かれていたと見ることができる。(5) この目録には三つの欄があり、第一欄を「〈御文庫〉」、第二欄を「文書名」、第三欄を「冊数」とし、第一欄にはアラビア数字で「九函」および「一〇函」と函番号が記され、それは御文庫における配架状態を示すと見られる。しかも、この番号は『分類目録』の番号と対応している。なお、（その一）に登載されているのはほとんどが藩政にかかわる簿冊類である。

『寄託目録』（その二）は総頁数二九六頁。第一欄にはほぼすべて「〈御文庫〉」と記し、アラビア数字および漢数字と文字によって旧登録番号等を示す。その概要は次のとおりである。なお、見やすさに配慮して、アラビア数字を漢数字に改める場合がある。

一〜一八七頁　　一・一・一〜八・六・二七六　　（書籍、文書、若干の絵図）

一八七～一八八頁　五・八・天の一～五・八・七天　（系図類）
一八八～一九九頁　一四・二二・六～一四・三・四甲　（書籍、文書、若干の絵図）
一九九～二六四頁　一〇〇・一～一〇九・一一　（書籍）
二六四～二六五頁　八・四・戌一～八・四・一一戌　（絵、法帖）
二六五頁　七・上・一～七・上・六　（絵、拓本等）
二六五～二八七頁　一～三三六　（文書）
二八七～二九一頁　二五・一・一～二六・一の二　（文書、若干の絵図）
二九一～二九六頁　雑一、二、神四五番　（大半が絵図）

（その三）にも第一欄「文庫名」、第二欄「文書名」、第三欄「冊数」が設けられている。「文庫名」欄、「史料名」欄の記載のしかたは統一性を欠く。

一～七三頁　一〇二・一、一〇五・一～一〇九・一・二七　（書籍、文書）
なお、文庫名の欄に「七間の二」「神印二〇番」、文書名の欄に「（神・辰十九番・一）」「（神黒番外・一・二）」「（神番外一・九）」などの記載がある。
七三～八九頁　亥印御書画類一番、亥印御筆類、寅（ママ）印御筆十三番、辰印十四番、巳（ママ）印二十六番～三十四番
八九～一〇〇頁　川端第一番／第三番　長掉～川端第十二番長掉
一〇〇～一〇二頁　丑印上
一〇二～一〇六頁　巻物折本冊子類第一番～第二番　（長掉）
一〇六～一〇八頁　御懸物類、巻物折本冊子類第七〇号

一〇八〜一一〇頁　　神無番一〜十七、川端、七間、ほか

これによれば、「七間」とあるのは七間御庫、「川端」は川端御庫、「神」は「御神庫」の収蔵品であったことを意味するであろう。念のために、『解説目録』と照合を試みる。たとえば、

七間の二／一〇五・一　岷江入楚（『寄託目録』（その三）一頁）

川端第四番　八十番　幽斎公御書　四十二物あらそひ（『寄託目録』（その三）九六頁）

川端第七番　第十三号　申陽侯《（ママ）》絵巻物　二巻（『寄託目録』（その三）九七頁）

は、「解説目録（続）」にそれぞれ、

岷江入楚　五四冊　（七）一階

四十二物あらそひ　二巻　（川）五―書八〇号

申陽侯絵巻物　二巻　（川）一―巻一三号

のごとく一致する。

ただし、右『寄託目録』において「神」字を含む記号を有する資料群のうちには、『解説目録』「解説目録（続）」に載る資料と一致するものがなく、それらが御神庫収蔵品であったことを確認することはできない。しかし、『寄託目録』（その三）三〇頁における書籍、

午印三六番御筆歌書／一〇七・三六・一　佐方吉右衛門自筆目録（一冊）／六《（ママ）》明題和歌集（六冊）、続五明題和歌集（六冊）、明題部類抄（一冊）

これらをはじめとする八三点が、御神庫資料について著録した『解説目録』に登載されている。とすれば、これらばかりでなく一〇七で始まる記号を有する資料群は御神庫に存したと考えて誤らない。そのことは、これらが後に取り

上げる『御筆類目録』に登載されていることによって確認されるであろう。

以上の検証によって、四蔵の収蔵資料の大概を知ることができるようになった。ところが、『寄託目録』には「御宝蔵」または「御宝庫」の名が見えない。見えないけれども、御宝蔵あるいは御宝庫の収蔵資料が掲載されていないわけではない。「解説目録（続）」から、

伊勢物語歌かるた　（宝）二一―巻三四号

源氏物語季吟筆　五四冊　（宝）一―巻三七号

いはや物語　三巻　（宝）一―巻九号

など御宝蔵収蔵資料一三点を拾うことができる。そのうち一二点が『寄託目録』（その三）に登載が確認される。それらは「巻物折本冊子類第一番」「第二番（長掉）」のうちに位置しているから、これらを含む「巻物折本冊子類第一番〜第二番」「御懸物類」「巻物折本冊子類第七〇号」（一〇二〜一〇八頁）は、御宝蔵（御宝庫）収蔵資料であったとみなされる。

こうして、『解説目録』「解説目録（続）」を参考にしつつ、以上の検討結果を整理すれば次のようになろう。

1、御文庫に最も多くの文書と書籍が収蔵されていた。

2、七間御庫に書籍はごく少なく、文書はなかった。主として調度、道具類を収める施設であった。

3、川端御庫に書籍と文書は少なく、書画類を多く収蔵していた。

4、御宝蔵（御宝庫）は絵巻、絵本、懸物、法帖類を収蔵していた。

5、御神庫は細川家の歴史にかかわる文書、書籍類を収蔵していた。

三　御筆類目録――細川護貞本を通して

「解説目録（続）」に次のような記述がある。

前稿において当地に五蔵にわたる全目録の存せぬ旨をしるしたが、早速細川護貞氏よりお手許に詳細な「御筆類目録」をお備への事を御教示いただき拝見した。

「御筆類目録」と題される目録の複写を私も見ることができた。それは、熊本大学文学部附属永青文庫研究センターの川口恭子客員教授の所持で、複写機による複写六冊である。原本は縦二二・五チセン程度、横一六・五チセン程度で、袋綴じ。表紙左上に題簽があり「御筆類目録　共六　一～六」（「共六」は右寄せ）と記される。外題、本文ともやや特殊なペン書きとおぼしい。川口教授所持本はＢ４紙を二つ折りにして紙縒りあるいは黒紐で仮綴じされ、白厚紙の表紙には「（御神庫目録）／共六冊／御筆類目録一（～六）」とマジックインクで記される。御筆類の目録であって、同時に御神庫収蔵目録でもあったことを示す。この目録は、東京大学史料編纂所にも同じく複写機による複写がある（登録番号：六四〇五―一）。ただし一～五のみで、一四冊に分冊し、各冊の末尾に「永青文庫細川護貞氏所蔵　昭和四十一年三月複写了」と記される。熊本大学法文学部国文学研究室による一九六一年五月の調査のおりに、細川護貞氏より示されたとあったのがこれらの原本とみなされよう。

この目録が「御筆類」と命名されたのは、幽斎以下細川家代々の当主を中心に、連枝、家室、家老連、将軍家の筆蹟類、宸翰等の書画類の目録だからである。ただし、その編成は複雑で種々の問題がある。いま、その内容のおおよそを各冊の首あるいは表紙に掲げられている要目によって示す。

第一冊

〈自一番至五番亥印〉

従一番／至六番　御書画類　〈己《ママ》印〉卅五番　御書籍
〈己印〉廿四番　御印類　〈午印〉卅六番　御筆歌書紀行等
〈己印〉廿六番　御書類　〈午印〉卅八番　御相傳兵書等
〈己印〉廿七番　口宣　〈午印〉卅九番　詩文和歌
〈己印〉三十番　御書翰　〈午印〉四十番　御書籍
〈己印〉卅一番　御書画類　〈午印〉四十一番　仝
〈己印〉卅二番　御画像　四十三番　御家譜類
〈己印〉卅三番　御書籍　四十五番　御能手附其他
卅四番　御筆幅物　地図御書籍等

※以上は第一丁表の要目。〈　〉内の文字は右肩にあって書き入れとみられる。また「卅三番　御書籍」に「(現在己印／三十番長□／ニ入レ)」と書き入れ。□は「棹」か。

第二冊

〈辰印〉十四番　御代々様御影
〈辰印〉十五番　御書及古文書
〈辰印〉十六番　御印判
〈辰印〉十八番　徳川家より御内書等

〈辰印〉十九番　誓詞類
〈辰印〉二十番　御家老取遣御用状
※以上は第一丁表の要目。〈辰印〉は後の書き入れ。

第三冊
下　陰　陽　東
　　西　南　北
番外　一　二　三
古文書　沢庵
※以上は表紙に貼付された紙片に記載。
御書御画像／御書翰／諸繪圖／御詩稿／御詠草／起請文前書／御遺書／古文書
※以上は第一丁表の要目。

第四冊
〈戌印〉七番　御筆和歌及御書翰
〈戌印〉八番　御感状類
〈戌印〉十番　源氏物語及御拝領土器
〈寅印〉十二番　歌書及御書類
〈寅印〉十三番　御代々様御書及口宣
※以上は第一丁表の要目。〈　〉内の文字は後の書き入れ。

第五冊

※題簽には「御書状」と記載する。要目はなく、藤孝以下歴代当主を中心とする細川家の人々の書状等を上甲、上乙、上丙、上丁、上戊、上己、上庚、上辛、上壬、上癸に分類し、全体をまた壱番より八十六番まで分類する。

第六冊

密書輯録目安　共六冊　天地人

※右は外題。

見るとおり全体的に不統一が目に付く。後の書き入れと見られる十二支は亥、寅、辰、巳、午、戌のみ、漢数字の番号も一～八、十、十二～十六、十八～二十、二十四、二十六、二十七、三十～三十六、三十八～四十一、四十三、四十五とあって、欠番が多い。また、第三冊「下」の記号があり、「上」の記号が全体に付された第五冊に本来は続くものであって、現在のかたちに編成替えがなされたと知られる。

護貞本『御筆類目録』が現状をとるに至った経緯については、第一冊表紙見返しに記載されている。

明治卅四年差出候付紙

御筆類根帳一番より四十五番迄之内／先年御品々数多御宝庫入ニ相成候／分高見武之列へ引譲候後合併等ニ／相成候ニ付番号ニ闕番出来且此節／モ御書物類ハ相省申候事

これによれば、「御筆類」は、従来一番から四十五番までに分類され、管理されていた。その「根帳」（基本台帳）があった。明治三十四年（一九〇一）をさかのぼる数年前に「御品々」を「御宝庫」に移すこととなった。収蔵形態と管理方法が変更になったため、御筆類の整理番号に欠番が生じたというのである。

四　御筆類目録――細川護成本を通して

『御筆類目録』はもう一種あった。東京大学史料編纂所蔵『細川家蔵書目録』（ＲＲＳ四一〇〇―一一〇―一〜一二）の一部を成す。同目録は細川護成原蔵本を明治四十年（一九〇七）頃史料編纂所の掛が書写したもので、外題は「細川家蔵書目録　一（〜十一止）」、各冊の扉題および先の「護貞本」との対応関係を示せば次のとおりである。

一　密書輯録目安　天地人　合冊　（護貞本の第六冊に相当）
二　御筆類目録　上　甲乙丙丁戊／巳庚辛壬癸印　一　（護貞本の第五冊に相当）
三　御筆類目録　下　陰陽東／西南北印　二　（護貞本の第三冊に相当）
四　御筆類目録　亥印　三　（護貞本の第一冊前半に相当）
五　御筆類目録　戌印／寅印　四　（護貞本の第四冊に相当）
六　御筆類目録　辰印　五　（護貞本の第二冊に相当）
七　御筆類目録　巳印／午印　六　（護貞本の第一冊後半に相当）
八　簿書類目録　子丑印　元
九　簿書類目録　寅卯辰／巳午印　亨
十　簿書類目録　未申酉／戌亥印　利
十一　簿書類目録　春夏秋冬　貞

これを北岡文庫関係の他の目録類と区別するため「細川家目録」と呼び、『御筆類目録』については「護成本」と呼ぶこととする。

これも、護貞本『御筆類目録』の見返しに記されたところの、多数の品が御宝庫入りになって以後の目録である。十二支記号が六つにとどまったためであろうか、護貞本は、十二支を基本とする分類に替えて漢数字の番号を基本とする分類に直したと、むしろ見られなくはない。それは今さておき、漢数字番号を基本とする分類をとる護貞本でも、十二支の記号はなお有用であったから、要目に書き入れを施したのであろう。上下の記号を持つ部分を第一、二に置くのと、亥印の記号を持つ部分を首に置くのとでは何が違うのか、単に出納や点検の便利を求めた結果ではあるまい。御筆類に対する理念上の問題が関わっていよう。(6)

また、護成本と護貞本は編成ばかりでなく、細部にもかなりの相違が見られる。たとえば護成本『御筆類目録三』、「忠利公御書画　ハ印　自壱番／至十一番」として一一点が並ぶが、「三番　明日鉄炮　壱幅」には「東京行」(朱)、「六番　石見なる　壱幅」「十番　とを山の　壱幅」の二点に「十六年折帖御用」(朱)と注記されるのは、東京の細川家に移されたことを示す。この部分を護貞本に就けば、「ハ印　自一番／至五番」として右三点を含む六点が見えない。

御筆類から除かれた資料もあったことについては、護成本『御筆類目録　辰印　五』に、

辰印二十一番ハ堂上方華族方御書翰類ニテ先年長岡様御側御用ニ差上候(朱)

とあり、護成本『御筆類目録　戌印／寅印　四』に、

戌印十一番ハ巳印二十番ニ合併(朱)

同じく護成本『御筆類目録　巳印／午印　六』に、

巳印二十五番ハ御寶蔵入ニ引渡(朱)

巳印廿八番／巳印廿九番ハ御寶蔵入ニ引渡（朱）

午／印／　御寶蔵納／古文書類（以下略）

と書き入れられ、護貞本にこれらが欠番となっている事情を説明している。このように資料の移動は頻繁に行われていたらしく、護貞本は以後の変動の結果を反映しているといえよう。

では、右にいう「御寶蔵入」は何を意味するか。護貞本の見返しに記された「御宝庫入ニ相成候」と同じことを意味するのであろうか。そうであれば、御宝庫と御宝蔵とは同じ蔵を指すことになる。しかし、これについてにわかには明解を得ない。目録類に「御宝庫」の語はほかに出現せず、一九六〇年代にはこれら御筆類が収められていたとされる「御神庫」の称も見えないからである。この問題については、後に再度検討することになろう。

御筆類は、一方で充実が図られてもいた。たとえば、護成本『御筆類目録　二』、「幽齊公御書」三十五番のうちの「長恨歌　壹幅」に「二十一年四月御買上」（朱）、護成本『御筆類目録　六止』、巳印三十四番の二十二番「衆妙集壹冊」に「原本之由ニテ二十年十一月御買入」と注記する。細川家において幽斎関係本および幽斎関係文書は家臣に与えられることもあったようだが、一方でしばしば献上を受けたり購求されもした。たとえば、田辺城籠城中に書かれた書状の案は、寛政五年（一七九三）に京都で小野武次郎が見出し、御文庫に収まることになった。小野はこの書状案をその著『綿考輯録』第一巻藤孝公巻五に右の経緯とともに書き載せている。戊印八番の仁又六番「藤孝公證明状　壱通」（護貞本四）に当たる。あるいは、寅印拾貳番御筆類等の貳拾壱番「八雲口傅／和歌六部抄　貳冊／十八年七月竹原ヨリ坂口ヲ以テ差出候由九月廿五日受取」（護貞本四）は、明治になってから竹原家より差し出された経緯を記す。竹原は惟成を祖とする家で、惟成が少年時薩摩で幽斎に見出され、以後幽斎の傍らにあってさまざまの学芸を習得伝受し代々継承し、武田流流鏑馬の師範として今日まで続く。

御神庫収蔵の御筆類は、単なる筆蹟類ではない。基本的に細川家の歴史にかかわる文書、書籍、絵画の集成であることは、先に掲げた要目によっても明らかであろう。たとえば、護貞本『御筆類目録　一』をやや詳細に見ると、

亥印　壱番御書画類目録　　幽齋公御書、三齊公御書画、忠利公御書画
亥印　貳番御書画類目録　　光尚公御書、綱利公御書画、宣紀公御書画、宗孝公御書画
亥印　三番御書画　　重賢公御書画、治年公御書、齊茲公御書画
亥印　四番御書画類　　齊樹公御書画、齊護公／慶前公／韶邦公　御筆

と置かれ、歴代当主の手になる書画が系譜をたどって並ぶ。(7)韶邦は肥後細川藩の最後の藩主である。これを通じて、御筆類の基本的性格は幕藩時代の細川家の歴史と学芸の伝統を表現するものであり、名族としての威信を示すものであったということができる。もちろん御筆類として特別な扱いを受けた資料は、細川家の人々の手になるものばかりではないが、それぞれに細川家の栄光に光を加えるはずのものであった。

永青文庫資料には、今日細川幽斎関係書として和歌、物語、芸能、有職に関する多数の良質な書籍が含まれていることは広く知られ、研究に活用されてきたところである。それらのほとんどは、この御筆類に含まれているのであって、(8)護貞本第一冊の午印三十六番一印〜九印に歌書類が一群をなすことは、『御筆類目録』に一目瞭然である。また、午印四拾番から四拾三番に「重賢公御書物」として漢籍が並ぶ。これらは本来御手許本として、当主の私的な場に置かれていた書籍であった。しかし、幽斎と重賢は歴史的に特別な評価を与えられる存在となったことから、その所持品も聖性を帯びるのである。

五　北岡文庫の明治期目録

『細川家目録』のうち第八〜十一止の四冊は「簿書類目録」と題される。これの第十までの三冊と対応する目録は、永青文庫熊本大学寄託資料にも蔵される。『簿書類目録　上（中、下）』の三冊が二点、一〇〇・一一・二三および一〇〇・一一・二四で、以下前者を寄託本の甲、後者を乙と呼び分ける。これらの首には、「題言」として簿書の収集整理の目的と経緯を記す次のような文章が備わる。

舊藩熊本政事堂ノ簿書類ハ寛永九年我　忠利公受封以来数百年ノ治績及時勢ノ變換風俗ノ沿襲等細大皆之ニ具存ス而ルニ明治四年廢藩置縣ノ際ニ至リ更始一新従前ノ簿書類ハ不用ニ属スト云ヲ以テ或ハ市人ニ賣却セラレ或ハ祝融ニ附却セラル、ト聞百方周旋猶其ノ存スルモノハ之ヲ官ヨリ乞受其已ニ賣却セラレタルハ之ヲ市ヨリ買取終ニ数千巻ヲ得タリ完全ニ至ラスト雖トモ猶往事ヲ証スルニ足レリ。於是従来内家ニ有スル家譜家系ノ類ニ合シ北岡ノ文庫ニ藏シテ以テ不朽ニ傳ヘシム今其目録ヲ編成シ類ヲ輯メ部ヲ分テ後年温故ノ便ニ備フ

明治十一年六月

分冊のしかたと部類は次のとおり二本間に異同はない。

元（上）

子印　古帳類　大概寳暦以前ノ簿書ナリ

丑印　御家譜類　御遺事且御親族ノ家筋共

亨（中）

寅印　藩臣家筋　自他ノ寺社并由緒アル他所人共
卯印　軍備事變　有馬役以来ノ變働黨民一揆ノ類共
辰印　領地領民　城郭邸宅産物之類共
巳印　機密間記録　軍備事變或ハ藩臣家筋等ニ係ル記録ハ各其部ニ加フ
午印　刑局記録
利（下）
未印　御書方記録
申印　御次物書所記録
酉印　諸局記録　軍備事變或ハ藩臣家筋等ニ係ル記録ハ各其ノ部ニ加フ又大監及監察ノ記録モ此部ニ加フ
戌印　雜　各部ニ跨リタル事柄其他國政ニ関係ノ記録
亥印　諸繪圖器械小形

熊本大学寄託『簿書類目録』二点の書写年次はともに明治十一年よりは若干降るかと見られ、一〇〇・一一・二三（甲）がやや古く、一〇〇・一一・二四（乙）が新しい。ともに北岡文庫に備えられて、資料の管理業務に用いられたから、目録の編成替えの跡と資料の出入りに関する多くの書き入れが残された。両本を比較しつつ点検すれば、新しい目録が作成された後も古い目録を使用し続けたことが知られる。変更のたびに二本ともに訂正、書き入れを施せば、使用に堪えるというわけである。すなわち、乙本の丑二十四印ほかの書目に「明治四十四年二月東京御用」の紙が貼付され、明治末年までの長期にわたる使用の跡が認められる。この目録は大正期まで用いられたとおぼしい。それは、乙本の中に武藤厳男(9)からの「市外横手村北岡鉄道線路前」の長塩清一郎宛はがき（日付は八月十日）が挟み込まれているからである。横手村北岡は北岡文庫の所在地で、長塩が文庫の管理に携わっていたことは、文庫の目録類への書き入れや、捺されている照合印「長塩」によって知られる。このはがきには「熊本坪井／3・8・10／后4―6」の消印があって、大正三年（一九一四）の郵便である。

「細川家目録」の十一「簿書類目録　春夏秋冬　貞」は、四季と漢数字の番号による資料分類がなされているが、これと同様の目録が熊本大学寄託資料に伝存する。『簿書類目録』とは離れて、『北丘文庫藏書目録』（一〇〇・一一・三四・一～五）のなかの一冊として登録されている。これらを枝番号の順に掲げる。

一　外題―ナシ（題簽剥落）　　内題―北丘文庫藏書目録漢籍部（「漢籍部甲」と略称）
二　外題―漢／書　北丘文庫藏書目録　　内題―北丘文庫藏書目録漢籍部（「漢籍部乙」と略称）
三　外題―ナシ（題簽剥落）　　内題―北丘文庫藏書目録國書部（「国書部甲」と略称）
四　外題―国／書　北丘文庫藏書目録　　内題―北丘文庫藏書目録國書部（「国書部乙」と略称）
五　外題―ナシ（題簽剥落）　　内題―ナシ

第五冊は書名が明らかでないけれども、本来「簿書類目録」と題され、『簿書類目録　上（中、下）』三冊本と一具のものではなかったか。たまたま内題がなく題簽を欠いていたために、装釘の似ていた蔵書目録と一連のものと見なされたのであろう。しかし、この一冊はどう見ても書籍の目録ではなく、また一～四の漢籍部、国書部の目録の料紙が罫紙であるのに対して、「簿書類目録」と同じ無罫の楮紙を用いる。これらもろもろの理由により、簿書目録の一部であったと認められる。このことはそれとして、右の『北丘文庫藏書目録』漢籍部、同国書部も、簿書類目録の題言に記された収集整理作業と同じ背景をもって始められた事業の成果であったというべきである。

高橋実は、『簿書類目録』甲をはじめ永青文庫蔵諸資料を用いて、熊本細川藩の文書記録類の管理体制と管理方法について詳細な検討を行っている(10)。そのなかで、廃藩置県以後の文書記録類の保存収集の経緯について言及するところもある(11)。

高橋は『北岡文庫輯録』(永青 文下四四)を用いて、細川家の家政組織に北岡文庫詰のあることを指摘している。この資料には、明治十四年七月付けの阪本彦衛の前文が備わり、それによれば文庫詰が引き払って後「残稿遺録ヲ取纏メ綴立タルモノ」であるという。文庫詰の業務として、「神祭喪儀しらべ」と、旧藩の資料「御代々様御書」「書籍類」「旧記類」の三種について目録作成が行われたという。この事業がそれぞれ『御筆類目録』『北丘文庫藏書目録』『簿書類目録』に結実したことは疑問の余地がない。阪本彦衛は、「書籍類」について次のように記す。

旧藩学校ノ書籍ハ廃藩ノ際悉皆縣廳ヨリ売却セラレ今此文庫ニ藏スルハ都テ従前ノ御側本御次本耳ナリ、目録しらへ相済明治十一年五月比北岡邸番高橋一太郎江引渡

藩校時習館の蔵書は県庁を通じてすでに売却され、北岡文庫に残るのは「御側本御次本」のみであるという。「御側本」とは藩主お手許本のことで、「御次本」とは御次の間に備えられていた本の意であろうか。あるいは、「御次物書所」に備えられていた本であったかもしれない。「御次物書所」とは、『簿書類目録』下に「申印 御次物書所記録」として見出され、細川家の葬祭に関する記録を主として担当していたらしい。このいずれであっても、「御次本」は細川家奥向きにおいて用いられていた本であったといえよう。

明治初期の北岡文庫収蔵の和漢の書籍の来歴はこれにより明らかである。蔵書の性格もまたこれを反映していると見られる。こうして、永青文庫は時習館蔵書を基本的に継承していないというべきである。ただ永青文庫蔵書の中に時習館の蔵書印の捺されたものが若干あるけれども、その理由については今のところ調査の手が及ばない。

六　北岡文庫蔵書目録

見たとおり、北岡文庫の蔵書は漢籍部と国書部とに分けて目録化されている。

漢籍部乙本は、要目で示せば次のように類別されている。

経傳　儒家　歴史　政典　通俗史　諸子　兵書　詩文集　詩材　字書　法帖　書目　佛書

ただし、「佛書」の項には「以下和書ノ部又百ノ印ニ直ル」（朱）と注記される。これにとどまらず、大量の加除訂正が墨・朱とりまぜて施される。甲本には、「佛書」が除かれていて、両本の先後関係は明瞭である。甲本には目録本文の首丁の欄外に「明治廿七年現改ノ節訂正五月」と書き入れがある。「現改」とは現物改め、すなわち点検のことであろう。したがって、甲本の作成時期がこの年月をさかのぼることはいうまでもない。しかし、漢籍目録は、甲本の作成あるいは明治二十五年の現改のさいの訂正によって安定を得たわけではない。書籍はたびたび相当数が持ち出され、戻されることは少なかったようである。そのことが墨・朱による書き入れからうかがわれる。まれにいったん削除された書籍について「調達」「生ル」などの注記も散見されるが、それは少ない。

国書部甲と国書部乙との関係は、前者が後者の改訂と認められる。甲の第一丁目表第一行目の右欄外に、漢籍部甲と同様に「明治廿七年五月現改ノ節訂正」と記され、この時点以前に乙をもとに作成し直したことが分かる。両本の相違は一見してその部類に顕著である。両本の部類をその要目によって示すと、以下のとおりである。

甲本	乙本
國史	國史
記録	記録

典故　歌書
地理　海外
弓馬　管弦
醫書　算學
佛書　鷹書
香書　俳諧
謡本　物産
画譜　雑書

典故　歌書
地理　弓馬
鷹書　香書
俳諧　謡本
管弦　物産
画譜　醫書
雑書　算學
海外

甲において、漢籍部から移して「佛書」を新たに設け、項目の順序も変えている。ただし、乙の要目と実際の編成配列には不審なところが見られる。乙本の要目に「佛書」は立項されていないけれども、目録本文には「百印（朱）佛書」と立てられ、五、六点の書目が並び、欄外に「算術書ト合ス」と書き入れがある。また、「佛書」に続けて「海外」が立項され、五丁にわたって六二点の書名が並ぶ。ただ料紙は無罫の楮紙で、追補の跡が歴然としている。「海外」と項目名を記す左肩には「九十二印」と朱書する。なおいえば、無罫の楮紙は「地理」の項の後半、「弓馬」の前に置かれた三丁でも用いられる。大半の資料が「折」の単位で数えられ、地図類である。この三丁は他と異なる時期あるいは異なる場所で作成されたと見られる。筆跡も前後の丁と異なる。ただし、「海外」の項とも別筆である。これらを通じて、末尾に置かれた「海外」は、目録編纂の最終段階に立項された、あるいは乙に先行する目録があったとすれば、それに追補されるかたちで加えられたと見てよい。幕末から明治にかけて海外事情に関する書籍は急増する。その事情を背景に、従前の目録になかった「海外」の項目を新たに設けることにしたのではあるまいか。

国書部乙目録は、右のほかにも貼り紙による追加、墨・朱による書き入れがおびただしい。それは書目の追加・削除、重出の整理、書名と巻数・冊数の訂正、所属（配架場所）の変更など多様である。これらの修訂と、朱によって付された「一印」から「百廿九印」までの記号とにもとづき再編されたのが国書部甲であり、それが明治二十七年（一八九四）五月以前のことであった。

国書部甲は北岡文庫国書の蔵書傾向を如実に示していることになる。その分析は他の大名家や公家の文庫との比較を通じて行うべきであり、本論文にこれを論ずる用意はない。ただ大まかにいえば、「歌書」と分類された書籍が最も多く、国史、記録、俳諧がこれに次ぐ。医書、算学、仏書などの専門知識に関する書籍は数点ずつでいたって少ない。大名家あるいは細川家に求められていた知識や教養の如何を示しているというべきであろう。たとえば、これを同じ熊本藩藩校時習館の蔵書目録(12)と比較すれば、その点数、網羅性、体系性において遠く及ばない。系統的、計画的に集書がなされたというよりは、当主とその周辺の関心やその時々の必要性、時勢などに従って、おのずと集積されたというのが実情から遠くないのではあるまいか。

七　北岡文庫内における整理作業

先に言及した『北岡文庫輯録』には次のような記事がある。文庫詰の業務である。

一、御代々様御書　　長持一棹
　是ハ旧藩政事堂簿書ニ有之タルヲ阪本彦衛於宿元取調目録出来ノ上御宝蔵入トナル明治八年也

すでに明治八年（一八七五）には「御代々様御書」は御宝蔵に収納されていたわけである。その目録が何と命名されていたかは明らかでないが、『御筆類目録』あるいはその原形の成立を語るものである。ただし、「御代々様御書」「御筆類」はそれ以後も増加していったことが、『簿書類目録』『北丘文庫蔵書目録』によって確認される。

これらの目録の随所に御宝蔵入りのことが注記される。たとえば国書部乙に次のようにある。

謡本／百十四印

霊感院様御筆（書き入れ）／御謡本（朱で抹消）　一本（朱で抹消）

御同方様（書き入れ）／御謡本（朱で抹消）　御蔵入（朱で書き入れ）　一本（朱で抹消）

霊感院すなわち細川重賢筆の謡本二冊が御蔵入りとなったことにより、この目録から除かれたということを示す。そこで国書部甲に就けば、百十四印に右二点はない。では、御蔵入りとは具体的にはどのような扱いを受けることであったのか。そこで、護貞本『御筆類目録一』を見ると、巳印三拾一番に、

四番／重賢公／御筆　謡本　一冊

五番／重賢公／御筆　謡本　一冊

とあって、国書部に配架されていた重賢の謡本二点は新たに御筆類に加えられたことが知られる。ただし、「御蔵入」が直ちに御筆類への編入を意味するわけではない。漢籍部甲本の法帖類八十六印の「董香光眞蹟　一折」に「高見列引渡　御蔵入」（朱）と書き入れがある。この資料は『御筆類目録』には見当たらず、『寄託目録』（その三）の巻物折本冊子類第二番に「四十六号　薫香尧《（ママ）》真蹟」と掲載される資料に該当すると見なされる。寄託当時これが収蔵されていたのは、番号から判断して御宝蔵であったと考えられる。資料の性格からしても、御神庫に納めるべきものではない。

右のように漢籍部には、しばしば「高見列」の注記が見える。甲本の八十六印にはほかに、「誰家帖　尊純親王眞

蹟　一軸」に「廿年冬奥高見列へ送」（朱）、「廣澤書　三軸」に「奥へ送ル／右同様」（朱）と書き入れがなされる。「高見列」の注記は皆「御蔵入り」を意味していたと見なしてよい。そして、「御蔵」とは「御宝蔵」であったこともまた確かである。それは、国書部甲、百廿四印「加茂祭　一本」について「御宝蔵入」（墨）、「奥高見列へ送」（朱）の書き入れが見られるからである。

こうして「高見列」の意味するところを明らかにしなければならない。高見といえば、護貞本『御筆類目録』第一冊見返しに「先年御品々数多御宝庫入ニ相成候分高見武之列へ引譲候後合併等ニ相成候ニ付」と記されてあったことが想起される。高見武之のことであった。高見列に送る、高見列に譲るとは、当該書籍を管理する高見をはじめとする数担当者たちの部署に移したということである。

しかし、まだ問題が残っている。「御蔵」が「御宝蔵」であるとして、護貞本『御筆類目録』見返しにいう「御宝庫」との関係はどうか。明治期の北岡文庫関係目録に「御宝庫」の文字はこれ以外に見出せない。誤りでないとすれば、時期によって、また人によって呼び方が揺れたと考えなければならない。降って一九六〇年代ではあるが、『解説目録』に「御宝蔵」と呼ばれている施設を『分類目録』では「御宝庫」と称していることが傍証となる。護貞本の時点でも両様の呼称がなされていたと見なされよう。とすれば、護貞本の「先年御品々数多御宝庫入ニ相成候」という見返しの記述こそ、護成本『御筆類目録　六』にいう「御宝蔵入」「御宝蔵納」と対応していることになる。

以上の推測の確かさは、「奥」「高見列」に「送る」「譲る」と注記された資料で、『御筆類目録』に見出される資料はない、という事実にも支えられる。また、護成本『御筆類目録　三』三齋公御畫画「花傳　壱軸」に「二十一年十二月武之カ受取」（朱）と注記する。この資料の行く末は追跡できないが、少なくとも護貞本には見えない。高見武之が「花傳」を受け取ったとは、御筆類から「花傳」一軸をのぞき、一般宝物を管理する高見武之に渡したということとと同義である。つまり、高見は御筆類を扱う立場になかったことをこれも傍証する。

こうして、「御宝蔵入」「御蔵入」というとき、御文庫から貴重資料として認定され御宝蔵（御宝庫）に移されることと、御筆類に組み込まれることという、二つの意味を有していた。この紛らわしさを避けようとして、「高見列」の注記が加えられたのであった。こうして、明治期に御神庫はまだ存在していなかったかもしれないが、御宝蔵に御神庫の機能を有する施設が成立していたとはいえよう。

むすび——北岡文庫の内外へ

北岡文庫資料は、「御文庫」内での移動すなわち配置替え（「座替」という）が行われ、また「佛書」の漢籍部から国書部への変更、あるいは書籍から簿書への変更などの分類替え、御文庫から御（宝）蔵への管理替えなどさまざまの変動があった。これらの動きは、北岡文庫内でのものであったことはいうまでもない。

これに対して、資料は多数文庫外に持ち出され、明治期を通じて流動的であったことが目録類によって知られる。

第一に、北岡文庫の史資料はたびたび東京の細川家へ送られた。「東京御用」「東京行」「東京へ取寄セ」などの書き入れが随所にある。それらは返却された旨書き入れられることもあれば、そのままの場合もある。東京に留められるものも多かったと見られる。

第二に、北岡文庫本は相当数が熊本県に移管されている。『北丘文庫藏書目録』漢籍部には要目の次、本文の前に次のような書き入れがある。

〇印観聚館へ御差出ノ印　但函共（甲）

書目中見認メ印ヲ捺シタルハ明治廿九年十一月十九日観聚館圖画室ニ御出品ニ相成タル目標ノ為メ也／長塩

（朱）（乙）

観聚館とは熊本市南千反畑にあった県の物産館である。差し出された書籍は結局県の所有するところとなったらしい。そして、疎開された一部を除き、戦災により灰燼に帰したという。

こうして、『北丘文庫藏書目録』に載る和漢の書は、そのすべてが熊本大学に寄託されたのではなかった。それでも、北岡文庫蔵本が永青文庫寄託和漢書の中核をなすことはいうまでもない。廃藩置県以後の熊本細川藩の史資料の動きをたどりつつ、そのことをこのように確かめつつ、和漢書の蔵書構成と蔵書形成の過程を検討した。しかし、これまでの検討は課題の半ばにも達しえていない。さらに北岡文庫の形成を江戸時代にまでさかのぼっていく方法が求められている。

ところが、永青文庫の和漢書には北岡文庫に由来しない書籍も多い。さきにふれたとおり、時習館の蔵書も一部含まれている。そのほかに、細川藩の旧家臣の家より差し出された書籍も多い。

たとえば、永青文庫蔵熊本大学寄託本には、中島広足の関係資料が「廣足遺書」と称される三つの箱に、また別置されて六四点含まれている[13]。また、惟成を祖とする竹原家の人々が書写伝来に関わったと見られる本も多い。これらは『北丘文庫藏書目録』外の書籍であり、それらが永青文庫に加えられた経緯や性格についても、調査と分析が求められる。

註

（1）『正編』は熊本大学附属図書館ウェブページ http://www2.lib.kumamoto-u.ac.jp/eisei/ にも掲載している。

（2）笠谷和比古『近世武家文書の研究』「第一章　現存する近世武家文書の所在と概要」（法政大学出版局、一九九八年）。

（3）和漢書に関する主として日本文学研究者による現在に至る調査研究については、森正人「永青文庫蔵熊本大学寄託和漢書の調査研究」（『国文研ニューズ』第二二号、二〇一一年二月）に略述した。

（4）『上妻目録』は、その一部が永青文庫史資料を配架する貴重書庫に保管されている。題簽に『北岡文庫蔵書目録　参』『北岡文庫蔵書目録　四』とされる仮綴じの二冊である。料紙は印刷された専用の原稿箋である。柱に「北岡文庫蔵書目録　昭和二十四年夏調査」とあり、これを二つ折りにして表裏それぞれに五点を著録する。種別、函号、棚号、配列、書名、版写、部、冊、印章、厚、備考の一一の欄を設け、丁寧に墨で書き記され、いたって行き届いた目録である。この二冊に記録されているのはすべて文書・記録であり、書籍の部に当たるかとも推測される壱、弐は所在が知られない。また伍以下があったかもしれない。熊本大学寄託以前の北岡文庫の状況を明らかにするためには、その出現が望まれる。なお、上妻博之（一八七九～一九六七年）は熊本の植物学者にして郷土史家で、多くの著述を遺している。『肥後文献解題』（日本談義社、一九五六年、新訂は舒文堂、一九八八年）には、北岡文庫資料が活用されている。なお、熊本県立大学日本語日本文学研究室編『肥後の和学者―上妻博之郷土史論集1』（二〇〇九年）、『熊本の自然と文化―上妻博之郷土史論集2』（二〇一二年）が刊行され、川平敏文による解説が備わる。

（5）基本的に、というのは、熊本大学附属図書館の業務に使用してきた（その一）の一冊に「川端御庫より借出分」などとボールペンで書き入れのなされた頁があるからである。寄託受け入れ時の事情を知る関係者によるとも見られるが、書き入れ時期やその目的等は明らかでない。

（6）河島慶子「熊本細川藩における系譜・家譜編纂―「御筆類目録」の検討を通して―」（『地方史研究』二九一　第五一巻第三号、二〇〇一年六月）は、「御筆類目録」における細川忠興・忠利文書の編成と配列の分析を通じて、文書の整理方法とその理念を検討して注目されるものであるが、目録全体の体系性が不問に付され、また細川家目録を視野に入れていない。

（7）ただし、慶前は韶邦の兄で藩主とはならなかった。

（8）北岡五蔵で史資料を収納していた多数の箱類のなかにはすぐれた工芸品も含まれるが、それらを除いて明治以降に調製された多数の箱類は廃棄されたようである。しかし、熊本大学附属図書館貴重書庫の隅には若干が残されていて、そのなかにたまたま幽斎本の一部を収めてあった箱がある。木製の扉付棚で、長持ちのように非常のさいに担い出すための金具を備えている。扉に「御筆歌／書」「廿六年四月三十日納」「神午三十六　歌合セ」などと記した紙が貼付してあり、それと知られる。

（9）枝葉にわたることであるが、武藤厳男は『肥後文献叢書』（隆文館、一九〇九～一九一一年）の編者の一人。また、池邊義象

『銀臺公』（吉川弘文館、一九〇七年）の「緒言」に「先輩武藤厳男氏は、余がこの著を聞き、特に侯に関する旧記を送附せられ為に発明せし事とも多し」と登場する。

(10) 高橋実「熊本藩の文書記録管理システムとその特質（その1）」「同（その2）」（『国文学研究資料館　アーカイブズ研究篇』第二号／第三号、二〇〇六年三月／二〇〇七年三月）、「熊本藩の文書管理の特質」（国文学研究資料館編『藩政アーカイブズの研究―近世における文書管理学と保存―』岩田書院、二〇〇八年）。

(11) 熊本藩庁文書の廃藩置県後の動きについては、水野公寿「熊本県立図書館蔵「県政資料」について」（『年報熊本近世史』平成十九・二十年度）も概括的に整理している。

(12) 時習館蔵書については、川口恭子「藩校時習館蔵書考」（『史燈』第八号、一九八九年八月）に検討されている。

(13) これらについては、森正人代表編集『熊本大学附属図書館寄託永青文庫蔵　中島広足関係書目録』（熊本大学文学部、二〇〇八年三月）として、簡単な解説を付して目録を公刊した。

〔付記〕本論文は、多くの方々のご協力と御教示を得て執筆することができた。お名前を記して謝意を表したい。

荒木尚（元・熊本大学文学部）、石井容呂（公益財団法人永青文庫）、川口恭子（熊本大学文学部附属永青文庫研究センター）、北野隆（熊本大学文学部附属永青文庫研究センター）、木下優子（熊本県立図書館）、長谷川強（元・熊本大学法文学部）、松本寿三郎（元・熊本大学文学部）。

細川幽斎の蔵書形成について

徳岡　涼

はじめに

永青文庫の中核をなす細川幽斎関係の典籍類は、中世期から近世期への橋渡しとして、文学史的にも重要なものとして位置づけることが出来る。歌書をはじめ、連歌や物語といった文学関連のものに併せ、藤孝時代の故実関係書といった内容であるが、これらの典籍については、長谷川強、野口元大氏(1)によって『北岡文庫蔵書解説目録—細川幽斎関係文学書—』として、昭和三十六年に紹介された。さらにまとまったものとしては、永青文庫叢刊として、あるいは在九州国文資料影印叢書として、影印での公開が進んできた。一方で、全体像を見渡して、幽斎がいかに蔵書を蒐集してきたかという観点からの論は、森正人氏の「幽斎の兵部大輔藤孝期における典籍享受(2)」および「細川幽斎の古典研究(3)」とがある。

森氏の論では、幽斎関係の典籍は以下の七つの群に分類されるとする。

A　幽斎自身の著述

B　幽斎が自ら書写した典籍、あるいはその一部または全部を人に委嘱させて書写させ幽斎が自筆で奥書等を加え

た書籍

C　よそから入手し幽斎が自筆で識語を加えた書籍

D　幽斎の奥書等はないが、伝存情況から幽斎が所持していたと見られる典籍

E　幽斎の奥書を有する本を転写または版行した書籍

G　幽斎の談話の筆録

本稿では、右の分類の中のとくにAとBとを中心に、幽斎の奥書から、彼の蔵書形成に欠くことの出来ない人物である中院通勝を中心に、二人の相互関係を探るとともに、他にどのような人々が関与したのかを明らかにすることを目的としたい。

一　幽斎と中院通勝との関係から

（一）　幽斎の著述について

中院通勝については、井上宗雄氏に[4]「也足軒・中院通勝の生涯」という伝記と、日下幸男氏に[5]「中院通勝年譜稿」（上）（中）（下）が備わり、先述の『北岡文庫蔵書解説目録』をもとにその伝記や年譜が書かれている。

通勝について簡略に示しておく。弘治二年（一五五六）生まれの村上源氏。通為の三男、母は三条西公条女。権中納言正三位に至るが、天正八年（一五八〇）正親町天皇に勅勘を蒙り丹後に出奔したという。この丹後で通勝を迎え入れたのが幽斎である。しかしながら、それ以前から交流はあった模様で、通勝の源氏物語講釈を書き留めたとされ

る『九条家本源氏物語聞書』(6)（実践女子大学常磐松文庫蔵）の乙女巻の追記に、以下のような記事がある。

元亀三九月勝竜寺之城にて藤孝御所望にて紹巴講釈アリ末座に侍りて聴聞

同書の若菜下の半ば、「宮にいとよく――」につける注に、「是より以前は臨江斎（紹巴のこと）ニ聞是より以後は末まで透して三光院ノ御講尺を聞と素然御物語」とあることから、先ほどの「末座に侍りて聴聞」というのは通勝と見られる。ただし、元亀三年（一五七二）以前の歌会などで知り合う機会があったのではなかろうか。天正十四年八月出家し、法名を素然、号を也足軒とする。のち、通勝は勅勘がとけて、慶長四年（一五九九）に帰洛し、幽斎と同年、慶長十五年に亡くなっている。

とくに二人の典籍蒐集・書写活動が集中して行われるのは、天正十年以降から慶長五年にかけてである。

井上氏はその伝記の中で、

幽斎や也足との本の貸借は実に頻繁なるものがあった、也足は幽斎の弟子とは言うが単なる師弟関係ではなく、時には幽斎の文事・学問形成の推進者であり顧問ですらあった。

と述べられている。井上氏も触れる「藤孝事記」(7)におさめる烏丸光広の記したという慶長四年三月十四日の次の記録を見てみたい。

一、幽斎御所持の書籍の目録拝見、也足の御手とみえたり、とりのこをよこきりにしたる折本也、各外題表紙筆者の名しるされたり、又たんすのぬり色しるされたり、此時、和哥の色葉といふものあり、予わかのいろ葉とよむ也、然ハわかのしきよふとなをし給なり

通勝が、幽斎の典籍の目録を作成しており、蔵書管理の一端を担っていたことが分かる。

幽斎の著作に通勝が深く関与している注釈書として、詠歌大概聞書・天正十四年（一五八六）、伊勢物語闕疑抄・

文禄五年（一五九六）、百人一首抄（幽斎抄）・慶長元年（一五九六）、新古今集聞書・慶長二年が挙げられる。さらに通勝の著作に幽斎が関与しているものとしては、源氏物語の古注集成である岷江入楚・慶長三年、あるいは少なからず影響をおよぼしているものは徒然草注（「つれ〳〵私抄」）慶長六年が挙げられる。成立年次は右に掲げたとおりだが、それに至る過程は、幽斎・通勝共々が準備を調えている様が残されている書写本からうかがえる。これら六点の注釈書成立の中からとくに幽斎の著述の経緯をたどったうえで、節を変え、さらに、それぞれの注釈書の成立の合間を縫って、書写した典籍の奥書を時代順に掲げておきたい。そのさい末尾に、永青文庫蔵のものは登録番号を示し、それ以外のものは所蔵先名に続けて［ ］内に出典を示すか、本稿末の註に明示した。奥書からは誰の書写か不分明なものも、佐方宗佐の「御歌書目録」、「藤孝事記」から分かる場合がある。＊（佐）あるいは（藤）として示した。なお、筆記者に関する書誌情報も掲げている。

まずは、幽斎の著述である。

詠歌大概、および詠歌大概聞書については、すでに土田将雄氏[8]に伝本研究が備わるが、詠歌大概聞書周辺について経緯をたどっておきたい。詠歌大概聞書成立前に、詠歌大概聞書および秀哥之大略の抄出本を幸隆のために書写している。後年通勝もこれを書写している。

詠歌大概　一冊　天正十二年写　〔奥書〕此一冊依幸賀所望不省」亀手忽揮兎毛早若」得窺心地托根之餘暇為」令費詞林発花之微吟」也」于時天正十二孟春中澣」丹山隠士玄旨（花押）　＊詠歌大概・秀哥之大略の抄出本。（赤二一六・一二）

詠歌大概　一冊　天正二十年写　〔奥書〕天正廿年仲夏十七日　也足子（花押）（熊本大学附属図書館松井文庫）

詠歌大概聞書・三条西実枝講釈　二冊　天正十四年写　〔奥書〕久我亜相此抄を講へきのよし」仰られしをは、

かりなきにしも」あらねはいなミ申せしかとしゐて」たひ〳〵に成しかは尊命そむき」かたくて三光院内府して御講釈の聞書はこのそこにとりをきしを」えらひいて丶かたのやうにかきあつめ」二冊になし侍ぬ郭氏荘子を注次」管中に豹を窺とやらんいふためしも」有なからをろかなる耳に残れるかた」はしを成とも申あらはし侍らんの心さしはかりに南まことにその一斑を」みる物ならし」天正十四暦八月下旬」丹山隠士玄旨（花押）

此抄不慮違　天聴以三條羽林［實條／朝臣］」頻被借召之間進献之処於上巻者」被染　宸筆下巻者八条宮聖護院」新宮等御書写云〻被返下之時粗預」叡感至愚之所作雖顧有〻其憚」非加私之了簡任師説抄之上者」可謂道之冥加老之幸何事」加之乎仍聊記其由者也」于時文禄［乙／未］歳孟冬上澣」法印玄旨（花押）　＊「在九州国文資料影印叢書」の解題などでは、上巻通勝筆、下巻幽斎筆とするが、幽斎一筆である。

（九州大学附属図書館細川文庫蔵）［在九州影印資料叢書『詠歌大概聞書7』］(9)

右の解題が指摘するように、文禄四年奥書より、三条西実枝を通じて後陽成天皇の要請があり、叡覧のうえ、上巻を後陽成天皇、下巻を智仁親王らが書写返却される名誉に浴した。

詠歌大概抄・秀哥大畧抄　二冊　室町末期写　〔奥書〕（天正十四年奥書に続いて）右一冊徳大寺前内相公以愚本」可被證写云〻孤陋之抄雖」非無其恐先哲之御説何」敢有其憚乎仍應尊命終」令遂賢写給耳」天正十五年十二月四日」二位法印玄旨　　＊中院通勝筆ヵ、九州大学附属図書館蔵細川文庫の「詠歌大概聞書・三条西実枝講釈」の写し。　　（赤二一〇・九〇）

永青文庫本奥書からは徳大寺公維に奉ったということが分かる。

この間に幽斎は実隆自筆の詠歌大概を入手しており、通勝がそれを文禄年間に書写し、慶長八年に奥書したものが中院文庫に伝来する。天文二年の堯空（実隆）奥書に続いて次の書写奥書がある。

此本者以右奥書之本不違文字書写訖彼本」幽斎玄旨被感得得逍遥院真跡也予當昔於」丹陽田邊所書之也昨文禄年中欤今以事次」帰洛下記之」慶長第八仲夏朔　也足子（花押）

（京都大学附属図書館中院文庫蔵）(10)

文禄五年成立の「闕疑抄」の経緯は、どの書写本にも存在する幽斎奥書に記すとおりである。中院通勝が慶長二年に書写したものを、慶長十九年に法眼祐孝が書写したことを通勝男通村が奥書に記す京都府立総合資料館蔵本が最善本とされている(11)。ただし、永青文庫には竹原惟成書写の慶長五年本(12)が残されている。幽斎奥書に続いて、その他の書写本の奥書も掲げておく。

此物語の抄出、年ごろあらましながら華夷のいとまなくてむなしく過侍るに、このごろ八条宮購読つかうまつるべきよし、かしこき仰ごとをたび〳〵うけたまはり侍るによて、もとよりの志もしきりにもよほされつゝ、三光院内府そのかみしるよししはべりし長岡といふ所にて御講釈有し聞書、残りとゞまりしを見いで侍る。そのおりの厳命に、予が外祖父環翠軒宗尤逍遥院殿へ聴聞せしを、惟清抄となづけ侍し、即その趣をもて有余不足をわきまへよと侍しかば、をろかなる心に、かたのやうに引合てしるしつけ侍る。仰、この講義、慶雲院殿、大覚寺准后義俊、其外、宗養・紹巴などにいたりてうけたまはりをよびしをはじめとして、愚見・肖聞等の諸抄をあはせ、御説の義にしたがひて、これを用捨せしむ。論語に多聞闕疑慎其余則寡尤といへり。よて闕疑をもて、此抄出の名とす。そのこゝろあまれりやたらずや、といふべきものか。于時文禄五年仲春十五日にこれをおふる者也　法印玄旨判

闕疑抄　二冊　慶長二年写　慶長十九年転写本　〔第一冊奥書〕此闕疑抄上下両冊、被許書写之間、則染愚筆。可謂此物語之奥秘者也。不可忽之。猶注下巻畢　慶長第二丁酉冬十月初三書之　也足子素然御判　〔第二冊奥書〕此闕疑抄上下幽斎老新作之処也、旨趣見奥書、予亦被草之時侍几下、仍被免許書写、深秘函底莫出窓外耳」

慶長第二孟冬十五夜終訖　也足叟素然御判　四十二歳」同十八日午剋全部一校朱点等了」此抄正本之草　幽斎玄旨自筆」中書　宗巴法師」清書　村牛孝吉　奥書　玄旨自筆」外題　素然書之　同加朱点了　＊それぞれに通村、祐孝の慶長十九年奥書も付すが略。

（京都府立総合資料館蔵）(11)に同

闕疑抄　二冊　慶長四年写　〔奥書〕右私抄竹原市蔵惟成依」執心借遣之免書写早」慶長五九月廿五日　幽斎玄旨（花押）

（八・二・三九―一・二）

闕疑抄　二冊　慶長七年写（江戸初期写）〔奥書〕慶長七年十一月十八日　幽斎玄旨判

（桃園文庫蔵）〔『桃園文庫目録』〕

慶長九年には三刀監物（後掲佐方宗佐が仕えていた）にも書写を許可している。

闕疑抄《三刀谷監物兄》　二冊ヵ　慶長九年写　〔奥書〕右之私抄三省依執心免書写早　慶長九年二月八日　幽斎玄旨判

（藤孝事記）(7)に同

慶長元年は幽斎の百人一首抄の成立を見た年でもある。相互関係については、諸説あるけれども通勝の百人一首注釈蒐集がこの事業をなし遂げたと言っても過言ではない。二人に関わり合いのあるところの百人一首注釈関連典籍の奥書を並べる。

百人一首抄（A抄）　一冊　文禄五年写　〔奥書〕此抄宗祇法師所作云々卒書写校合了」也足子素然（朱丸印）」昨巳刻立筆」文禄五壬七十九午上剋書畢」同朱了

（日本女子大学文学部日本文学科蔵）(13)

百人一首抄（B抄）　一冊　文禄五年写　〔奥書〕此抄兼載作云々宗祇注ニ相違之分書写之由幽斎被命者也」件本ハ宗祇抄ト一共也（「共也」を墨消、「所載」）今別ニ写了」也足子素然（朱丸印）」文禄五壬七十七書写了一昨起筆

（日本女子大学文学部日本文学科蔵）(13)に同

小倉抄　一冊　文禄五年写　〔奥書〕文禄五壬七廿二巳刻書写了一昨于立筆昨日不書也此間此百首」ノ抄三部書写了本伯卿所持也　小町哥以前先年立筆了」也足子（花押・朱丸印）

（京都大学附属図書館中院文庫蔵）（10）に同

百人一首抄　一冊　文禄五年写　〔奥書〕此抄者廿ケ年前三光院講釈〔九条故禅閤御発機《起》／号東光院〕之時」予陪之整記之故禅閤予聞書頻可進上之由」被召之愚蒙之所記雖有其恥難背貴命之間進」之然而御聞書并予愚記等被引合同被加祇抄云々」則申請彼御命但阿而書写了未遂糺正之間」僻字落字謬説等雖信用之尤深可禁外見也」文禄第五〔丙／甲〕壬七廿二記之　也足叟（花押・朱丸印）四十一才

（国立国会図書館蔵）〔国立国会図書館デジタル化資料〕

百人一首　一冊　慶長頃写ヵ　〔奥書〕此抄両義加取捨少々令」了見了可禁外見者也」幽斎玄旨（花押）

（一〇八・五・一〇）

百人一首（幽斎抄）　一冊慶長三年写（天保年間転写）〔奥書〕此百人一首之注釈近代往々之。或繁或略或異或同。仍難一決。而此百首者道之所伝和歌之骨肉学者之肝心云々。依之且任師説又加取捨為一冊。作者之系譜等也足軒被勘加之。以繁多略事等在之。未決之事者暫閣之。連々閑暇之時猶可補之而已。于時慶長元年臘天晦日対雪夜之寒灯敲窓下之凍硯記之　丹山隠士」此抄者為愚見注之仍深秘函底」未伝一子而今幸隆有数寄之志」頻請書写之不能堅拒遂以許之」向後若及外見者為道軽忽也」尤可謂不孝故聊記物之由耳　慶長三年正月十一日　幽斎玄旨（花押）〔書写奥書〕天保丁酉秋日細川越中守より借用して写ス

（水府明徳会彰考館蔵）（14）

通勝は、慶長二年に書写、幽斎も慶長十年に重ねて書写校合している。

此抄為書生次書写校合依勿許外見矣」慶長第二〔丁／酉〕孟春下澣」也足子素然四十二才（朱丸印）

（京都大学附属図書館中院文庫蔵）（10）に同

右一冊、愚身雖為所抄之本、書写之誤落字等在之、重可被加校合、一覧之次先注之者也　慶長十年九月日　幽斎玄旨（花押）

（前田家本奥書）〔『大日本史料』十二編七冊幽斎没年条〕

なお、幽斎は晩年、百人一首を書写した。

小倉山庄色紙和哥　一軸　慶長十四年写　〔奥書〕慶長十四年六月十五日　幽斎玄旨（花押）

〔熊本大学文学部蔵一九六九・七〇年マイクロフィルム〕

幽斎の最後の注釈書として、「新古今集聞書」がある。成立への経緯をたどりたい。幽斎は、東常縁の自筆本を忠実に写したという文明二年三月の宗幸の奥書本を入手し、文禄四年に書写したものの、慶長二年に黒田如水にこれを与えている。一方で、幽斎が手を加えたという「新古今集聞書」は養運（幽斎男忠興幕下）に与えた。それを文禄五年に通勝が写したという。さらに該本は、慶長九年に再び幽斎の手によって写されている。

新古今集聞書　一冊　文禄四年写　慶長二年奥書　〔奥書〕求或本遂書写校合尤可謂」秘蔵之至極者也」文禄第四暦林鐘下澣　幽斎玄旨（花押）

此新古今聞書東野州被書置」一冊也以悪筆令書写備座右」握翫之然今如水感此道之」執心進献之旱莫免外見」耳」慶長二年仲春下澣」幽斎玄旨（花押）

（福岡市美術館蔵）(15)

新古今聞書　一冊　江戸初期写　〔奥書〕右注常縁作也」右一冊東野州抄出也哥いつれもかたはし有之」以彼集作者詞書以下」書加之書写之後さきすつ」へきにあらすとて養運遺之相構〻〻不可外見」為其染一筆者也　玄旨判

大隅国宮内《ミヤウチ》八幡宮社僧当時在鴻臚卿興元幕下

此注養運所持之予於城州山科郷之普請場一覧之」次写訖」文禄五年六月上旬　也足素然判」此集之抄漏脱之哥以

別抄幽斎翁被追加其分別書」抜而為一冊此抄号前彼抄号後是予注付所也以暇」日引合是可為一抄耳猶注後者也」
慶長二年霜月三日　也足子判　（国立公文書館内閣文庫蔵）(15)に同

新古今集聞書　一冊　慶長二年写・慶長九年加筆奥書（江戸中期写）（国立公文書館内閣文庫蔵「新古今聞書」奥書に加え朱筆で）右之抄予秘本無相違者也一覧之次加奥書畢　慶長九年七月廿五日　幽斎玄旨判
（九州大学附属図書館細川文庫蔵）(9)に同

永青文庫には、新古今略注(16)（赤二〇二・二五）も残されているがここには掲げない。なお、九州大学附属図書館細川文庫には江戸中期の転写ながら、幽斎の増補のみを通勝が書き抜いた「新古今聞書」（五四四・六四）が蔵される。以上が幽斎の著作である。これらは江戸期になると、版本として流布することになり人口に膾炙する。

（二）　年月記載群

この節では、書写本の奥書か年次記載のあるものを順に一覧しておきたい。天正十年は、藤孝署名の典籍が見出される最後の年だが、永青文庫蔵の源語秘訣はじつは通勝の書写にかかる。

源語秘訣　一冊　天正十年写　〔奥書〕此抄号源語秘訣於三光院殿右」奥書之御本「逍遙院殿／御筆」拝覧之」時強而申請之書写校合早」尤彼物語之極秘何物如之哉」併守御奥書之旨堅可禁外見矣」天正十年八月五日　兵部侍郎藤孝（花押）　＊巻末筆者を「中院殿也足軒」とする付箋あり。（一〇七・三六・九）

慶長十三年に通勝は再度書写する。

源語秘訣　一冊　慶長十三年写（江戸中期転写）〔本奥書〕此秘抄往（マヽ）年以件奥書之本書写校合之而今源孝子「浅井／左馬助」所望之間　終源氏物語一部講席之功後感其懇志　附而此別勘　是為補愚之短才也矣　慶長戊申仲秋

十一日　也足叟在判

（九州大学附属図書館細川文庫蔵）（9）に同

なお、源語秘訣をはじめ、三条西家から借り出し、書写した典籍については前掲森正人氏の論に掲げ、三条西家からの幽斎・通勝などの典籍貸借をしるす実条稿遺稿についても、触れておられるので、ここでは省略する。この貸借には通勝の母は三条西公条女であった血縁関係が、大きく働いていたことは疑いない。（3）に同

詠歌大概聞書の成立以降、伊勢物語闕疑抄との間に位置する、天正十六年十一月二十八日、通勝は幽斎から古今伝授（中院殿誓状写同誓願類（図書寮典籍解題　五〇二・四二26—旧五〇三・九四および五〇三・九八））を受けている。その前後の書写本は以下のとおり。

百番歌合俊成卿　一冊　天正十六年以降写　〔奥書〕本云「右奥書之本不慮電覧之次染禿筆依急本」早卒終功者也」天正十六年端午　素然」幽斎玄旨（花押）

（一〇七・三六・七）

百番歌合俊成卿は、天理大学春海文庫に通勝筆のものが蔵され、「天正十六年端午日於京洛幽斎書院記之素然（印）」とある由、井上宗雄氏も指摘している。（4）に同

源氏物語寄合書　五四帖　天正十六年奥書（寛永期転写）　本云「右物語先是無貴無賤假数多之」手遂寫功一校然而項三條西殿」門裏不出之御家本近江中納言殿［秀次／卿］」不意被傳領之予以懇望令借給」豈不幸乎則雖欲補前校之遺漏」獨掌元來不浪鳴爰也足軒主素然」者逍遥稱名二院累世通家之外孫也」以故煩軒主健毫於新本動野老」澁舌於舊本以借寸陰璧者瀰月跋」殘更燭者連夜遂一令點檢善從之」有不安者頗為改易恐可謂證本」歟者依不可容外見加自陳之奥」書而已」天正十六年戊子五月廿五日　丹山隠士玄旨（花押）

（大東急記念文庫蔵）［『大東急記念文庫目録貴重書解題』第三巻］

河海抄　十冊　天正十七年写　（巻第二末）以右筆書写了　天正十七年仲春中三　素然（花押）（巻第二十末）

此抄出申請三條羽林實條御家本［逍遙院内府／御自筆］借数多之手令書写逐一加」勘校早尤可謂證本者也堅可禁」外見耳」天正十七　年孟秋中七　幽齋玄旨（花押）　（一〇七・三六・九）

なお、通勝は、その後、三条西家から再び同書を借り出し慶長十一年に書写していることが、次の桂宮本の存在から分かる。

河海抄　十冊　慶長十一年写　（巻一末）件本借請三條新黄門實條卿、此巻手自書寫之、猶以諸本」書寫之、謂加奥書也、抑源亞相八十輪院殿也、左少将ハ逍遙院也」慶長十一年八月八日記之、也足子判」（禁裏御本と校合補訂の由を記し）慶長十一［丙／午］仲秋八日書寫之畢、同日以兩三本見」合訖于時未下刻也　也足叟素然判

（桂宮本・四五九・一七）［『図書寮典籍解題』続文学篇］

この辺りで、源氏物語、源氏物語古注釈書の書写が続くのは、後に通勝が著すことになる岷江入楚を見据えてのことであり、やはり、実條（実枝）から同時期に花鳥余情も借りだし書写（一〇七・三六・九）（奥書略）させている。

伊勢物語　一冊　天正十七年写（江戸初期カ転写）（奥書）京極黄門定家卿自筆之伊勢物語」去年仲秋感得之彼本諸方展」転之旨触耳累年仰望之処忽」落手裡我家之至宝何者若之」故旦夕々握翫有其恐仍自揮」禿毫不違一字写之再三加勘校」是為容易令遊眼也」天正十七年十月下旬　玄旨判」この物かたりは伊勢といふ女のかき」わけたると見えたりそれを中納言」ていかの卿の筆をそめられたる一てう」をもとめいたしてひさうのあまりに」みつからかきてあさ夕もてな」らし侍るその本をもてわこのために」かさねてこれをうつす老のなみに」たゝよひすゝりのうみのあさきに」よれるもしほ草かきのこして」のちのかたみともなし侍らんといふ」こゝろしかなり（幽斎の花押）　＊包紙に「外題中院也足、表紙ノ絵宮川筆者姉」とあり。（九州大学附属図書館細川文庫藏）（9）に同

現在所在不明ながら五代簡要の書写を藤孝事記にたどることが出来る。

五代簡要〔幽斎様也足軒／御両筆〕　二冊　天正十九年写　〔奥書〕〔万葉　古今／後撰　拾遺　後拾遺〕此抄〔外題五代簡要／後奈良院震（マヽ）筆翰〕者、聖護門主従禁裏被申出之次、予不意拝覧、如斯之御秘本、難較遮眼触手、以故密々申請倉卒令書写早、不是幸乎、於彼一冊者、或略百句、或除結語、如今引勘本集、以片仮名注加之、為備忽忘扶也　天正十九年孟秋下澣　法印玄旨御判　＊現在所在不明。　（藤孝事記(7)に同）

文禄年間、幽斎、通勝は歌書の寄合書を続ける。

哥合〔民部卿元長卿家／田舎作者〕　一冊　文禄三年写　〔奥書〕此哥合自田舎所望判詞於」三光院殿云〻以御自筆草本」写之者也」文禄三年孟夏中旬」玄旨（花押）　＊（佐）幽斎御筆但中ニ他筆ましり申候　（藤）右之壱冊者幽斎様也足軒御寄合書　（一〇七・三六・七）

歌枕名寄　一冊　文禄三年写　〔奥書〕此哥枕名寄卅六巻并未勘國上下」為十五冊年來所望之処如今御下國之時申請三条羽林御家本不日遂」書写加校合早猶非無不審求」類本重而可令改正耳」文禄三年初秋之天　丹山隠士玄旨（花押）　＊（佐）六〜八幽斎筆　（藤）右之内一之三通勝筆　六之八御筆（幽斎筆）（一〇七・三六・八）

文禄四年は、吉田兼右書写の公事根源抄を通勝に写させている。

公事根源抄　一冊　文禄四年写　〔奥書〕此抄以吉田二品兼右卿本書写之処」筆跡狼籍（マヽ）之間更借也足軒之手」写之同加仮名其後受右相府菊亭殿御説可為証本耳」文禄第四暦仲春上澣」法印玄旨（花押）　＊（佐）中院通勝筆。　（一〇七・三六・二）

文禄五年（慶長元年）は、年明け早々瑶雪集の書写をしている。

瑶雪集上下　二冊　文禄五年写　〔奥書〕（大永二年奥書に続いて）如本写此畢定而字遇不審等可有之」乍悪筆如黙止被仰之条走筆畢」此両冊　逍遙院殿御詠哥也連〻所望之処」借得之号瑶雪集云〻雖不知誰人之所作」執心之

間加書写了猶随求得可令類聚耳」文禄五年正月十八日　玄旨（花押）　＊（藤）奥書通勝筆とするが、大永二年奥書から走筆畢まで通勝筆。　（一〇七・三六・六）

文禄五年二月成立の闕疑抄直後には大和物語、沙石集を書写している。

大和物語　一冊　文禄五年写　〔奥書〕此物語再三雖加勘校猶僻字」落字不審事等繁多求得」證本而重可令改正者也」文禄五年［丙／申］歳仲秋三五天」玄旨（花押）　＊（佐）中院通勝筆。　（一〇七・三六・六）

沙石集　一冊　文禄五年写　〔奥書〕右沙石集作者三井寺光坊［梶原／景時甥］」入峯の跡になれむつはれたる児の」なくなられけれは世をうしとおもひ」すて、尾洲の木崎といふ所にひき」籠てつゐに入滅と云ゝあはれなる」事也此集臨江齋のいさめによりて」数篇見る誠に殊勝の義也依之」所ゝ書写之侍りこれことの葉を是非してひろひ残すにハあらす」愚鈍の耳にしたかふ所をのミ書抜」侍れハつミにもあらかし後見の」あさけりを思ふゆへに聊由来を」記者也」文禄五年神無月三日　幽齋玄旨（花押）　＊（佐）中院通勝筆。　（一〇七・三六・六）

同時期に、陽明文庫蔵近衛信尹等筆源氏物語寄合書を書写している。この寄合書は、池田利夫氏[17]によって紹介されたもので、藤袴巻に

文禄五年八月　七十一才

とある由。この藤袴巻は、同寄合書の源氏目録によると、桂福院常観の筆になる。幽斎と通勝は、それぞれ、通勝が帚木の列帖装の三括りのうちの一括りおよび梅枝巻、幽斎は鈴虫巻を書写している。梅枝に

慶長十三年仲春朔書之　翌朝加一校朱点訖　素然

とあることから、池田氏も「文禄五年（一五九六）が十二月二十七日に改元され、慶長となっているので、この寄合書は、右の二帖のみで十二年の間隔が開いている。この五十四帖は一連の寄合書であるなら、少なくともそれ以上の

歳月を要した筈で、当時の源氏書写のありようとして興味深い」と指摘される。校合も含めると、実際長い年月を要する場合があることについては、最後に述べたいと思う。

なお、明月記歌道事を通勝は書写する。

明月記歌道事　一冊　慶長元年写　〔奥書〕此明月記抜書歌道事借或本」写之而後小冨小路三位入道資直卿自筆之本求得之令勘考之処」以後成恩寺禅定殿下令書抜」給御自筆本書写之由見奥」書尤此道之至寶也仍借也足軒」手遂書写校合加朱引訓点是」為備座右之握翫也莫免」外見耳」慶長元年仲冬上澣　法印玄旨（花押）　＊(佐)中院通勝筆。　（一〇七・三六・八）

明月記歌道事　一冊　〔識語〕右之書者明月記［通勝卿／哥書入］抜書也」此本者従細川越中守入道玄旨」公業卿江進入候故于今此方ニ」奉之候也」持進（花押）　(10)に同（京都大学附属図書館中院文庫蔵）

右の中院文庫蔵明月記歌道事について一言しておきたい。慶長元年書写本を通勝に書写させた。それを通勝が抜き書きしたものが中院文庫の一書。中院文庫に伝来したのではなく幽斎と懇意の阿野実顕（一五八一〜一六四五）男の公業に幽斎から渡り、阿野家の誰か（花押から判断できなかった）から、中院家に戻されたのである。次の藤孝事記から、幽斎と懇意の阿野実顕には、烏丸光広などと天橋立遊覧のおり、源氏物語一部を与えられてもいる。

源氏物語一部阿野殿進之時奥書　此全本先年感得之、江州建部入道承知所持之本云々、於外題者、慶雲院太閤御真跡也、而阿野羽林天野橋歴覧之時、未被携此物語之由、被命仍奉投贈之、可被座右者乎　慶長四年林鐘廿三日記之　丹山隠士玄旨在判　(7)に同（藤孝事記）

慶長二年以降も以下のような諸本を書写し続ける。幽斎の北方（麝香）のために通勝が書写したもの、通勝から借りた典籍、通勝の手を借りたもの、と濃密な相互関係である。

伊勢物語　一冊　慶長二年写　〔奥書〕此物かたり幽斎主翁の室家より」書写せしむへきよしを命せらる彼」老人京極の黄門の自筆を所持」せられしを朝夕のまくらこと、せんも」たやすきやうなれはとて手つからみつ」から一字をかへすうつされし本にてこれ」をかきかの正本にしてたひ〳〵挍合せ」しめおハりぬまことにつたなき筆の跡」といふとも證本にをきてハおそらくは」たくひ有へかさるにこそ此おもむきをし」るしつくへきよしありしほとに慶」長二のとしきさらきの廿日あまりに」かさねて一筆をのこし侍るになん有ける」也足叟（花押）

（天理図書館蔵）〔『天理図書館稀書目録　和漢書第三』〕

閑居抄　一冊　慶長二年写　〔奥書〕以也足軒本令書写之」遂一校早」慶長二年冬十月下澣」丹山隠士（花押）

（一〇七・三六・六）

禁秘御抄　一冊　慶長二年写　〔奥書〕此禁中抄建暦　上皇御製」作云〻於愚昧之身強雖非至要」且慕上古之風儀又為傳末」代之後学借也足軒之本書写」校合訖訓点亦同之深可禁」外見耳」慶長二年臘天下旬　法印玄旨（花押）　＊「藪殿筆　奥書玄旨様」と貼紙。

（一〇七・三六・二）

通勝の「岷江入楚」は室町末期最大の源氏物語の古注釈書であることは周知のとおりである。かねてから、源氏物語の古注釈書の集成を企図していた幽斎だったが、自身の手によっては果たすことは出来なかった。通勝が代わりに著した。通勝が序を記し、幽斎が奥書をつけている。通勝自筆本は「空蟬」「夕顔」「紅葉賀」「末摘花」の四帖が中院文庫に残るのみである。同文庫には、通勝序を幽斎が書写したものがある。その序、ならびに最善本の国会図書館蔵の飛鳥井雅章本から、奥書の年次のみを掲げておきたい。

岷江入楚序　時に慶長の三の年みな月の九日也足の東軒にてしるしをはりつ、岷江入楚となつけたることしかり

（10）に同
（京都大学附属図書館中院文庫蔵）

岷江入楚奥書　時慶長第三歳在戊戌星夕之日誌焉」幽斎叟玄旨判　（国立国会図書館蔵）[18]

なお、幽斎自身も源氏物語を学び続けていた。奥書などは伴わないが、永青文庫に蔵される源氏物語[19]（戊十・若菜下のみ山崎宗鑑筆）の書き入れ本を見るに明らかである。

同時期の通勝が校合した源氏物語寄合書[20]も永青文庫に蔵されているが、これは幽斎室のための寄合書で、慶長二年写の天理大学蔵伊勢物語と意図を同じくする。

源氏物語寄合書　五四帖　室町末期から江戸初期写　〔奥書〕此物語幽齋老之北堂連〻借手」於数人被全備之［筆者於巻〻／注之］如今以」齋主之本［以三條西家／本被校之］可加勘校之由」被命於予測十日而終功尤可謂證本」輙不可被免外見者乎」于時慶長［己／亥］夏五廿三記之　也足叟素然　＊付属文書・包紙上書に「源氏物語筆者目録」と題する折り紙一通があり、巻名と作者とを記す。「帚木」「賢木」「篝火」通勝筆、「玉鬘」幽斎筆。　＊慶長四年五月十四日～慶長四年五月廿三日にかけての通勝校合の旨を巻毎に記す。

（丑上―一）

歌書関連の典籍に関しても、書写が、絶え間なく続けられている。岷江入楚成立直後、「十首歌合建長」（歌合宝治元年に同）を幽斎は書写し、さらに通勝が校合している。

十首歌合建長　一冊　慶長三年写　〔奥書〕此哥合先年書写之今又尋得古本」之次重而加校正［正知家卿進／後嵯峨院状無之］件本世尊」寺行尹卿筆跡云〻尤神妙之物也　慶長第三季秋中五」丹山隠士玄旨（花押）

（一〇七・三六・七）

歌合宝治元年　一冊　慶長三年写慶長四年校合（江戸中期以降転写）〔本奥書〕以右本写之、古筆手跡神妙也、然而作者之書様仮名等相交所如本模写之、未加校合、不審繁多之故也、求他本可読合之耳　慶長［戊／戌］暦孟冬

初九日　也足子　同己亥孟春下澣之候　以幽斎本重而校合畢

（国立公文書館内閣文庫蔵）〔『細川家永青文庫叢刊　第八巻　歌合集』〕

次の十六夜日記は、幽斎が連歌師の猪苗代兼如に写させ、さらにそれを通勝が写した経緯がたどられる。

十六夜日記　一冊　慶長三年写　〔奥書〕此道之記始而一覧之次則借請書写訖」是所雇兼如法師之筆也遂勘校之後以」他本重而読合之者也」慶長第三暦孟冬廿九日」幽齋玄旨（花押）

（一〇七・三六・八）

十六夜日記　一軸　慶長三年写　〔奥書〕（永青文庫蔵十六夜日記奥書に続けて）以右本去廿九日夜於灯下三四丁書之自暁至朝候又書」為加表紙被乞返之同今朝借請之写終書切之」慶長三年十一月朔　也足子（花押）

（前田尊経閣文庫蔵）[21]

慶長四年には、以下の歌合を通勝の本を借りて写している。

歌合〔文明九年七夕／判詞後成恩寺殿〕一冊　慶長四年写　〔奥書〕借也足軒主御本令書写」遂校合畢」慶長四年五月廿八日　幽齋玄旨（花押）

（一〇七・三六・五）

幽斎はこれまでもたびたび歌合の蒐集に勉めていたが、その蒐集に拍車をかけるのが以下の出来事であった。慶長五年三月十九日から、幽斎は智仁親王に古今伝授を行う。そのおりに、通勝を使者として、宮中より歌合を借り出し、書写したのである。天徳歌合の奥書にそのいきさつについては詳しく語られ、それは「二合」の分量の歌合だったという。

慶長五年奥書、つまり「以勅本書写校合訖　慶長五年中夏中澣　玄旨（花押）」を伴う歌合の外題を集成しておく。歌合類聚に関しては、歌会の年次は略し「　」で続けて掲げた。詳しくは『北岡文庫蔵書解説目録』[(1)に同]を参照されたい。

天徳歌合〔寛平歌合／殿上根合〕一冊　慶長五年写　〔奥書〕古来歌合之事連〻欲類聚之」而先年夢中云為知先

達之遺訓者」可見俊成定家等之判詞云〻依之」弥有其志如今達　天聴剰以」御使也足軒二合被借下予大幸」何事如之乎加之為道冥助不」遑毛挙借数多之手不日奉」書写校合即令返上之於冊数者」在別目録同加入箱内者也深可秘之　以勅本奉書写之分奥書之」案左注之」慶長五年仲夏中澣　玄旨（花押）　（一〇七・三六・七）

仙洞歌合宝徳・詩歌合［文明十四／同十五］・謌合［經盛朝臣家／右大臣家月輪］・日吉歌合慈鎮和尚・内裏御哥合［應永廿四／十一廿七］・五百番歌合上下・攝政家歌合上下・哥合［定綱朝臣廣綱朝臣／両度］・老若歌合・謌合類聚〈若狭守通宗朝臣女子達歌合〉〈備中守仲実朝臣女子根合哥〉・哥合類聚［家成卿／清輔家］〈右衛門督家歌合〉〈太皇太后宮大進清輔朝臣家歌合〉・歌合類聚〈實國家歌合〉〈法住寺殿哥合卿相侍臣等合之〉〈別雷社哥合［通称］〉〈謌合［治承二／三十五］〉・歌合類聚［八幡若宮撰哥／合建仁三七月／十五日］〈八幡若宮撰歌合〉〈日吉社大宮歌合〉〈日吉社十禅寺歌合〉・歌合類聚〈仙洞謌合乾元二年四月廿九日〉〈歌合文明十年九月盡〉・哥合類聚〈歌合［内裏／康生元十二廿七］〉〈謌合（文明十三年十一月廿日）〉・百番哥合〈後京極摂政良経自歌合〉・住吉歌合・哥合當座［建保四年／八月廿二日］・三百六十番哥合序・御室撰歌合・廣田社歌合・吉水前大僧正歌合［判詞・釋阿］　（一〇七・三六・五および七）

＊なお歌合類聚は、もう一点あり後掲。

以上が禁裏から借り出し、幽斎奥書にあるように「数多之手」に書写させた歌合である。

また、歌合ばかりではなく、同年、後陽成天皇の配慮により、近衛家から借りだした「新撰六帖和歌」をも書写する。

新撰六帖和歌　六冊　慶長五年写〔奥書〕此新撰六帖連〻有書写之志」而未求得之以也足軒　勅本之儀」内〻望申之處官庫亦欠之爰」被召寄前左府陽明御所持之」一本借下給之時此本雖為左道之」物求得證本之間暫可写置之由」忝被加　叡詞仍則遂之写校合訖」縦雖不審繁多何之證本如之乎」于時慶長庚子孟夏上澣記之」幽齋叟玄旨

（花押）　＊（佐）一冊目通勝筆、四冊目幽斎筆、六冊目佐方宗佐筆。（一〇七・三六・四）

このように文禄・慶長年間には、幽斎・通勝両者共々が、注釈書を書き著すとともに、三条西家、宮中を中心に、典籍を借り出し書写に明け暮れている。

おおむね二人の旺盛な書写活動は、慶長五年を下限とする。それは、忠興が小倉に領地を拝領し下向したことにより老齢の幽斎も下向上洛をくり返す生活だったからであろう。慶長九年八月十二日に幽斎が通勝に古今伝授書を与えたこと（細川幽斎古今伝授書　京都大学文学部博物館蔵）［『細川幽斎と丹後』京都府立丹後郷土資料館］、および、後代の書写ながら古今伝授の式次第を書き留めた幽斎自筆の「古今集伝授之式」を通勝が書写したことが最晩年のものといえそうだ。

古今集伝授之式　一巻　慶長十四年写（延宝六年転写）〔本奥書〕右一巻細川玄旨法印以自」筆之相傳書為後来之亀」鑑而染禿筆令家伝者也」慶長十四［己／酉］九月二日　也足軒素然在判〔本奥書〕右之御自筆従」中院殿内府通村公古今集」秘奥奉相伝之砌蒙御免」許不違一字令書写早尤」可為家傳之重宝者也」正保四［丁／亥］年三月吉辰　一楽軒　法橋栄治判〔奥書〕従尊師栄治老古今集傳受」之砌蒙芳免令書写早」延寶六年正月吉辰青木氏丹仍」紫海翁（朱印二つ）（八・二一・甲三）

蛇足ながら、同じタイトルの本を写しているが、原本は同一ではなく、相互関係が見出されないものが海道記と竹取物語である。書写年次は分かるので、ここに奥書を列挙しておきたい。

鴨長明海道記　一冊　慶長三年写〔奥書〕此海道記始而一覧之時則命書生」加校合然而彼本不審繁多也求得他」本者可改正耳」慶長三年季秋中澣」丹山隠士玄旨（花押）（一〇七・三六・一）

海道記　一冊　慶長四年写〔奥書〕海道記十ヵ年前上洛之比伯卿［雅朝／予別腹兄也］許」始而一覧之一両年

之後借請之於丹後国田辺郷」草庵馳禿筆件本落字僻字繁多也愚推之」分少々雖改直之猶以無正体若尋得証本者」重而可遂勘校者也　方丈記者以多本書之為同作之間加之而為帖耳」慶長第四己亥季春廿五日為閑暇一覧之時」聊記之矣」也足子素然　（穂久邇文庫蔵）(22)

竹取物語　一冊　天正二十年写　〔奥書〕借伊賀前司神元純上原手終寫功」自加一校早」天正廿年林鐘下旬記之」也足子（花押）文禄五壬七六以松下民部少甫述久本重校正了

（天理大学図書館蔵）〔『天理図書館善本叢書和書之部』〕

竹取物語　一冊ヵ　慶長元年写　〔奥書〕此物かたりは或女房の筆なり、若さの国に南部出雲守とかやの孫女とて、女かたき筆とるはかせにて侍しかは、かきこゝろみらるへきよし申しゝを、たひ〳〵いひなひかしかと、うとき人のみるへきにもあらねはと、しゐてすゝめ侍しに、おほ〳〵しかりしほとよりは筆のなかれもことさまよろしけれは、几下にこれをくとて、いさゝかことの由をしるせるになん　慶長元年十二月十四日　玄旨在判

＊上欄に「吉田ノ浄性院サマヘ被遣、浄性院サマヨリ行孝公ヘ御遺物被遣候　寛八ノ火事に焼失」とあり。

（藤孝事記(7)に同）

（三）　年月不記載群

以下は、書写年次の不分明な書写本である。ただし、通勝書写本の年次が分かっても、幽斎側の年次が不分明のときにはここに挙げている。

道堅自歌合　一冊　永禄十二年写　〔奥書〕右一冊道堅法師自哥合也件本」親王御方申出書写早彼本」後柏原院御勅筆也未遂一校者也」于時永禄十二暦夏六月上八日」正五位下行左近衛権少将源通勝

（京都大学附属図書館中院文庫蔵）(10)に同

廿五番歌合道堅自歌　一冊　〔奥書〕右一冊道堅法師自哥合也件本従」親王御方申出書写畢彼本後柏原院」勅筆也未遂一校者也」于時永禄十二年暦夏六月上八日」正五位下行左近衛権少将源通勝」以右奥書之本書写校合了」幽齋叟玄旨（花押）

（一〇七・三六・五）

百首和歌［土御門院／順徳院］　一冊　〔奥書〕借也足軒御本書写亦同之」加一校者也」幽斎玄旨（花押）

（一〇七・三六・六）

宮河哥合　一冊　〔奥書〕幽齋玄旨（花押）　＊（佐）（藤）中院通勝筆。

（一〇七・三六・七）

紀氏新撰　二冊　〔奥書〕以三條羽林御本自書写之序云今之」所撰玄之又玄也」最可謂道之至寳者哉」幽齋玄旨（花押）　＊（佐）幽斎御筆真之分也足軒筆（序が也足軒筆）。

（一〇七・三六・六、巻四のみ東京永青(23)）

伊勢物語　一冊　（元禄九年転写）〔本奥書〕此伊勢物語以京極黄門正筆逍」遥院殿令書写給以其本重而不違」一字借也足軒老人之手書写校合」訖彼定家卿真跡者従」後土御門院逍遥院殿被拝領本云々」是天福二年奥書也被加其後」奥書者在当時予所持之本逍遥」院殿件本御一覧之時書加之」給云々仍輙記由来者也」幽斎玄旨判

（初雁文庫蔵（故西下経一氏蔵書）(24)）

哥合部類［建保二同五／文永二］　一冊　〔奥書〕幽齋玄旨（花押）

（一〇七・三六・七）

右の哥合部類は、「□卿相自身哥合建永元《仁三イ》年七月廿五日」「歌合建暦三年閏九月十九日仙洞」「哥合建保五年九月前関白家」「哥合建暦三年九月十三夜」「影供哥合建仁元年八月三日」の五度をおさめる。本書とまったく形態を同じくするものに桂宮本「歌合類聚五ヵ度自建仁至健保」（五〇一・五一六）、中院通勝本を写した、智仁親王筆「歌合五箇度」

（桂宮本五一〇・四一）があり、これらはすべて同一祖本から派生した親近なものと思われる。」と『北岡文庫蔵書解説目録』（1）に同にある。なお、智仁親王筆「歌合五箇度」には、「「中院入道也足軒本令書写之畢」慶長十二年十二月一日」とある。

管見におよんだ年次を記していない典籍は右であるが、書誌的な事柄、題簽の色や表紙の色などから今後、ある程度年次を絞り込むことが出来るものも少なからず存在するのではないかという感触を持っている。

幽斎と通勝との書写活動は天正十年の源語秘訣を嚆矢として、著述活動の合間を縫ってほぼ絶え間なく続けられていた。これらの奥書から看取できる事柄をひとまず二点ここにまとめておきたい。

一、詠歌大概聞書の成立は天正十四年と他の幽斎の著述に比べると早い時期に位置する。それが、後陽成天皇の要請により叡覧、宸筆される名誉に浴した文禄四年が一つの転機となる。つまり、文禄五年以降、闕疑抄、百人一首抄、新古今集聞書と立て続けに著される機縁であった。

それらの著述は、後に何度も校合を繰り返されたり、書写されたりする。いったん完成しても学び続けていること、副本を作っておく意識がうかがえる。

二、通勝は、書写活動ばかりでなく、三条西家、宮中それぞれから典籍を借りる仲介、あるいは使者としての役目を果たしていた。これは、勅勘は蒙っていたとはいえ、堂上であるという身分が大きく働いている。

節をあらため、幽斎自身というよりは、幽斎の血縁者達と、通勝との交流を典籍の奥書からたどる。

二　幽斎一族と通勝について

（一）　幽斎男、幽斎姉、幽斎弟との関係から

先に掲げたように、幽斎室のために、伊勢物語や源氏物語の書写が企図されてきたことがうかがえたが、幽斎一族と通勝とが関わる「徒然草」そして「徒然草注」への展開を概観しておきたい。そもそも「徒然草」という古典の復活を説いたのは幽斎である。幽斎自身の手による典籍は伝わらないが、「徒然草色紙」（熊本県立美術館寄託永青文庫蔵）、および『墨池』所収「徒然草色紙」（熊本県立美術館蔵）は広く知られるところである。(25)

幽斎は、三男の幸隆所持本であった徒然草を「披見所望」して、文禄五年（一五九六）に譲り受けた。しかし幸隆は幽斎に献上した該本を慶長二年に借り、田辺在国のおり、通勝等と書写校合し、通勝説を書き加えた由を記している。これは臼杵市立図書館本(26)においても確かめられる事柄である。じつは、この文禄五年奥書は七月七日であるが、直後八月十五日、娘婿木下延俊のために徒然草を書写していることが藤孝事記により確かめられる。

さらに、永青文庫には、幽斎男である忠興筆の徒然草が蔵されている。なお、伝幽斎筆とされる吉田幸一氏蔵本はその内容に照らすと幽斎本系とは認め難い由(27)であるが、加証奥書の中の紫海翁玄路とは、細川重賢に仕えた竹原玄路のことである。

徒然草　二冊　文禄五年から慶長二年写〔上冊奥書〕此本借数多之手書写校合訖。委細註下巻者也。慶長二年丁酉孟夏中澣　幸隆（印）外題也足軒素然　七括之内筆者　一也足軒　二良昭　三大草与三郎　四大草与六郎

五侍従　六上野与吉信南　七同　〔下冊奥書〕本云此つれ〴〵草幸隆みづから筆をそめて所持す。一覧の次一本かきあたふべきよし所望せしに、則この本をとゞめをくべきよし申せしかば、座右のもてあそびものとしてつねに披見せしめ、老の友となすものならし。時に文禄五のとし後の文月七日にこれを記す。幽斎叟玄旨判　此徒然種上下為愚之披見去年染自筆之処、老父所望之間献之。則加右奥書置宜座右覧之、仍以彼本重而丹後田辺在国之間借数人之手書写校合了。同於一如院尋申於也足軒不審等少々注之、不可出窓外耳。慶長二年卯月十七日　幸隆（印）　外題也足軒素然　七括之内筆者　一村牛斎　二竹原市蔵賢治　三同　四大草与三郎　五沢野久蔵景治　六侍従　七幸隆

（東京大学文学部国語研究室蔵）(27)に同

木下右衛門太夫殿つれ〴〵草所望付、筆をあつめ書きうつして進候時奥書也　つれ〴〵草御所望のよし候　此程一本もとめえて　それをハつねに披見候まゝ　俄あまたの筆していそきうつして進之候　みつから筆をもいさゝかくはへ候　校合をもさせ候へとも　愚本もいまたおほつかなき事とも候間　あしき事もおほく有へく候　おもしろき物にて候　常に御覧候て然へき事候　あなかしこ〳〵　文禄五八月三五天　玄旨在判　右衛門殿　硯北

（藤孝事記）(7)に同

徒然草　二冊　江戸初期写　〔下冊奥書〕（加証奥書）此徒然草上下貳冊者」細川越中守忠興之遺墨」無嫌疑者也予應人之求」於是乎跋」延寶四年應鐘下旬　法橋牛菴」随世春川　（二・二センチ単画方形印刻朱印）

（一〇八・五・一七）

徒然草　二冊　書写年次不明　〔上冊奥書〕此上下二冊　幽斎尊翁被遊候と相見え候処多有之　恐は御筆ならむ歟　窓外に不令可出者也　寛政三年十月廿一日　紫海翁玄路　〔下冊奥書〕此上下二冊は筆者不分明上求得之。多年熟慮之処、恐は幽齋尊翁之御筆ならむ歟　然といへども慥に定がたし。能しる人を得て可相究者也。寛政三

年十月廿一日　玄路（花押）

（吉田幸一氏[27]に同蔵）

徒然草　二冊　慶長八年写　以愚本令書写朱墨校合了」慶長八暦九月日」妙庵玄又（墨印）

（財団法人松井文庫蔵）

徒然草　二冊　〔上冊奥書〕文禄丙申五仲春念三」此上巻丹後田辺在国之間於一如院」連々不審事等尋申也足軒少々」注付了今日終之也　幸隆在判」慶長九年十一月十一日校合了」〔下冊奥書〕此下巻同在国中不審等少々」注付了今日令全脩最不可」出窓外者也」文禄五年季春五日記之　幸隆在判」慶長九年十一月校合了

（大分県臼杵市立図書館[26]に同蔵）

近時、高木浩明氏[28]によって明らかにされた通勝筆の注釈書「つれづれ私抄」は、慶長六年の通勝自筆本で、寿命院抄への展開の一階梯として欠くことの出来ない注釈書である。

つれ〲私抄　三冊　慶長六年写　〔奥書〕此抄者壽命院〔立安／法印〕凌醫家救」療之暇廣見遠聞而漸終篇予」披覧最奇之餘揮短毫聊録事」状耳」慶長第六〔辛／丑〕孟冬初九　也足叟素然（墨印）

（京都府立総合資料館[28]に同蔵）

桑原博史氏の報告によると、叡山文庫には正徹本系統のもので慶長七年写の本通勝奥書が付される伝本がある。

つれ〲草下　一冊　慶長七年写（江戸期転写本）（上冊欠）〔本奥書〕這上下二冊就去人所望加一覧次僻字落字等糺正之但有遺漏之過者後君子以勿憚改矣　慶長歳舎〔壬／寅〕蜡月念五独対雪窓手稿凍硯聊記之耳　也足軒素然

（叡山文庫[27]に同蔵）

管見におよんだ徒然草関係の諸本は以上のとおりである。このように幽斎の息子達との交流の中で書写される典籍は徒然草にとどまらない。佐藤恒雄氏[29]の詠歌一体の伝本研究によると、通勝は幸隆に同本を書写し与えたことが分かる。

詠歌一体　一冊　天正十七年写　〔奥書〕（大永二年尭空奥書に続いて）右奥書之正本備請水無瀬中納言兼成卿」不違一字卒終書写之功則遂校合加」朱點訖尤可為證本深秘函底勿」出窓外耳」于時天正第十七仲春下六候　也足子（花押）

（京都大学附属図書館中院文庫蔵）(10)に同

詠歌一体　一冊　天正十九年写　〔奥書〕以右之奥書本不違一字卒写之」是依幸賀公所望也可為証本莫」免外見矣」天正十九年季春中旬　也足子（花押）

（宮内庁書陵部蔵）(29)に同

なお、この水無瀬兼成（一五一四～一六〇二）は、三条西公条の次男で、水無瀬英兼の養子となった人物で、通勝の伯父ということになる。

あるいは三代集之間事も海野圭介氏[30]に詳細な伝本研究が備わるが、水府明徳会彰考館蔵本、神宮文庫蔵本の奥書からは、妙庵幸隆から伝領されたことが分かる。

八代集秀逸〔三代集之／間事〕一冊　慶長三年写　〔三代集之間事の奥書〕此三代集之間事先年以白筆」之正本手自書写之訖而早卒之」間料帋等左道之故今重而加清」書尤可謂道之至宝八代集秀逸」是又彼卿被撰進云〻仍為一冊者」也」慶長三年十一月廿五日　幽齋玄旨（花押）　＊（佐）八代集秀逸が幽斎、三代集之間事が通勝筆。

（一〇七・三六・六）

三代集之間事　一冊　慶長二年写　〔奥書〕慶長二卯十八日　證《従カ》幽斎令傳領之了　慶長五年九月日　従妙庵傳領之内也　也足叟

（水府明徳会彰考館蔵）(30)に同

なお永青文庫蔵の代始和抄は二人の寄合書である。

代始和抄秘〻　一冊　〔奥書〕幽齋玄旨（花押）　＊「代始和抄口ハ也足軒奥ハ妙庵様」と貼紙。

（一〇七・三六・二）

幽斎姉宮川尼が介在する場合もある。幽斎が幽斎姉にさらに通勝に譲られた経緯の後撰和歌集である。

後撰和歌集　二冊　永正十四年写　（第一冊目巻末）八代集不交他手染禿筆内也恐可為」証本而已」永正［丁／丑］之年小春［庚／申］之日」前黄門侍郎藤臣」本云此集橋本中納言公夏卿筆跡也此八代集」散乱処今有之於丹後田辺郷智光院」禅尼［幽斎玄旨姉／雄英甫和尚母］被授与之詞花集又同之」也足叟素然（印）（第二冊目奥書）本云貞応二年九月二日［辛／丑］為後代証本重」書写所伝之家本悉用所受庭訓為伝嫡孫也」同三日令読合書入落字／戸部尚書藤在判」八代集不交他手染禿筆内也恐可為」証本而已」永正［丁／丑］之年小春［庚／申］之日」前黄門侍郎藤臣」本云此集筆者伝領之来由委記上」巻訖」也足叟素然（印）

（愛媛県大洲市常盤井家蔵）(31)

宮川姉男幽斎甥の雄長老の書写本、幽斎弟語心院長老梅印元沖の関わる典籍も掲出する。

詩歌合［文明十五／将軍家］　一冊　（奥書）幽齋玄旨（花押）　＊（佐）雄長老筆。

（一〇七・三六・五）

新撰万葉集　一冊　（奥書）此集以三條羽林御家本［称名院殿／御自筆］書写之訖」可為證本耳」幽齋玄旨（花押）　＊「口也足軒筆／奥雄長老」の付箋。

（一〇七・三六・六）

和訓押韻　一冊　天正二十年写　（奥書）天正二十［壬／辰］歳季春上澣」耄穉五十九」幽齋玄旨（花押）

＊（佐）雄長老筆。

（一〇七・三六・二）

歌合類聚［建保二同五／文永二］　一冊　慶長五年写　（奥書）以　勅本奉書写」校合訖」慶長五年仲夏中澣　玄旨（花押）　慶長五四十一日於南禅寺語心院一校早　＊「内裏歌合建保二年八月十六日」「歌合建保五年十一月四日」「詞合文永二年八月十五夜」の三度をおさめる。（佐）幽斎自筆。

（一〇七・三六・五）

以上から、蔵書形成の特徴として三点目をまとめておきたい。

三、幽斎の血縁関係にある者達も幽斎の蔵書形成の一端を担っており、そこにも通勝が関係していることが認められる。書写本としては歌書がほとんどであるが、徒然草に関しては、幽斎の男の幸隆と通勝との交流こそが後代の徒然再生につながった。

（二）　通勝筆謡本について

幽斎自筆と見られていたが、通勝筆と認められる喜多流の謡本二十二冊が存在していることは、紹介されていないので、ここに書誌情報も含め報告しておきたい。

喜多流謡本　二二冊

○表紙寸法・装丁　薄茶色無地表紙　縦二五・二×横一七・六センチ　列帖装

○箱の覚え　縦二七・九×二〇・五×一七・一センチ　かぶせ箱裏に、「幽斎公御筆　百拾番　謡本　廿二冊也」と記した紙片が貼付されるが、筆跡から通勝筆と判断される。昭和五年に風入れの紙片を箱正面に貼り付けている。

○冊ごとの曲名　葵上・海士・藤戸・実盛・皇帝」鸚鵡小町・蟻通・千寿・伯母捨・柏崎」梅枝・安達・鐘馗・隅田川・景清」玉葛・鵜羽・難波・老松・関寺小町」花籠・松虫・東岸居士・吉野静・檜垣」松山鏡・采女・頼政・恒正・夕顔」融・春日龍神・天鼓・鞍馬天狗・兼平」當麻・三輪・杜若・朝長・舟弁慶」善知鳥・花月・松風・田村・是害」鵜羽・矢立賀茂・志賀・養老・清恒」二人静・唐船・自然居士・鵜飼・鐵輪」芭蕉・遊行柳・西行桜・朝顔・軒端梅」高砂・呉服・楊貴妃・江口・卒都婆小町」安宅・長良・木賊・六浦・國栖」蟬丸・敦盛・項羽・小督・常陸帯」摂侍・源太夫・小原御幸・春栄・玉井」弓八幡・唐方朔・白鬚・大會・猩々」邯鄲・八嶋・通小町・野宮・女郎花」桜川・佛原・阿漕・船橋・野守」百萬・葛城・籠太鼓・羽衣・誓

願時」冨士太皷・班女・忠度・山姥・殺生石」三井寺・道成寺・源氏供粮・通盛・紅葉狩」（一〇五・一五）

箱書は「喜多流謡本」と墨書されるが、「能作品全覧」[32]と照合するに、喜多流には含まれない曲目が判明する。たとえば、鐘馗・難波・吉野静・呉服・東方朔・白髭。中に、源太夫は金春流に限られるものらしいが、この謡本がすべて、金春流であるとは断言できない。

表章氏[33]が、当麻について記される一文に、「〈当麻〉の詞章の上掛り・下掛りの異同で顕著なのが、いわゆる初同の上ゲ哥の、上掛りで「色映えて、掛けし蓮の糸桜、〱、花の錦の経緯に、雲の絶え間に晴れ曇る、雪も緑も紅も、ただ一声の誘はんや、西吹く秋の風ならん、〱」とある傍線部を、下掛りでは「雲の絶え間のまだらなる」と謡うことで、禅鳳本・長俊本（稿者注・金春禅鳳本と観世長俊本）にすでに存在する相違である」とされる。通勝本の当該箇所は「雲の絶へまに晴くもる」とあり、観世流と同文である。以上、門外漢の稿者にも、通勝本が喜多流だと断じることは躊躇われ、後考をまちたい。

幽斎の謡については、これまでも多く論じられてきている。近年では大谷節子氏[34]の論が、総括している。「天正三年二月日　兵部大輔藤孝」の奥書を伴う「下掛五番綴謡本」（東京永青）があり、右の通勝書写本との関連等も今後の課題となるだろう。

三　永青文庫蔵烏丸光広書写本について

烏丸光広については、高梨素子氏[35]に詳細な年譜が備わり生涯がたどられるが、とくに幽斎との関わりにおける概略を示しておきたい。

天正七年（一五七九）生まれの、光広は、歌学を幽斎に学び、「後陽成・後水尾・明正の三帝の歌壇で活躍した」。高梨氏も述べられるように光広の『黄葉和歌集』（光広孫資慶編集）によると、「文禄四年十一月十日十七歳で蔵人に補せられより禁中御会に出席し、聯句御会で執筆の役を賜ったが、これに両度欠席し、後陽成天皇に質され、漢学でなく和歌に志す意志を表明し、勅許を得て、以後幽斎に支持した」という。ただし、光広が幽斎からの教えを自ずから記した『耳底記』には、幽斎師事は慶長三年（一五九八）以降とするから、隔たりがある。邂逅の時期には諸説あるけれど、幽斎とは師弟関係にあったことは相違ない。

師弟関係を結んで日も浅いものの、慶長五年の幽斎の田辺城籠城にも光広は関わっている。智仁親王は侍臣大石甚介を介して開城を求めたが、幽斎はこれを受け入れなかった。さらに、八月十九日通勝が丹後より上京、二日後、富小路秀直と大石甚介とともに、奉行衆の前田玄以に談判、九月三日に通勝は、秀直および日野輝資とともに同道下国したという（『時慶卿記』・高梨氏蔵伊地知鐵男氏旧蔵冷泉為親宛書翰）。ここでも通勝の幽斎との関わりが浮上するわけだが、一方、それに先立ち万一のために二十一代集、古今相伝之箱、証明状ならびに一首、源氏物語抄を献上する旨を禁裏の烏丸光広に伝える同年七月晦日付の書簡が駒澤大学図書館[36]に蔵されている。智仁親王共々師幽斎の動向に心を砕いていた。

なお慶長八年に幽斎から古今伝授を受けており、その師弟関係は揺るぎない。

永青文庫に蔵される典籍から光広に関するものを掲げておきたい。「恋十首歌合〔光明峯／入道攝政家〕」がある。この奥書には、

此哥合烏丸尚書光廣為橋立歴覧有」下國之時被随身仍申請則書写校合」訖猶不審繁多若求得證本者可加」改正耳」文明十四年将軍家哥合同時書写了」慶長第四乙（マヽ）亥林鐘下澣　丹山隠士玄旨（花押）　（一〇七・三六・七）

とあり、慶長四年天橋立を訪れたおりの書写とする。この奥書の中に見られる「百番歌合［文明十四年／将軍家］」も永青文庫蔵であり、以下の奥書を伴う。

此歌合光明峯寺入道攝政家哥合」書写之時同写之事由具記彼本」者也　慶長四年六月下旬」幽齋叟玄旨（花押）

（一〇七・三六・五）

先掲の慶長五年奥書の「吉水前大僧正自歌合［判詞／釈阿］」も光広の手になることを宗佐の御歌書目録は示している。しかし、筆跡を比較してみると、三者三様であり同筆ではないようである。「文明十四年将軍家哥合」は光広筆である由を、奥書に示していないので、光広筆ではない可能性も大きいが、「恋十首歌合」と「吉水前大僧正自歌合」との筆が不一致なのは不審である。問題提起に留めておきたい。

さらに幽斎筆伊勢物語に光広が奥書を加えたものもある。古筆了佐の鑑定も伴う。

伊勢物語　一冊　室町末期写〔奥書〕右一冊者」藤孝之筆也」依懇望遣之」寛永七年正月日　亜相（花押）

（赤二一六・六）

典籍ではないけれども財団法人松井文庫に蔵される幽斎筆の伊勢物語初段の断簡(37)に光広が「しのふそよいまはむかしの男山」あふくはたえぬ水くきのあと」右幽斎叟乃健筆也」亜槐藤（花押）」と記した掛幅装もある。

後代の転写本ながら、元和八年（一六二二）書写の歌道秘蔵録も永青文庫に蔵される。

歌道秘蔵録　一冊　元和八年写（江戸後期ヵ転写）〔奥書〕這一冊二位法印玄旨よりの傳也雖然」種々申され候間出葉不残相傳候」必々一子ならては御ゆるし有ましく候」可秘〻〻」元和八季［壬／戌］八月十三日」亜槐烏丸光廣在判

（八・二一・九九）

田坂憲二氏(38)の紹介による石原文庫旧蔵福岡女子附属図書館蔵書花鳥余情は、近衛信尹・信尋、細川三斎、能閑、長嘯子、三井寺時能、冷泉為将に光広の寄合書という古筆了仲の極めがある。氏が述べられるように、幽斎没が慶長十五年（一六一〇）、信尋が慶長三年生まれなので、信尋が十二歳までに染筆しない限り不可能なのだが、幽斎、光広の関わる典籍としてここに掲げておきたい。

四　佐方宗佐書写本について

幽斎の晩年の蔵書形成を支えた人物の一人として、佐方宗佐が挙げられる。通勝が、幽斎の蔵書目録を遺していたように、宗佐も「御歌書目録」を著している。この目録は前掲の『北岡文庫蔵書解説目録』(1)に同に全文紹介がされている。佐方宗佐については、土田将雄氏(39)、日下幸男氏(40)が伝記を紹介しているが、簡単に触れておきたい。先祖は諏訪部氏、本姓藤原。通称吉右衛門。名之昌《ゆきまさ》。出雲国の生まれ。生年不明であるが、天文弘治頃か。また、父母も不詳である。入道して号を印斎宗佐。右衛門尉。

佐方は三刀谷の一族で、はじめ毛利家臣三刀谷弾正久祐に仕えていた。この弾正は家康に近づき輝元の不審を買い、領地を没収され、病死。その子監物は安国寺恵瓊に養育された。監物は文禄の役に輝元に付き従い、戦功を上げるが輝元は許さなかった。帰国の後、京都吉田兼治を頼み、洛外吉田山に隠居したが、兼治の計らいで監物は幽斎の懇志をうけた。この監物に宗佐は従っていたという。幽斎との交流は文禄年間以降ということになり、文禄五年（一五九六）五月二十一日、何木百韻興行「五月雨は」に同座しているのが初見だが、後掲の豊後国風土記奥書には文禄三年とある。たびたび連歌にも参加し、幽斎から智仁親王への使いとして、頻繁に行き来していることが智仁親王周辺の記録からも分かる。

永青文庫に蔵される佐方宗佐に関わる典籍は以下のとおりである。

豊後国風土記　一冊　文禄三年写〔奥書〕求或本遂書写校合所〻」有不審重尋證本可」直付者也」文禄三年四月五日」丹山隠士（花押）　＊（佐）佐方宗佐筆。（一〇七・三六・六）

無名抄　一冊　慶長三年写〔奥書〕此抄所持之本不審多之間以之昌為」為書生以一兩本取捨而書改了」慶長三年孟秋初六」丹山隠士玄旨（花押）　＊（佐）佐方宗佐筆。（一〇七・三六・二）

書陵部蔵古今集極秘および古今集清濁口決（五〇二・四二〇35―旧五〇三・七五）は、佐方宗佐が、幽斎から伝授したものを、寛永六年に智仁親王が借写したという。永青文庫蔵の佐方宗佐の諸本と書陵部本との関係を奥書から見ておきたい。

まずは、古今集極秘である。今のところこの本に相当する典籍は永青文庫には見出されないが、書陵部のそれには、以下のようにあるという。

右此一冊、幽齋尊翁之御自」筆、十襲而不可出函底者也」印齋宗佐判」此一冊者以佐方入道宗佐所持幽齋老」筆、令書寫一校畢、可秘者也」寛永六年二月十日　李部　古今集極秘

一方、古今集清濁口決は、永青文庫には「古今集清濁読曲」と「古今和歌集口決」「古今清濁秘説」とタイトルの異なる転写本が存在している。伝来などに詳しく触れるゆとりはないが、古今清濁秘訣は、慶長七年奥書本を宝暦十二年に転写した以下の奥書がある。

〔本奥書〕右一冊古今和歌集一部之清濁同」口決少々雖為詠哥根源此道」極秘多年執心甚深〻間傳受」佐方吉右衛門之冒旱堅可禁他聞者也」慶長七年仲夏朔日」洛陽東麓隠士幽斎玄旨花押　〔書写奥書〕右之一冊者以」幽斎尊翁之御筆敬奉」摸寫者也」宝暦十一年十一月　蘊惟雪（花押）　右一冊者予在東都豕児雪」在故郷而摸寫此本

以贈予」且夕閲之謹而仰」先君之大恩子孫永珍之云」寶暦十二年正月　玄路（花押）　（八・二一・七二）

書陵部蔵の「古今集清濁口決」にも右と同じ幽斎奥書があり続けて、

此一冊者以佐方吉右衛門入道宗佐本令書写一校畢至宝可秘者也　寛永六年二月十二日李部

とあり、寛永六年の智仁親王の蒐集の様子がうかがえる。ただ、永青文庫蔵の「古今集清濁読曲」（一・四・二三）と「古今和歌集口決」（八・二一・一〇五）（内容は同）とには寛永二年の佐方宗佐の以下の奥書が録され、智仁親王が書写したのはこの後のこととなる。

此一冊自筆之奥書分明之條委細不能記之」有次奉備　高覧之處可有御謄寫之」由被仰下雖為頑愚之所作時々受直之口決」書連之上者不顧有其畏應　嚴命則」予再三遂勘校重而加奥書進上之雖然猶有」遺闕欤弥可被糺是非者也」佐方吉右衛門尉入道宗佐判」于時寛永二年仲秋吉辰

幽斎の古今集学の広がりを示す一事例であろう。なお、通勝の項目に掲げた「新撰六帖和歌」慶長五年写本にも宗佐は携わっている。

宗佐の著作としては「かやくき妙寿院和歌抄物」（二・四・二四）、「細川幽斎聞書」とがある。とくに後者は宗佐が幽斎の教えを書き留めたもので、幽斎談話の筆録という意味では、烏丸光広の耳底記や松永貞徳の戴恩記に通底するが、原本は失われているようだ。

慶長十二年（一六〇七）に、飛鳥井雅庸が小倉に下向したときの蹴鞠の会、歌会における講師役を務めたのも宗佐だった。雅庸はじめ、忠興や幽斎も歌を詠んでいるが、『綿考輯録』巻六には、「右之節之懐紙短冊、佐方吉右衛門［一本与／左衛門］所持せしを、甫斎方［甫斎ハ佐方源右衛門／純信隠居名］より細川丹後守殿へ奉り、今以御伝来」とある。このようなことからも、右筆としての役割が見えてくる。時期を同じくして重用された竹原玄可がいる。

節を改めたい。

五　竹原玄可書写本について

『綿考輯録』巻四によると、文禄四年、秀吉の命で幽斎が薩摩に下向検考したおり、島津龍伯・義弘に饗応され、連歌興行があり、幽斎が筆記の手伝いを所望し、紹介されたのが竹原市蔵惟成という九歳の能書の童であったという。そのまま幽斎はこの童を連れ帰った。市蔵は、阿蘇家の庶流で、竹原村に住んでいたので竹原と称した。後に庄左衛門と改め、隠居名を墨斎玄可という。

玄可書写本は、通勝の項目に掲げた中の闕疑抄や、以下に掲げる典籍以外、有職故実関連典籍が残されているが膨大であるため、紙幅の都合上これらは別に譲りたい。また奥書を伴わない典籍にも玄可自筆のものと認められる典籍もあるが、今回は挙げていない。

歌会作法秘伝聞書　一冊　江戸後期写　（「和歌秘伝聞書」奥書は後掲に同）〔「御会之時作法聞書」奥書〕右之聞書」幽斎尊翁也足軒連々被仰聞趣」書置畢予講師就被仰付作法之事不残」如此記置申者也」竹原市蔵惟成（花押）慶長四年三月日　＊前半は玄可自筆の「和歌秘伝聞書（八・二一・七八）」の写し、後半は「御会之時作法聞書」。　（二一・三一・二一）

和歌秘伝聞書　全　一冊　江戸初期写ヵ　〔奥書〕右之本聖門御筆写也」深可秘之一讀之次聊」注之　幽斎玄旨（花押）　(41)　（八・二一・七八）

近代秀歌　一冊　江戸初期写　〔奥書〕幽斎公御自筆之写也尤」可為証本者也　玄路書（花押）　＊本体は竹

原玄可筆カ。
大綱抄　二冊　慶長十年写〔奥書〕右私抄竹原市蔵惟成」依執心免書写深可禁」外見者也」慶長十年九月廿五日」幽斎玄旨（花押）（八・二・八四）
源氏物語浅聞抄　三冊　寛永三年写〔奥書〕右上中下三冊北野松梅院えらひぬれ」息女のかたへやられしをさる人むりに所」望有てうつされしをつまほしきよし申し侍るまゝ」色〳〵ことわり申うつしつかはし候まへのとの」ほん女はうのかき侍しまゝわけミえかたく」たゝしからぬほん也されとも〳〵事の外」ひし給具し候本也人に見せ給ふましく候」以上」寛永三正月日　竹原少左衛門（花押）（八・二・四〇・一一二）（八・二・四二）（八・二・八二）
右の中で留意したいのは、源氏物語浅聞抄である。北野松梅院は秀次義母、秀次側室おさこのための所持本をある人が写し、それを「まへのとの」の女はう（女房）が写したという。「まへとの」とは幽斎のことである。幽斎死後も典籍書写は確かに続けられている。

むすびにかえて

幽斎奥書の備わった典籍から関わりのある人物を拾い上げてきたものの、通勝に多くの稿を費やし意を尽くしていない。

永青文庫所蔵の典籍の奥書からも、今出川晴季、徳大寺公維、松永貞徳などが挙げられる。しかし、これもまた一部にすぎない。たとえば、幽斎あるいは通勝主導の永青文庫蔵の源氏物語寄合書の筆者の中から、公家である飛鳥井雅庸、水無瀬兼成・氏成父子、近衛前久、久我通前、門跡の青蓮院殿尊朝親王、大覚寺殿随庵、梶井宮御門跡蛸庵、紹巴、昌叱、石井英怙、心前、能閑といった連歌師が挙げられ、たびたび催されていた歌合、連歌、茶会、能や蹴鞠の場で育まれた幽斎文化圏とでも言うべき人と人とのつながりの様相が見て取れる。

また、転写本ながら、大東急記念文庫蔵の天正十六年の幽斎奥書（前掲）を伴うとされる源氏物語の寄合書は、幽斎自らも篝火と真木柱巻とを書写しているが、曼殊院御門跡［覚恕／准后］、万里小路惟房、飛鳥井敦雅、四辻季遠、公遠、あるいは、越州梅野三郎右衛門尉、越州上木彌太郎など、永青文庫の寄合書には見出されることのない人物の書写が堂上から地下に至るまで多数認められる。

この寄合書も通勝抜きには語ることが出来ない。幽斎奥書には、門外不出の三条西家本を近江中納言秀次（豊臣秀次）が伝領、そこで懇望して「無貴無賤假数多之手」を借りて書写したという。元亀二年から三年にかけての校合のあとを示すが、勝竜寺城において幽斎が行った可能性が高い。この寄合書の匂宮巻を山科言継が写していることが、各冊ごとに示される筆者名から分かる。はたして「言継卿記」に、元亀元年（一五七〇）十月十九日に「細川兵部大輔被申源氏匂宮巻、今日終寫校了」と、藤孝依頼の源氏物語の匂宮巻を写し終えたとある。まさに、この時期の寄合書だったのだ。

奥書には、なお遺漏が多く、通勝の手を煩わせ校合を行ったとする。奥書中「也足軒主素然者逍遙称名二院累世通家之外孫也」と彼の来歴に触れており、幽斎が通勝を見込んだ本音が感じられる。時に天正十六年（一五八八）。すでに二十年近くの歳月が流れた。幽斎の執心と手足となる通勝とがなしえた寄合書だった。そしてそれは、彼らの携わった典籍全般にいえることである。古典籍全般に通暁し用捨を冷静に見分ける幽斎と、その意向を汲み素早く的確な書写を行う通勝、二人の息のあった作業が伝わってくる。

それにしても、なぜ、このような濃密な書写活動が繰り広げられたのだろうか。

幽斎は戦乱の世にあって、灰燼に帰した典籍を目の当たりにすることもあったであろう。これは武人として避けられない出来事であった。清原家の血を受け継ぐ学問を志す者として「副本」を残すことは、もはや使命に近かったのではないか。そのあたりの機微を通勝は公家の立場からいちはやく察したに違いない。冒頭に「中世期から近世期への橋渡し」と記したが、彼ら自身は、武士と公家との接点にあって淬礪しあったということになる。

幽斎晩年に重用され、細川幽斎聞書を著した佐方宗佐や、故実関係の典籍を中心に書写し伝えることになる竹原家の祖竹原玄可は地下であり、通勝や光広の事蹟とは径庭がある。ただ、細川家の右筆としての側面だけではなく細川家を支えた役割についても光を当てる必要があろう。すでに与えられた紙幅を超えてしまった。もちろん、なお挙げるべき人物は多く、幽斎とそれぞれの人物との関わりについても多方面から考察の必要がある。

註

（1）長谷川強・野口元大編『北岡文庫蔵書解説目録—細川幽斎関係文学書—』熊本大学法文学部国文学研究室　一九六一年
（2）森正人・鈴木元編『細川幽斎　戦塵の中の学芸』笠間書院　二〇一〇年
（3）『没後四〇〇年・古今伝授の間修復記念　細川幽斎展』熊本県立美術館　二〇一〇年
（4）井上宗雄「也足軒・中院通勝の生涯」『国語国文』（一九六五年一月）のち、『中世歌壇史の研究　室町後期』改訂新版（一九九一年）
（5）日下幸男「中院通勝年譜稿（上）（中）（下）」『龍谷大学論集』四六三号・四六四号・四六七号　二〇〇四年・同年・二〇〇六年
（6）徳岡涼「常磐松文庫蔵九条家本源氏物語聞書解題」『年報』第二〇号　実践女子大学文芸資料研究所　二〇〇一年三月
（7）荒木尚『藤孝事記』古典文庫　五六四　一九九三年
（8）土田将雄『細川幽斎の研究』笠間書院　一九七六年
（9）「九州大学図書館蔵細川文庫目録」『語文研究』第八号　一九五九年三月
（10）京都大学電子図書館　貴重資料映像（http://edb.kulib.kyoto-u.ac.jp/exhibit/index.html）

(11) 大津有一『増補版　伊勢物語古註釈の研究』八木書店　一九八六年。同著には、桃園文庫蔵の孤本通勝著の伊勢物語の存在についての言及がある。成立年次は不分明だが、第一冊目奥書に「此抄者水無瀬中納言氏成卿之以直筆本書写訖。中院也足之御作也」下冊終わり近くにも「此抄者中院也足御作、水無瀬中納言氏成卿之以直筆令書写訖」とある由。

(12) 徳岡涼「細川幽斎奥書竹原玄可筆『闕疑抄』のこと」『熊本大学文学部附属永青文庫研究センター年報』第二号　二〇一一年三月

(13) 長谷川幸子「日本女子大学蔵「百人一首抄」について」『国文目白』二二号　一九八三年三月

(14) 荒木尚『百人一首注・百人一首（幽斎抄）』和泉書院　一九九一年

(15) 荒木尚『幽斎本新古今集聞書―本文と校異―』九州大学出版会　一九八六年

(16) 野口元大「永青文庫所蔵「新古今略注覚書」」『法文論叢』第一七号　一九六四年十一月、および荒木尚「永青文庫蔵「新古今略注」―私解と翻刻―」『国語国文学研究』第五号　一九六九年十二月

(17) 池田利夫『源氏物語の文献学的研究叙説』笠間書院　一九八八年

(18) 中野幸一『岷江入楚［自四十三／至五十五］源氏物語古注釈叢刊　第九巻』武蔵野書院　二〇〇〇年

(19) 野口元大・徳岡涼『幽斎源氏物語聞書』群書類従完成会のち八木書店　二〇〇七年

(20) 徳岡涼「〈紹介〉熊本大学附属図書館寄託永青文庫蔵『源氏物語』寄合書」『国語国文学研究』第三七号　二〇〇二年三月

(21) 江口正弘『十六夜日記校本及び総索引』笠間書院　一九七二年

(22) 中山緑朗「穂久邇文庫蔵鴨長明海道記その十」『学苑』五三七号　一九八四年九月

(23) 三宅秀和「細川幽斎筆『新撰和歌』巻四の紹介と翻刻」『国語国文学研究』第四五号　二〇一〇年二月

(24) 小川剛生・小野祐子「国文学研究資料館蔵マイクロフィルムによる伊勢物語奥書集成（二）」『調査資料報告』第二四号　二〇〇三年十一月

(25) この方面の研究としては、川平敏文「細川幽斎と徒然草―『墨池』所収色紙について―」前掲（2）『細川幽斎　戦塵の中の学芸』所載

(26) 斎藤彰『徒然草の研究』風間書房　一九九八年

(27) 桑原博史『徒然草研究序説』明治書院　一九七六年

(28) 高木浩明『中院通勝真筆本『つれ〳〵私抄』―本文と校異―』新典社　二〇一二年
(29) 佐藤恒雄「略本詠歌一体の諸本と成立」『広島女学院大学論集』五六　二〇〇六年十二月
(30) 海野圭介「『三代集之間事』考」(上)(下)『詞林』二二号・二三号　一九九七年十月・一九九八年四月
(31) 伊井春樹「貞応二年奥書後撰和歌集の一伝本―橋本公夏筆本の伝来について」『平安文学研究』三八号　一九六七年六月
(32) 竹本幹夫編「能作品全覧」『別冊國文學　№48　能・狂言必携』至文堂　一九九五年
　なお、表章『喜多流の成立と展開』一九九四年(平凡社)には、「今春座の人が作者で、江戸初期には金春流専用またはそれに近い能だったと認められる〈嵐山・生田敦盛・一角仙人・源太夫・佐保山・昭君・東方朔〉の諸曲が、七大夫初演一二三曲には一つも含まれない。七大夫の芸系を金春流と見なす旧説が誤りであることの傍証となり得る現象と思う。」と述べられている。
(33) 表章「私の選んだこの一曲　当麻」『別冊國文學　№48　能・狂言必携』至文堂　一九九五年
(34) 大谷節子「細川幽斎と能」前掲(2)『細川幽斎　戦塵の中の学芸』所載
(35) 高梨素子『後水尾院初期歌壇の研究』おうふう　二〇一〇年
(36) 駒澤大学図書館　電子貴重書庫(http://wwwelib.komazawa-u.ac.jp/retrieve/kityou/)
(37) 『八代城主松井家の名宝～珠玉の松井文庫コレクション』八代市未来の森ミュージアム　二〇一〇年十月
(38) 田坂憲二「石原文庫旧蔵伝信尹幽斎等筆『花鳥余情』について―附、序、桐壺　本文と校異―」『香椎潟』三五　一九九〇年三月
(39) 土田将雄「「細川幽斎聞書」解題―佐方宗佐について―」『上智大学国文学論集』一六号　一九八三年一月
(40) 日下幸男編「佐方宗佐について」『細川幽斎聞書』和泉書院　一九八九年
(41) 山本啓介「和歌会における作法―作法書『和歌秘伝聞書』について―」『和歌文学研究』第九一号　二〇〇五年十二月

〔付記〕本稿作成においては、熊本大学附属図書館寄託永青文庫蔵のものを中心に、多くを国文学研究資料館の文献資料調査の調査カードに拠りました。文献調査委員の方々に記して心より御礼申し上げます。

細川重賢の蔵書と学問
――漢文資料をめぐって――

山田尚子

はじめに

細川家第八代当主細川重賢（一七二〇～八五）は、一般に宝暦の改革と呼ばれる藩政改革を主導した賢君として知られる。その一方で重賢は、さまざまな文事武事を嗜む教養人、文化人、趣味人でもあった。現在、熊本大学附属図書館寄託永青文庫に所蔵される膨大な重賢旧蔵書は、こうした重賢の人物像を如実に反映し、漢籍、準漢籍、漢詩文集、能の謡本や仕舞付、俳諧に関する資料、鷹狩に関する資料など、多岐におよぶ。

本稿は、重賢旧蔵書のうち、とくに漢籍、準漢籍などの漢文資料（日本人の著作を含む）を概観し、そこからうかがわれる重賢の学問の有り様について考察することを目的とする。

熊大附属図書館寄託永青文庫所蔵の書物の中で現時点で重賢旧蔵とほぼ確定できるものとしては、本稿で詳述する、漢籍百九点、準漢籍三十二点、日本人の著作三十七点を合わせた漢文資料百七十八点のほか(1)、謡本や仕舞付などの能に関する資料が約八十点あり、漢籍に次いで数が多い。さらに、自らがまいた歌仙や百韻など、俳諧に関する資料が約四十点現存するほか、重賢自筆の手本類（いずれも裂表紙に折本の装丁）が約二十点ある。

このほか、犬追物に関する資料が約五十点、弓馬などの武芸に関する資料が約五十五点、武家の有職故実に関するものが約六十点、鷹および鷹狩に関する資料が約五十点あり、これらを合わせた二百十点あまりは、重賢が書写を命じて製作させたものである可能性が高い。したがってこれらもまた重賢が関わった書物として、重賢旧蔵書の範疇に入れるべきであろう。

以上が比較的まとまって現存するものであるが、このほかに、茶の書、植物に関する書、和歌に関する書など、合わせて二十五点ほどが重賢旧蔵と認められる。以上を合計すると、重賢の旧蔵書は、概算ではあるものの五百五十点を超える。以下節を改め、漢文資料に焦点を絞って述べていくことにしたい。

一　重賢旧蔵漢文資料の概要

（一）　蔵書の特性——その一　古文辞派との関わり

繰り返しになるが、重賢旧蔵の漢文資料は漢籍百九点、準漢籍三十二点、そのほか日本人の漢文資料三十七点を合わせた百七十八点にのぼる。表1は、この百七十八点を現在の函架番号順に配列し、それぞれの書籍における刊写の別や刊写年時、書入れ、蔵書印などの情報を一覧にしたものである。以下、表1の情報に拠りつつ、重賢旧蔵の漢文資料に特徴的な事象について述べていくことにする（以下、「重賢旧蔵書」とした場合、とくに断らない限り漢文資料のみを指すものとする）。書入れや蔵書印については後に譲り、まずは書物そのものに注目し、重賢旧蔵書の特性を三つの側面から考えてみたい。

第一に特徴的なのは、服部南郭との交遊がうかがわれる蔵書の存在である。

重賢旧蔵書には、同題、同内容の書物が複数現存する場合がある。その中には、同版（同じ版木で印刷されたもの）や異版（同じ版式で新たに版木を作ったものや、別の版式あるいは別の字様で別の版木を作ったもの）の関係にあるものもあれば、単に同じテクストを持つという関係にあるだけの場合もある。表1では、同題の書物についてA、Bなどの記号を付して区別し、同版異版関係にある版本の情報を「備考1」の項に注記した。

蔵書の中に同内容の書物が複数現存する場合、そうした蔵書構成は、所蔵者の書物に対する志向を多少なりとも反映して成ったものと考えられる。無論、重賢のように江戸と熊本とを絶えず往復しなければならない状況にあっては、両所にそれぞれ同じ書物を常備していた可能性もあり、蔵書構成の背景に、こうした一見便宜的な事情も想定される。しかしながらそうした事情もまた、書物に対する所蔵者の志向の一環ととらえることが可能であろう。

ここで注目したいのは、重賢旧蔵書に現存する以下の書物である。

①　唐詩選　A（一〇五・四・七）〔江戸中期〕刊
　　　　　　B（一〇六・一〇・一二・一三）〔江戸中期〕刊　※AB異版
　　　　　　C（一〇八・四・一〇・一六）〔江戸中期〕写

②　七才子詩　A（一〇六・一〇・一二・一二）元文二年刊
　　　　　　B（一〇六・一〇・一二・一四）〔元文二年〕刊
　　　　　　C（一〇八・四・一〇・一五・三）〔元文二年〕刊　※ABC同版

③　滄溟先生集　A（一〇五・三・五）延享五年写

表1　永青文庫所蔵重賢旧蔵漢文資料一覧

通し番号	函架番号	分類	書名	量数	刊・写	書入れ	蔵書印	会読記録	日記との照合	書籍の所在	備考1	備考2
1	四・二・七三・一・一	国	九如集一巻	一冊	〔江戸中期〕写	×	②					
2	四・二・七三・一・二	国	九如集附録一巻	一冊	〔江戸中期〕写	×	②					
3	五・三・二九	準	絶句解故事一巻	一冊	〔江戸中期〕写	○	⑥′⑥				重賢筆カ	
4	五・七・三	国	玉山先生遺稿十一巻闕巻九至十	六冊	安永三年跋刊	×	×				献上本カ、自巻五至六重複	
5	五・七・二〇	国	蘭亭先生詩集十巻首一巻附一巻	七冊	宝暦八年刊	×	×				献上本カ	
6	五・七・五五	準	毛詩品物図攷七巻	三冊	天明五年刊	×	⑨					
7	五・八・四	漢	増補草書韻会五巻	一冊	寛文三年刊	×	②					
8	五・八・七	漢	草書礼部韻宝五巻	六冊	延享四年刊	×	①					
9	一〇五・三・一	漢	新刻陳眉公攷正国朝七子詩集註解七巻	二冊	延享四年刊	○	⑥′⑥	寛延二年四月一四日（鸞嘯閣）～三年五月一日（藤沢駅亭）		江→熊		
10	一〇五・三・二	漢	謀野集刪一巻A	一冊	享保二〇年刊	○	×	①宝暦五年三月二二日（尾州宮郵亭）～二六日（藤沢郵亭） ②宝暦六年二月三〇日（表海楼）～四月四日 ③宝暦九年一一月二四日		熊→江 江 江	本文に続き詩語とその典拠を記した重賢筆の写本あり、写本の罫紙柱刻「表海楼」、表海楼は江戸龍ノ口邸にあり	
11	一〇五・三・三	準	〔左伝抄〕A	一冊	〔江戸中期〕写	○	×				重賢筆カ	
12	一〇五・三・四	準	〔通鑑抄〕	一冊	明和五年写	○	×				重賢筆、罫紙柱刻「鸞嘯閣蔵」	

13	一〇五・三・五	漢	滄溟先生集存巻七至十A	一冊	延享五年写	○	①′①					
14	一〇五・三・六	国	加勢無	一冊	〔安永八年〕写	○	×				歌仙二種、五言律詩の会二種	
15	一〇五・三・七	国	〔四字成句集〕	一冊	〔安永一〇年〕写	○	×				重賢筆、原書名未詳、人名二字事績二字計四字の熟語の集成	
16	一〇五・三・八	国	〔重賢公詩集稿本〕	一冊	延享三年写	○	×				虫損開披困難	
17	一〇五・三・九	準	〔李攀龍七言句詩注〕	一冊	〔江戸中期〕写	○	×				重賢筆	
18	一〇五・三・一〇	国	〔宝暦鸞嘯閣詩会詩集〕	一冊	〔宝暦七年頃〕写	×	×					
19	一〇五・三・一一	国	〔詩会詩集〕	一冊	〔江戸中期〕写	○	×				重賢筆	
20	一〇五・三・一二	国	詩集	一冊	〔江戸中期〕写	○	×				重賢筆、詩集稿本	
21	一〇五・三・一三	国	〔雑記〕	一冊	〔江戸中期〕写	○	×				重賢筆、詩語詩句の註解	
22	一〇五・三・一四	漢	荘子南華真経十巻	三冊	元文四年刊	○	×	①宝暦六年六月二四日（披雲閣）～一一月四日（披雲閣） ②宝暦七年四月一〇日（表海楼）～八年三月二〇日（表海楼）		熊 江		
23	一〇五・三・一五	漢	淮南鴻烈解	?	? 刊	?	?				虫損開披不能	
24	一〇五・三・一六	漢	文章規範	二冊	〔江戸中期〕写	?	?				虫損開披不能	
25	一〇五・四・一	漢	説苑二十巻（劉向説苑）A	五冊	〔江戸中期〕刊	○	×	宝暦五年五月二〇日（鸞嘯閣）～七月一〇日（鸞嘯閣）		江	B〔一〇七・三九・一・一八〕と同版	
26	一〇五・四・二	国	詩稿	一冊	〔宝暦五年至天明四年〕写	○	②				重賢筆、罫紙柱刻「陽春閣蔵」	

通し番号	函架番号	分類	書名	量数	刊・写	書入れ	蔵書印	会読記録	日記との照合	書籍の所在	備考1	備考2
27	一〇五・四・三	準	〔詩書抜〕	一冊	〔江戸中期〕写	○	×				重賢筆、『唐詩選』などからの抜粋	
28	一〇五・四・四	国	詩草集	一冊	延享二至三年写	○	×				重賢筆	
29	一〇五・四・五	漢	杜律五言集解四巻 七言集解二巻A	三冊	寛文一〇年刊	○	⑥′⑥	①寛延三年九月(披雲閣)～一〇月一〇日～一二月三日(濠濮亭)		熊	濠濮亭は熊本にあり	
								②寛延四年四月一六日(表海楼)～一〇月二日(表海楼)		江		
								③宝暦二年二月二日(鸞嘯閣)～四月二五日(相州戸塚駅)		江↓熊		
								④宝暦七年四月一二日		江		
30	一〇五・四・六	漢	老子道徳経二巻	一冊	〔江戸中期〕刊	○	×	宝暦七年七月二七日(表海楼)～一二月三日(表海楼)		江	宝暦七年七月二七日の会読識語に「南郭先生講于表海楼中」とあり	
31	一〇五・四・七	漢	唐詩選七巻A	一冊	〔江戸中期〕刊	○	×	①宝暦三年三月一六日～四年四月一七日／宝暦五年四月三日(闔門中)～一〇月五日		江／江	B〔一〇六・一〇・二三・一三〕の異版	
								②宝暦七年二月八日(表海楼)～八年一月一六日／宝暦九年四月一九日～閏七月二九日(仲英)～八月一四日		江／江		
32	一〇五・四・八	国	〔詩稿〕	一冊	〔江戸中期〕写	○	×					
33	一〇五・四・九	漢	孔子家語十巻A	五冊	寛保二年刊	○	×	安永四年一〇月一六日(龍口邸)～五年三月二一日	○	江		
34	一〇五・四・一〇	漢	滄溟先生尺牘三巻A	一冊	享保一五年刊			①宝暦三年三月(霍磯亭)		熊↓江	B〔一〇七・三九・一・三〇〕の異版、③はBと読み合わせたための識語	

						○	⑥′⑥	②宝暦五年三月一一日（備前下津井泊舟中）		熊↓江	
								③宝暦五年四月二〇日		江	
35	一〇五・四・一三	漢	滄溟先生集存巻六至七B	一冊	〔江戸中期〕写	○	×	宝暦五年一一月二日～六年四月一四日（龍口邸）		江	重賢筆、罫紙柱刻「表海楼」
36	一〇五・五・一	漢	国語二十一巻A	十冊	〔江戸前期〕刊	○	×	①第一～三冊寛延四年三月三日（豊州雈磯館）～四月三日（鸞嘯閣）／第四～六冊宝暦二年四月一八日（神原駅亭）～五月一七日／宝暦三年三月一七日（芸州横島泊舟中）～五月一四日（鸞嘯閣）～六月四日／第七冊宝暦四年五月一八日（備州下津井泊舟中）～五月二五日（防州上関泊舟中）／第八～十冊宝暦四年一二月一三日（嗒焉亭）～五年五月一四日（鸞嘯閣）～五月一五日		熊↓江／江↓熊／熊↓江／江↓熊／江／熊↓	B〔一〇五・五・三〕と同版、②はB④と同時期、ただし②の会読識語は重賢と別筆
								②安永五年三月二六日（鸞嘯閣）～七月二六日（鸞嘯閣）	○	江	
37	一〇五・五・二	漢	孔子家語十巻B	二冊	寛永一五年刊	○	×				
38	一〇五・五・三	漢	国語二十一巻B	十冊	〔江戸前期〕刊	○	×	①宝暦一〇年九月～一一年四月		熊	A〔一〇五・五・一〕と同版、④はA②と同時期、④の会読識語は重賢筆
								②宝暦一一年八月二九日～一三年五月二〇日	○	江	
								③安永三年一二月二日（濠濮亭）～四年三月一三日（長州舟中）		熊↓江	
								④安永五年三月二六日～七月二六日	○	江	

通し番号	函架番号	分類	書名	量数	刊・写	書入れ	蔵書印	会読記録	日記との照合	書籍の所在	備考1	備考2
39	一〇五・六・一	漢	詩経集註十五巻	八冊	〔江戸前期〕刊	○	×	①宝暦九年四月二〇日～一〇年二月一四日／宝暦一二年五月八日～六月三〇日		江／江		
								②安永五年九月一七日～六年三月二三日(備前羊頭泊)～三月一九日	○	熊→江		
								③安永六年四月七日～一〇月三〇日	○	江		
40	一〇五・六・二	漢	汪南溟尺牘二巻A	一冊	宝暦四年刊	○	×	宝暦六年一一月一三日			外題「汪道昆赤牘」	
41	一〇五・六・三	漢	戦国策譚棷十巻序一巻附一巻	十五冊	〔江戸前期〕刊	○	×	宝暦九年四月二〇日～一〇月二四日(表海楼)～一〇年四月二九日(表海楼)		江		
42	一〇五・一〇	漢	漢書評林一百巻	五十冊	明暦四年跋刊	○	×	安永八年五月一六日～九年八月一三日／天明元年四月二六日～二年八月五日／天明三年四月一六日～四年三月二六日		江／江／江	B〔一〇六・一〇・一三・一四〕C〔一〇八・四・一〇・一五・三〕と同版	
43	一〇六・一〇・一三・一	準	左伝抄B	一冊	〔江戸中期〕写	○	×				重賢筆	「一〇六・一〇・一三」の箱入り、付録の目録「御筆／目録」に記載あり
44	一〇六・一〇・一三・二	準	〔左伝書抜〕C	三枚	〔江戸中期〕写	○	×				重賢筆	
45	一〇六・一〇・一三・三	準	〔左氏伝抄〕D	二冊	〔江戸中期〕写	○	×				横紙罫紙柱刻「鸞嘯閣蔵」、重賢筆	
46	一〇六・一〇・一三・一一	国	明詩礎二巻	一冊	元文四年刊	○	×				〔一〇七・三九・一・二八〕の「明詩礎」と同版	
47	一〇六・一〇・一三・一二	漢	七才子詩七巻A	一冊	元文二年刊	○	×				B〔一〇六・一〇・一三・一四〕C〔一〇八・四・一〇・一五・三〕と同版	
48	一〇六・一〇・一三・一三	漢	唐詩選七巻B	一冊	〔江戸中期〕刊	×	×				A〔一〇五・四・七〕の異版	

49	一〇六・一〇・一三・一四	漢	七才子詩七巻B	一冊	〔元文二年〕刊	×	×				A〔一〇六・一〇・一三・一三〕C〔一〇八・四・一〇・一五・三〕と同版	
50	一〇六・一〇・一三・一五	準	絶句解A	一冊	〔延享三年〕刊	×	×				B〔一〇七・三四・一〇・一〕C〔一〇七・三四・一〇・二〕と同版、ただしCは後修本	
51	一〇六・一〇・一三・一六	準	絶句解拾遺A	一冊	享保一九年序刊	×	×				B〔一〇七・三四・一二〕と同版	
52	一〇六・一〇・一三・一七	国	聚分韻略一巻A	一冊	享保一九年刊	○	×				B〔一〇八・四・一〇・一三・四〕と同版	
53	一〇六・一〇・一三・一八	漢	詩韻輯要五巻A	一冊	〔江戸中期〕刊	×	×				B〔一〇八・四・一〇・一五・一〕と同版	「一〇六・一〇・一三」の箱入り、付録の目録「御筆／目録」に記載なし
54	一〇六・一〇・一三・一九	漢	蒙求標題一巻A	一帖	〔江戸中期〕写	×	×				重賢筆	
55	一〇七・二〇・一	漢	正字通十二巻首一巻十二字頭一巻	四十冊	清刊	×	②					
56	一〇七・三〇・二	漢	三国志魏書三十巻蜀書十五巻呉書二十巻全六十五巻A	四十冊	寛文一〇年刊	○	①′①	①宝暦一二年一一月三〇日～一三年五月七日		熊	①はB〔二史・四〕①と同時期のものか、①の会読識語はA・Bともに魏書第十五終了時まで、	
								②明和七年二月二六日～四月一六日／明和八年四月二六日～九年二月二六日／安永二年四月二六日～三年四月六日／安永四年四月二六日～一〇月五日	○	江／江／江／江	②はB〔二史・四〕②と同時期の会読	
57	一〇七・三〇・九	漢	孫月峰先生批評漢書一百巻	二十冊	〔明末〕刊	○	②					
58	一〇七・三四・一	漢	尚書十三巻	六冊	寛延四年刊	○	×	宝暦七年一月二日（陽春閣）～五月二四日		熊→江	陽春閣は熊本花畑館にあり	
59	一〇七・三四・二	漢	韓非子二十巻	十冊	延享三年刊	○	×					
60	一〇七・三四・三	漢	沖虚至徳真経八巻（淮南子）	二冊	延享四年刊	○	×	宝暦八年三月二日卒業（表海楼）		江		
61	一〇七・三四・四	漢	列子鬳斎口義二巻	二冊	〔江戸前期〕刊万治二年印	○	①′①	宝暦六年一〇月（以他本校訂）		熊		

通し番号	函架番号	分類	書名	量数	刊・写	書入れ	蔵書印	会読記録	日記との照合	書籍の所在	備考1	備考2
62	一〇七・三四・五	漢	唐陸徳明荘子音義三巻	一冊	寛保元年刊	○	①′①					
63	一〇七・三四・六	国	東里詩稿	一冊	〔江戸中期〕写	○	×				重賢筆カ	
64	一〇七・三四・七	漢	続滄溟先生尺牘三巻	一冊	〔江戸中期〕刊	○	×					
65	一〇七・三四・八	漢	弇州先生尺牘選二巻	一冊	寛保二年刊	○	×	宝暦六年五月一六日（播州坂越舟中）		江→熊		
66	一〇七・三四・九	漢	新序十巻（劉向新序）	二冊	享保二〇年刊	○	×	宝暦六年二月一〇日（披雲閣）～閏一一月一六日（披雲閣）		熊		
67	一〇七・三四・一〇・一	準	絶句解B	一冊	延享三年刊	○	×	①延享五年一月二九日（鸞嘯閣）～四月一九日（藤沢駅）		江→熊	A〔一〇六・一〇・一三・一五〕C〔一〇七・三四・一〇・二〕と同版、ただしCは後修本、①は熊本への初入国のときのもの	
								②宝暦三年四月二〇日（鸞嘯閣）～一二月七日		江		
								③宝暦一〇年一二月		熊		
68	一〇七・三四・一〇・二	準	絶句解C	一冊	〔延享三年〕刊後修	○	×				A〔一〇六・一〇・一三・一五〕B〔一〇七・三四・一〇・一〕と同版、ただしCは後修本	
69	一〇七・三四・一一	準	絶句解拾遺B	一冊	享保一九年序刊	○	×	①寛延四年五月三日		江	A〔一〇六・一〇・一三・一六〕と同版	
								②宝暦二年四月二〇日（鸞嘯閣）		江		
								③宝暦五年一〇月一三日～六年四月一四日		江		
70	一〇七・三四・一三	漢	魁本大字諸儒箋解古文真宝後集二巻	一冊	延宝三年刊後印	○	×					

71	一〇七・三四・一三	漢	新纂門目五臣音註揚子法言十巻	三冊	万治二年跋刊	○	×					
72	一〇七・三四・一四	漢	詩経一巻A	一冊	〔江戸中期〕刊	○	×	宝暦五年八月六日		江	外題「詩経白文」、柱刻「倭板詩経」、B〔一〇七・三九・一・一三〕と同版	
73	一〇七・三四・一五	漢	弇園摘芳三巻	一冊	寛保二年刊	○	×	宝暦六年五月一三日		江↓熊	外題「元美尺牘摘芳」	
74	一〇七・三四・一六	漢	荘子南華真経音義四巻	一冊	〔江戸中期〕写	×	×				重賢筆カ	
75	一〇七・三四・一七	漢	汪南溟尺牘二巻B	一冊	〔江戸中期〕写	○	×				重賢筆カ	
76	一〇七・三四・一八	漢	謀野集刪一巻B	一冊	〔江戸中期〕写	○	×				重賢筆カ	
77	一〇七・三四・一九	漢	標題徐状元補注蒙求三巻	三冊	明和四年刊	○	×	安永九年九月一七日（舟中）〜一〇年三月一三日		熊↓江		
78	一〇七・三四・二〇	漢	中庸或問一巻（嘉点）	一冊	〔明和五年〕刊	×	×				倭板四書のうち	
79	一〇七・三四・二一・一	漢	中庸章句一巻（嘉点）A	一冊	〔明和五年〕刊	×	×				倭板四書のうち	
80	一〇七・三四・二一・二	漢	中庸輯略二巻（嘉点）	二冊	〔明和五年〕刊	×	×				倭板四書のうち	
81	一〇七・三四・二二	漢	論語集註十巻（嘉点）A	四冊	〔江戸中期〕刊	○	×	安永五年八月二七日開巻（播州舟中）		江↓熊	倭板四書のうち、B〔一〇七・三九・一・一五〕の異版、書入れはおよそ巻三公冶鳥第五の途中まで	
82	一〇七・三四・二三	漢	二十二史纂略六巻	二冊	〔江戸中期〕刊	○	×	宝暦六年秋		熊		
83	一〇七・三四・二四	漢	東西周三史国語全本十巻	五冊	〔清〕刊	○	×					
84	一〇七・三九・一・一三・一	漢	孟子集註十四巻（嘉点）A	四冊	明和五年刊	×	×				倭板四書のうち	旧函架番号「神番外一・一三（〜三〇）」あり
85	一〇七・三九・一・一三・二	漢	大学章句一巻（嘉点）A	一冊	〔明和五年〕刊	×	×				倭板四書のうち	

通し番号	函架番号	分類	書名	量数	刊・写	書入れ	蔵書印	会読記録	日記との照合	書籍の所在	備考1	備考2
86	一〇七・三九・一・一三・三	漢	大学或問一巻（嘉点）	一冊	〔明和五年〕刊	×	×				倭板四書のうち	旧函架番号「神番外一・一三（～三〇）」あり
87	一〇七・三九・一・一三・四	漢	孟子集註十四巻（嘉点）B	四冊	〔江戸中期〕刊	○	×				倭板四書のうち	
88	一〇七・三九・一・一四	漢	荀子二十巻	十冊	延享二年刊	○	×	宝暦六年閏一一月二〇日（披雲閣）～七年三月六日（長州下関泊舟中）～三日（勢州坂下駅亭）～二六日（遠州浜松郵亭）～二八日（駿州岡部郵亭）～四月一日（相州小田原郵亭）		熊↓江		
89	一〇七・三九・一・一五	漢	論語集註十巻（嘉点）B	四冊	〔明和五年〕刊	○	×	①天明二年九月一六日（舟中） ②天明五年三月二〇日～五月一六日	① ②○	①江↓熊 ②江	倭板四書のうち、A〔一〇七・三四・一二〕の異版、②は重賢最晩年の書入れ（およそ巻三公冶鳥第五の終わりまで）	
90	一〇七・三九・一・一六	漢	戦国策十巻	五冊	〔江戸中期〕写	○	×	①明和二年三月二〇日～一〇月一〇日 ②明和五年三月一六日	①○ ②○	①江 ②江	外題「国策」、毎巻別筆、罫紙柱刻「鸞嘯閣蔵」、重賢筆かと思われる巻もあり、巻八途中まで朱筆書入れ	
91	一〇七・三九・一・一七	漢	礼記一巻	二冊	〔江戸中期〕刊	○	×				柱刻「倭板礼記」	
92	一〇七・三九・一・一八	漢	説苑二十巻（劉向説苑）B	五冊	〔江戸中期〕刊	○	×	第一～二冊宝暦一〇年一月二六日（表海楼）～三月一六日／第二一～三冊宝暦一二年七月六日～二六日／第三一～五冊安永三年五月二四日（舟中）～八月一六日		江／江／江↓熊	A〔一〇五・四・一〕と同版	
93	一〇七・三九・一・一九	国	信齢山泰岩寺鐘酩并序	一冊	〔宝暦年間〕写	○	×					

94	一〇七・三九・一・二〇	準	左伝凡例一巻	一冊	明和九年写	○	×				上野霞山筆カ
95	一〇七・三九・一・二二	漢	大学章句一巻（嘉点）B	一冊	〔江戸中期〕刊	○	×				倭板四書のうち
96	一〇七・三九・一・二三	漢	詩経一巻B	一冊	〔江戸中期〕刊	○	×	安永六年三月二三日卒業（舟中）		熊↓江	柱刻「倭板詩経」、A〔一〇七・三四・二四〕と同版
97	一〇七・三九・一・二四	漢	春秋一巻	一冊	〔江戸中期〕刊	○	×				柱刻「倭板春秋」
98	一〇七・三九・一・二五	漢	中庸章句一巻（嘉点）B	一冊	〔江戸中期〕刊	○	×				倭板四書のうち
99	一〇七・三九・一・二六	漢	周易一巻	一冊	〔江戸中期〕刊	○	×				柱刻「倭板周易」
100	一〇七・三九・一・二七	漢	書経一巻	一冊	〔江戸中期〕刊	○	×	①安永四年三月一七日開巻（舟中） ②安永七年七月一九日		熊↓江 江	柱刻「倭板書経」
101	一〇七・三九・一・二八	国	近体韻選二巻唐詩礎二巻明詩礎二巻	一冊	近体韻選元文二年刊、唐詩礎延享三年刊、明詩礎元文四年刊	○	×				外題「韻礎」、「明詩礎」は〔一〇六・一〇・三・一二〕と同版
102	一〇七・三九・一・二九	国	井蛙笑具一巻	一冊	〔明和元年〕写	○	×				
103	一〇七・三九・一・三〇	漢	滄溟先生尺牘三巻B	一冊	享保一四年序刊	○	×	宝暦五年四月二〇日～六年二月		江	A〔一〇五・四・一〇〕の異版、Aと読み合わせ
104	一〇八・一・一	漢	書経集註十巻	十冊	〔江戸前期〕刊後印	○	×	安永六年一一月七日～七年閏七月二三日	○	江↓熊	
105	一〇八・一・五・一	国	重賢公詩稿	一冊	宝暦六年写	×	×				
106	一〇八・一・七	漢	立斎先生標題解註音釈十八史略七巻	七冊	寛保三年刊	○	×	明和五年八月二一日～六年三月一〇日（長州下関）～一五日（上関泊舟中）		熊↓江	
107	一〇八・一・九	漢	後漢書九十巻志三十巻A	四十冊	明万暦二三至二四年刊	○	×	明和元年七月七日～三年四月三日／明和四年五月二九日～五年四月六日／明和六年五月一六日～七年二月一六日	○	江／江／江	初期の会読記録はB〔三史・三〕と一致

通し番号	函架番号	分類	書名	量数	刊・写	書入れ	蔵書印	会読記録	日記との照合	書籍の所在	備考1	備考2
108	一〇八・一・二	漢	春秋経伝集解三十巻	十五冊	〔江戸中期〕刊	○	×	①寛延三年三月一四日(濠濮亭)～四年一月七日(披雲閣)		熊		
								②宝暦二年六月一六日(披雲閣)～三年二月六日(陽春閣)～四月三〇日(鸞嘯閣)～四年三月三〇日～八月一三日(陽春閣)～五年四月二六日(鸞嘯閣)～一二月四日／宝暦六年八月二日(陽春閣)～七年一月一六日(陽春閣)		熊↓江↓熊↓江／熊		
								③宝暦七年九月八日(表海楼)～八年八月一三日(披雲閣)～九年四月一日(相州小田原郵亭)		江↓熊↓江		
								④宝暦九年四月二六日～閏七月二九日(仲英)～一〇年七月八日(表海楼)		江		
								⑤明和三年一〇月(披雲閣)／明和五年八月一六日～一二月三日／明和七年七月三日		熊／熊／熊		
								⑥明和九年六月二六日(披雲閣)～安永二年三月一六日／安永三年六月一六日～一二月一六日(披雲閣)	○	熊／熊		
								⑦安永七年閏七月二六日～八年五月六日	○	江		
109	一〇八・四・二・一	国	抜録	一冊	〔江戸中期〕写	○	×				重賢筆	「午印又二番」の箱入り
110	一〇八・四・二・二	準	三国人物附属考一巻	一冊	明和七年写	×	×				上野霞山筆カ	

111	一〇八・四・二・三	国	贈熊本候序一巻A	一冊	宝暦六年写	○	×				重賢筆、罫紙柱刻「表海楼」	
112	一〇八・四・二・四	国	贈熊本候序一巻B	一冊	〔江戸中期〕写	○	×				南郭筆カ、外題「服子遷贈序」	
113	一〇八・四・二・五	国	遊富嶽記一巻	一冊	〔江戸中期〕写	○	×				重賢筆	
114	一〇八・四・二・六	漢	列子沖虚真経音義一巻	一冊	〔江戸中期〕写	×	×				重賢筆	
115	一〇八・四・二・七	準	左伝名語集一巻世説名語集一巻	一冊	宝暦四年写	○	×				重賢筆、罫紙柱刻「鷺嘯閣蔵」	
116	一〇八・四・二・八	準	李攀龍送趙戸部出守淮陽詩国字解一巻	一冊	寛延二年写	○	×				重賢筆	
117	一〇八・四・二・九	国	詩集	一冊	〔江戸中期〕写	○	×				重賢筆カ	
118	一〇八・四・二・一〇	国	文集	一冊	〔江戸中期〕写	○	×				重賢筆、罫紙柱刻「鷺嘯閣蔵」	
119	一〇八・四・二・一一	国	詩集	一冊	〔江戸中期〕写	○	×				重賢筆、罫紙柱刻「表海楼」	
120	一〇八・四・二・一二	国	薫蕕録一巻	一冊	〔江戸中期〕写	×	×					
121	一〇八・四・二・一三	準	国語鈔一巻	一冊	〔江戸中期〕写	○	×				重賢筆	
122	一〇八・四・二・一五	準	国記万言一巻	一冊	〔江戸中期〕写	○	×				重賢筆	
123	一〇八・四・一〇・五・一	漢	老子道徳経音義二巻春秋左伝古字奇字音釈一巻	一冊	延享三年刊	○	×					旧函架番号「午印五番」
124	一〇八・四・一〇・五・二	準	唐詩選類材三巻	一冊	宝暦四年刊	○	×					
125	一〇八・四・一〇・六・一	準	絶句解典故三巻	一冊	寛延三年刊	○	×					旧函架番号「午印六番」
126	一〇八・四・一〇・六・二	準	李滄溟尺牘便覧三巻	一冊	〔江戸中期〕刊	○	×					
127	一〇八・四・一〇・七・一	漢	杜律五言集解四巻七言集解二巻B	一冊	〔江戸中期〕刊	○	×	延享二年四月九日				旧函架番号「午印七番」

通し番号	函架番号	分類	書名	量数	刊・写	書入れ	蔵書印	会読記録	日記との照合	書籍の所在	備考1	備考2
128	一〇八・四・一〇・七・二	漢	春秋左伝君大夫姓氏表一巻附世次図一巻	一冊	元文三年刊	×	×				外題「原本左伝系譜」	旧函架番号「午印七番」
129	一〇八・四・一〇・八・一	準	世説人名記一巻	一帖	〔江戸中期〕写	×	×				重賢筆	旧函架番号「午印八番」
130	一〇八・四・一〇・八・二	準	蒙求標題一巻左伝秘事一巻A	一帖	〔江戸中期〕写	○	×				重賢筆	
131	一〇八・四・一〇・九	国	韻選一巻A	一冊	宝暦七年刊	○	×				重賢撰、秋山玉山序、私家版、A・B・Cいずれも同版	旧函架番号「午印九番」
132	一〇八・四・一〇・一一・一	国	韻選一巻B	一冊	宝暦七年刊	×	×				重賢撰、秋山玉山序、私家版、A・B・Cいずれも同版	旧函架番号「午印十一番」
133	一〇八・四・一〇・一三・一	漢	滄溟先生詩集一巻	一冊	〔江戸中期〕写	○	×				重賢筆、罫紙柱刻「濠濮亭蔵」	
134	一〇八・四・一〇・一三・二	国	頓悟詩伝五巻附一巻	六冊	天明四年刊	○	×					
135	一〇八・四・一〇・一三・三	準	絶句解比肩三巻	一冊	寛延三年序刊	○	×					
136	一〇八・四・一〇・一三・四	国	聚分韻略一巻B	一冊	享保一九年刊	○	×				A〔一〇六・一〇・一三・一七〕と同版	
137	一〇八・四・一〇・一四・一	国	韻選一巻C	一冊	宝暦七年刊	○	×				重賢撰、秋山玉山序、私家版、A・B・Cいずれも同版	
138	一〇八・四・一〇・一四・二	漢	詩韻類従五巻	二冊	〔江戸中期〕写	×	×					
139	一〇八・四・一〇・一四・三	準	絶句解考証	三冊	〔江戸中期〕刊	×	×					

140	一〇八・四・一〇・一五・一	漢	詩韻輯要五巻B	一冊	〔江戸中期〕刊	○	×				A〔一〇六・一〇・二二・一八〕と同版	
141	一〇八・四・一〇・一五・三	漢	七才子詩七巻C	一冊	〔元文二年〕刊	×	×				A〔一〇六・一〇・二二・一三〕B〔一〇六・一〇・二二・一四〕と同版	
142	一〇八・四・一〇・一六	漢	唐詩選一巻C	一冊	〔江戸中期〕写	○	①′①	①延享四年三月八日～一四日		江	重賢筆カ	旧函架番号「午印十六番」
								②寛延二年六月三〇日（表海楼）		江		
143	一〇八・四・一〇・二一・二	漢	蒙求標題三巻B	一冊	〔江戸中期〕写	○	×				重賢筆	旧函架番号「午印二十一番」
144	一〇八・四・一〇・二一・三	漢	期古堂較定詩韻箋五巻	一冊	〔江戸中期〕刊	○	×					
145	一〇八・四・一〇・二一・四	準	李滄溟尺牘考一巻	一冊	〔江戸中期〕写	○	×				重賢筆、罫紙柱刻「陽春閣蔵」	
146	一〇八・四・一〇・二一・五	漢	孝経一巻附古文孝経一巻	一冊	天明二年刊	×	×					
147	一〇八・四・一〇・二一・六	国	李杜四声韻選四巻	一冊	安永三年刊	×	×					
148	一〇八・四・一〇・二一・七	準	左伝秘事一巻蒙求標題一巻B	一帖	〔江戸中期〕写	×	×					
149	一〇八・四・一〇・二三・一	漢	春秋左伝異名考一巻附春秋姓名弁異一巻	一冊	延享三年刊	○	×					旧函架番号「午印二十二番」
150	一〇八・四・一〇・二三・二	国	文淵遺珠二巻	一冊	明和三年刊	○	③					
151	一〇八・四・一〇・二三・三	準	弇州尺牘紀要二巻	一冊	宝暦六年刊	×	×					
152	一〇八・四・一〇・二三	漢	滄溟七言律一巻	一冊	〔江戸中期〕写	○	×				罫紙柱刻「鸞嘯閣蔵」	旧函架番号「午印二十三番」

通し番号	函架番号	分類	書名	量数	刊・写	書入れ	蔵書印	会読記録	日記との照合	書籍の所在	備考1	備考2
153	二〇三・四〇	漢	李卓吾批点世説新語補二十巻	十冊	元禄七年刊	○	⑥	①延享四年七月五日(盈視亭)		江		
								②寛延元年八月一〇日(攀桂楼)~一〇月(濠濮亭)/寛延二年九月一一日~三年五月四日(相州小田原駅)~五月二〇日(与州花子峡舟中)~二三日(芸州蒲刈浦舟中)~一二月三日(濠濮亭)~寛延四年三月九日(豊州深江泊舟中)~三月一七日(備前黄牛峡泊舟中)		熊／江 ↓熊↓ 江		
								③宝暦二年一一月(披雲閣)		江		
								④宝暦五年一〇月一四日(表海楼)~六年四月一〇日/宝暦七年四月一〇日(表海楼)~八年四月二〇日		江／江		
								⑤明和三年八月三〇日(披雲閣)~四年二月三〇日(披雲閣)		熊		
								⑥安永九年一〇月三日~一二月二六日		熊		
								⑦天明四年四月五日~五年二月一六日		江		
154	神無番・四・一	準	左氏伝抄一巻E	一冊	(宝暦一〇年)写	○	×				重賢筆カ	
155	神無番・四・二	準	左氏伝抄一巻F	一冊	(江戸中期)写	○	×					
156	神無番・三	国	寐隠弁一巻	一冊	(宝暦五年)写	○	×				罫紙柱刻「鷲嘯閣蔵」	

157	二一史・一	漢	史記一百三十巻	二十冊	明万暦二四年刊至清康熙三〇年逓修	○	×					清康熙二五年印二十一史のうち、細井九皐編目等染筆
158	二一史・二	漢	前漢書一百巻	二十四冊	明嘉靖八至九年刊至清康熙二五年逓修	×	×					
159	二一史・三	漢	後漢書九十巻志三十巻B	二十冊	明嘉靖八至九年刊至清康熙三〇年逓修	○	×	明和元年七月七日(表海楼)～三年四月一二日	○	江	A〔一〇八・一・九〕の初期の会読記録と一致、ただし当該会読識語は上野霞山書入れ	
160	二一史・四	漢	三国志魏書三十巻蜀書十五巻呉書二十巻全六十五巻B	十二冊	明万暦二四年刊	○	×	①宝暦一二年六月一三日(点朱於行舟之中)～八月二九日(点朱於時習館中)～一三年五月八日(披雲閣)		江	①はA〔一〇七・三〇・二〕①と同時期のものか、①の会読識語はA・Bともに魏書第十五終了時まで、①は秋山玉山書入れ、玉山は宝暦一三年一二月一二日没、②はA〔一〇七・三〇・二〕②と同時期の会読、②の書入れは上野霞山	
								②明和七年四月一六日(表海楼)／明和八年四月～九年二月一六日／安永二年六月二六日～三年四月六日／安永四年四月二日(鷺嘯閣)～一〇月五日	○	江／江／江／江		
161	二一史・五	漢	晋書一百三十巻音義三巻	三十八冊	〔元〕刊至清康熙三〇年全逓修	×	×					
162	二一史・六	漢	宋書一百巻闕巻三十五至三十七、四十五至五十一	二十二冊	明万暦二二年刊至清康熙三〇年逓修	×	×					
163	二一史・七	漢	南斉書五十九巻	十冊	明万暦一八年序刊清順治一六至一七年修	×	×					
164	二一史・八	漢	梁書五十六巻	八冊	明万暦五年序刊清順治一五至一六年修	×	×					
165	二一史・九	漢	陳書三十六巻	四冊	明万暦一六年刊清順治一六年修	×	×					

通し番号	函架番号	分類	書名	量数	刊・写	書入れ	蔵書印	会読記録	日記との照合	書籍の所在	備考1	備考2
166	二一史・一〇	漢	魏書一百一十四巻	二十四冊	明万暦二五年序刊至清康熙二〇年逓修	×	×					清康熙二五年印二十一史のうち、細井九皐編目等染筆
167	二一史・一一	漢	北斉書五十巻	八冊	明万暦一六至一七年刊清順治一六年修	×	×					
168	二一史・一二	漢	周書五十巻	八冊	明万暦一六年刊至清康熙二〇年逓修	×	×					
169	二一史・一三	漢	南史八十巻	二十冊	明万暦一六至一九年刊至清康熙二〇年逓修	×	×					
170	二一史・一四	漢	北史一百巻	三十冊	明万暦一六至二二年刊至清順治一六年逓修	×	×					
171	二一史・一五	漢	隋書八十五巻	二十冊	明万暦二二至二三年刊至清康熙二五年逓修	×	×					
172	二一史・一六	漢	唐書二百二十五巻釈音二十五巻	四十四冊	〔元大徳九年〕刊至清康熙二〇年逓修	○	×					
173	二一史・一七	漢	五代史記七十四巻	八冊	明万暦四年刊至清康熙二〇年逓修	○	×					
174	二一史・一八	漢	宋史四百九十六巻目三巻	百冊	明成化一六年序刊至清康熙二五年逓修	○	×					

175	三史・一九	漢	遼史一百一十六巻	八冊	明嘉靖八年刊至清康熙三〇年逓修	×	×					
176	三史・二〇	漢	金史一百三十五巻闕巻六十至六十二	十九冊	明嘉靖八年刊至清康熙三〇年逓修	×	×					
177	三史・二一	漢	元史二百一十巻	五十冊	〔明洪武三年序〕刊至清康熙二五年逓修	×	×					
178	佩文	漢	佩文斎書画譜一百巻闕巻八十六至一百	五十四冊	〔清雍正〕刊	×	②					

表1凡例

- 書名は原則として内題を掲出した。ただし、「五言絶句百首解一巻滄溟七絶三百首解二巻」を「絶句解」とするような処理を行った場合もある。内題外題ともにない場合には〔　〕を付し、推定した書名を掲げた。また、刊写年を推定した場合も〔　〕を付して掲げた。
- 函架番号を「三史・幾」「佩文」としたものについては、現時点で函架番号が付されておらず、書名をとって仮に函架番号とした。
- 分類の項で、「漢」は漢籍、「準」は準漢籍、「国」は日本人の著作であることを表わす。
- 備考2は所蔵形態についての注記である。
- この中には重賢の旧蔵書であるか否かの判定に一考を要するものもやや含むが、掲出しない不備を恐れ、存疑のものについても掲出することにした。
- この他、表1についての詳細は本文を参照のこと。

　　　　B　（一〇五・四・一二）〔江戸中期〕写

滄溟先生詩集　（一〇八・四・一〇・一三・一）〔江戸中期〕写

④　滄溟先生尺牘A　（一〇五・四・一〇）享保十五年刊

　　　　B　（一〇七・三九・一・三〇）享保十四年序刊　※AB異版

⑤　絶句解　A　（一〇六・一〇・一二・一五）〔延享三年〕刊

B（一〇七・三四・一〇・一）延享三年刊
C（一〇七・三四・一〇・二）〔延享三年〕刊後修　※ABC同版、ただしCのみ後修本

⑥　絶句解拾遺
A（一〇六・一〇・一二・一六）享保十九年序刊
B（一〇七・三四・一二）享保十九年序刊　※AB同版

①〜④は漢籍、⑤〜⑥は荻生徂徠（一六六六〜一七二八）が撰した準漢籍であるが、いずれも古文辞派（蘐園学派）が重んじた、詩文のテクストである。『唐詩選』は享保九年（一七二四）に服部南郭（一六八三〜一七五九）の校訂で刊行され、以後幕末まで幾度も改版された。この『唐詩選』の撰者に仮託されたのが明七才子の一人、李攀龍（字は于鱗、号は滄溟）である。南郭は掲出の『七才子詩』『滄溟先生尺牘』『絶句解』のそれぞれに序を撰している。

重賢の父宣紀以来の熊本藩の儒臣であり、藩校時習館の初代教授であった秋山玉山（一七〇二〜六三）と、古文辞派の重鎮服部南郭、そして熊本藩主細川重賢という三者の間の交遊については、これまでもしばしば指摘されてきた。そうした交遊は、それぞれが製作した詩文から顕著にうかがわれ、重賢襲封後の寛延三年（一七五〇）以降、南郭が没する宝暦九年（一七五九）まで続いたといわれる。(2)ここでは、そうした交遊関係が重賢の蔵書構成からもうかがわれる、という点を指摘したい。

重賢旧蔵書には、南郭が重賢に送ったという「贈熊本候序」が二点現存する（一〇八・四・二・三および四）ほか、南郭の著作である『寐隠弁』（神無番・一二）も現存する。さらに重賢旧蔵書には、前掲の①〜⑥の書物に関連するものとして『唐詩選類材』（一〇八・四・一〇・五・二）『七子詩集註解』（一〇五・三・一）『絶句解故事』（五・三・二九）『絶句解典故』（一〇八・四・一〇・六・一）『絶句解比肩』（一〇八・四・一〇・一三・三）『絶句解考証』（一〇八・四・一〇・一四・三）『続滄溟先生尺牘』（一〇七・三四・七）『李滄溟尺牘便覧』（一〇八・四・一〇・六・二）などが現存するほか、明七才子の一人、

王世貞（字は元美、号は弇州山人）の『弇州先生尺牘選』（一〇七・三四・八）なども現存する。こうした書物の存在により、重賢の作詩作文の規範が古文辞派にあったことが確認されるとともに、重賢と南郭との結びつきをあらためてうかがうことができよう。

（二）　蔵書の特性――その二　中国古代史への興味

重賢旧蔵書において第二に特徴的なのは、中国古代史、とくに春秋戦国時代への興味が顕著にうかがわれるという点である。

重賢旧蔵書には『春秋経伝集解』（一〇八・一・一一、〔江戸中期〕刊、晋の杜預による『春秋左氏伝』の注釈書）が現存する。該書に見えるおびただしい書入れからは、重賢が繰り返し通読したことが知られ、ほかの経書と比較しても『春秋左氏伝』への傾倒が突出していたことがうかがわれる。

また、前述のように、重賢旧蔵書には、同内容の書物が複数現存する場合があるが、以下の書物もまたその例である。

⑦　国語　A　（一〇五・五・一）〔江戸前期〕刊
　　　　B　（一〇五・五・三）〔江戸前期〕刊　※AB同版

⑧　戦国策『戦国策譚棷』（一〇五・六・三）〔江戸前期〕刊
　　　　（一〇七・三九・一・一六）〔江戸中期〕写

⑨　左氏伝抄E　（神無番・四・一）〔宝暦十年〕写
　　　　F　（神無番・四・二）〔江戸中期〕写　※EFは同内容(3)

⑩　左伝秘事Ａ　（一〇八・四・一〇・八・二）〔江戸中期〕写
　　　　　　Ｂ　（一〇八・四・一〇・二一・七）〔江戸中期〕写

『戦国策譚椒』は『戦国策』の和刻本のテクストである。写本の『戦国策』は寄合書（巻ごとに別筆、重賢の筆かと考えられる巻もあり）で、このテクストに対する重賢の思い入れの強さを推し量ることができる。『国語』『戦国策』は一面において、ともに中国春秋戦国時代を記録した史書であり、これらを読むことで『春秋左氏伝』に記される古代史についての知識を補強することができる（実際、重賢は『春秋経伝集解』と『戦国策譚椒』を同時期に会読している、表1「会読記録」参照）。一方、書名に「左氏伝」あるいは「左伝」を冠した⑨⑩のうち、⑨は『春秋左氏伝』の抄出本であり、⑩は『春秋左氏伝』の故事を『蒙求』の形式にならって、人名二字事績二字の四字成句で表したものの集成である。このうち⑨の『左氏伝抄』ＥＦはともに以下の元奥書を持つ。

右左伝中句語雋永者百三十餘則臣儀
奉
命抄上以貼
座右屛障朝夕観覧佐其諷誦焉時
東上《（ママ）》在即臣儀在扈従中挂一漏百亦所不免也
寛延四年辛未春二月十九日
臣秋山儀謹抄写上

（右の左伝の中、句語の雋永なる者百三十餘則、臣儀、命を奉じて抄上す。以て座右の屛障に貼り、朝夕に観覧し、其の諷誦を佐けたまふ。時に東上に在り、即ち臣儀、扈従の中に在り。一を挂けて百を漏らすも亦た免れざる所なり。寛延四年辛未春二月十九日、臣秋山儀謹んで抄写し上る。）

すなわち重賢は『春秋左氏伝』の抄出を玉山に命じて行わせ、それを屛障に貼り、つねに眺めては暗唱の助けにしたという。『春秋左氏伝』をめぐっては『春秋左伝古字奇字音釈』（一〇八・四・一〇・五・一、延享三年刊）『春秋左伝君大夫姓氏表』（一〇八・四・一〇・七・二、元文三年刊）『春秋左伝異名考』（一〇八・四・一〇・二二・一、延享三年刊）といった版本のほか、上記ＥＦとは別のＡ～Ｄ四点の抄出本（写本）が現存する。さらに撰者未詳の『左伝名語集』（一〇八・四・二・七）、上野霞山[4]（一七一三～九二）が撰した『左伝凡例』（一〇七・三九・一・二〇、明和九年写、『春秋左氏伝』中から「凡」が文頭にくる一節を抄出集成したもの）がある。

以上のように重賢旧蔵書からは、『春秋左氏伝』ひいては中国古代史に対する並々ならぬ興味をうかがうことができよう。

（三）　蔵書の特性——その三　重賢の著作について

ここで、重賢の著作について言及しておきたい。

重賢の著作のうち、現在最もよく知られるのは『韻選』であろう。これは、秋山玉山が序文を撰し、細井九皐（一七一一～八二）が版下を書き、宝暦七年（一七五七）に刊行された韻書である。重賢の旧蔵書には表紙や大きさを異にする『韻選』が三種現存する。中でＡ（一〇八・四・一〇・九）は、匡郭外の余白を広くとった大きめの特装本で、重賢の書入れが全編にわたって見える。

中野嘉太郎『細川越中守重賢公伝』[5]が掲げる重賢の著作（漢文資料のみ）には、「韻選　刊本小冊子一巻」のほか「井蛙笑具　一巻」「通鑑鈔　一巻」「世説鈔　一巻」「日記《ママ》万言　小冊子一巻」「銀台詩稿　六巻」がある。

このうち、現時点で永青文庫における現存が確認できるのは『井蛙笑具』（一〇七・三九・一・二九）、『通鑑抄』（一〇五・三・四）、『国記万言』（一〇八・四・二・一五）である。[6]

『井蛙笑具』は、『荀子』に見える「坎井之蛙不可以語東海之楽也」を筆頭に『荘子』や『文選』などからの抄録を配し、そのうえで井蛙であることを誡めた書で、明和元年の成立。『国記万言』は『文選』『世説新語（および補）』『春秋左氏伝』『論語』『詩経』などからの抄録の集成。『通鑑抄』は『資治通鑑』の抄出本である。現存するこれらの本は、いずれも字様により重賢の自筆本だと考えられる。

一方、秋山玉山の弟子で後に熊本藩儒となった高本紫溟（一七三八～一八一三）が重賢の事績を記した『銀台遺事』（寛政二年撰述）には、以下の記述が見える。

御著述とて、したりがほに政道の事など、書かせ給ふ事は、かりにもなかりき。只歴史のうちに、面白くゆかしき事どもを、蒙求の標題のやうにつゞらせ給ふ事有しかども、未だ終らねばとて、名をだに付給はざりき。

（『銀台遺事』巻四）[7]

じつは重賢旧蔵書には、外題内題ともになく、原書名未詳の四字成句集（一〇五・三・七、今仮に書名を〈四字成句集〉とする）が現存する。「仲叔飲水」「仲叔省煩」「趙孝尋到」など、『蒙求』の形式にならい、人名二字事績二字で構成される六百五十あまりの四字句を、徳行上下、言語上中下、政事、文学上中下などの項目別に分類集成する。おそらく、前掲の『銀台遺事』の記事にいう、書名さえ付されなかった重賢の著作とは、該書を指すのであろう。

そして、この〈四字成句集〉が重賢の著作だとすると、あらためて注目したいのが前項で言及した『左伝秘事』である。『左伝秘事』もまた、『蒙求』の形式にならう人名二字事績二字の四字成句の集成であり、A（一〇八・四・一〇・八・二）B（一〇八・四・一〇・二一・七）の二点が現存する。この二点はいずれも折本で、『左伝秘事』の背面に『蒙求標題』が書写されている。こうした形状からすると、『左伝秘事』が『蒙求』を念頭に置きつつ作られた四字成句集であることが明らかであろう。すなわち『左伝秘事』と〈四字成句集〉とはきわめてよく似た性格を持っているのである。ここで、やはり前項で確認した、執着といっても過言ではないほどの、『春秋左氏伝』に対する重賢の興味を考え合わせれば、『左伝秘事』もまた重賢の著作である可能性が浮上する。重賢は、こうした四字成句集の製作を好んでしたのではないだろうか。

(四) 書入れについて

表1「書入れ」の項の○×印は、重賢自身による書入れの有無を示したものである。一見して明らかなように、重賢旧蔵書の多くに重賢自身による書入れが見える。本によって書入れの量に違いはあるけれども、ここでは相対的に書入れの多いものを念頭に置いて説明する。

重賢の書入れは、本体部分に入れられた諸々の注の類と、会読のさいの識語との二つに大きく分類できる。本体部分に入れられた注には、本文中の句点、連合符、竪点(人名や地名の右に傍線を引く、人名は一重線、地名は二重線、朱筆の場合は朱引という)、返点、送仮名、振仮名、批圏点(強調したい本文の右傍に点や○を付す)などのほか、欄上欄外行間などに入れられる補注校注の類がある。こうした注は、あまり特殊なものではなく、漢籍などにはごく一般的に見られる書入れだといえるが、重賢に特徴的だと思われるのは、内題や見出しの行頭にしばしば付される標鉤(大ぶりの▲印を付す)と、袋綴じの折り目(版本の場合は版心の部分)の上部を朱で塗りつぶして作るインデックスであろう。インデックスは、すべての書籍に見えるわけではないが、たとえば『絶句解』の場合には詩体ごと、『論語』や『説苑』は篇ごと、『聚分韻略』や『詩韻輯要』などは韻の種類ごと、といった具合にインデックスが入れられている。

こうした重賢の書入れは、毎葉毎行丹念に行われ、欄上欄外行間にはしばしば（書入れにしては）大ぶりで大胆な重賢の字が並ぶ（図1）。また、朱、墨のみならず、藍、紫（朱と墨あるいは藍を混ぜたような色）など、色の異なる筆も見られる。そのため重賢旧蔵書には、本を開くと見開き一面が書入れで埋め尽くされているかのような印象を持つものがある。

一方、蔵書の中には、冊の首尾や巻の首尾などに、当該箇所の会読を行った旨の識語が見えるものがある（以下、会読識語とよぶ）。会読を実施した年月日のみが書き入れられた場合もあるが、会読の場所などがあわせて注記されている場合も多い。当該書を会読した毎回の日付がすべて書き入れられている書籍もあれば、会読が巻の首尾、冊の首尾におよんだときの開催日を記したと判断される場合もある。大半は重賢自身が書き入れたものと考えられ（例外もあり、後述）、その年月日は、その書物の読了までに行われた会読のいわば記録（会読記録）であり、それをたどれば、読了までにかかった期間、通読の回数などを知ることができる。

たとえば、前に言及した『春秋経伝集解』（二〇八・一・一二）の場合、第一冊の序の首には、寛延三年十二月十四日、宝暦二年六月十六日、宝暦七年九月八日、明和九年六月二十六日、安永七年閏七月二十六日の五つの会読識語が見える。これは、この五つの年月日のそれぞれが一続きの通読の開始日であることを示している。これ以降、第十五冊、巻三十の末尾までそれぞれの開始日に続く会読の開催日が縷々として記載されていく。表1「会読記録」の項は、そのように書き入れられた会読識語をたどり、一度の通読ごとの会読の年月日や場所をまとめたものである(8)（以下、通読の数を数える場合に「度」を用い、個々の会読を数える場合に「回」を用いる。表1「会読記録」に付した丸数字は何度目の通読かを示す）。ただし、すべての記録を表に入れ込むと煩雑に過ぎるため、可能な限り省略に従った。「〜」は、

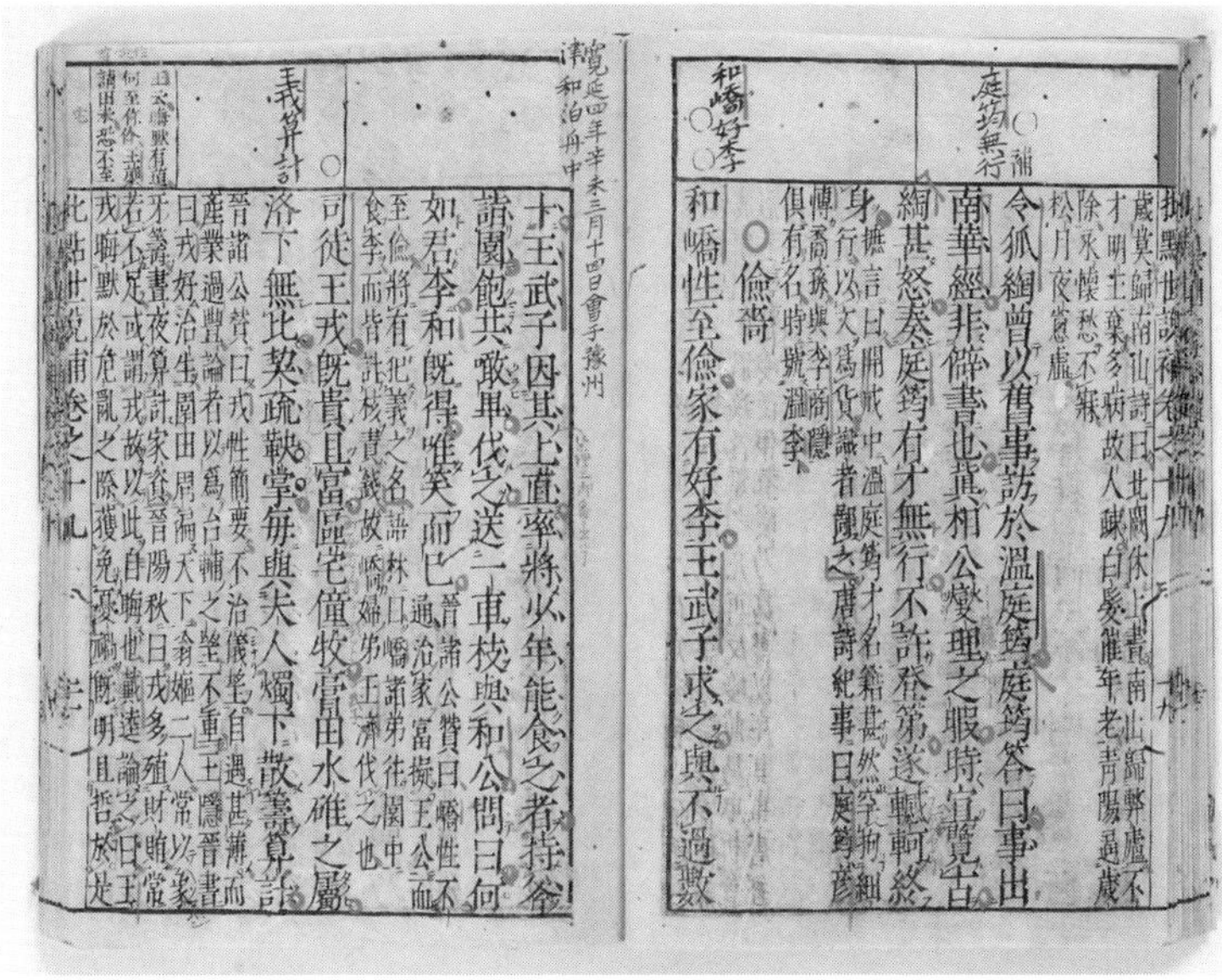

図１　重賢の書入れ（『李卓吾批点世説新語補』203, 40）

その期間に継続して会読が行われていたことを示す。会読場所がかわった場合には極力その年月日と会読場所を掲げた。「╱」はその前の会読から次の会読までに長い空白期間があることを示す。たとえば『後漢書』Ａ（一〇八・一・九）の場合、明和三年（一七六六）四月十二日の次に行われた会読は翌年五月二十九日であり、ここには一年以上の空白期間がある。この場合、空白期間は重賢が帰藩していた期間に一致し、参勤で江戸にいる間だけ『後漢書』の会読が行われたことが知られる。

以上、表１「会読記録」の項の説明を含め、重賢旧蔵書の書入れにおける特徴的な事項について述べた。会読の具体相については次節で述べることとしたい。

（五）　蔵書印について

現時点で確認できる重賢の蔵書印は、「鸞嘯」「鸞嘯閣」などと刻する鸞嘯閣系統、「披雲閣蔵書之印」「披雲閣」などと刻する披雲閣系統、「銀台文庫」「銀台副本」と刻する銀台系統の三系統に大きく分類できる。表１「蔵書印」の項における×印は、この三系統のいずれの蔵書印も見えないことを示す。以下に三系統の印記を系統別に掲出する。

（1）　鸞嘯閣系統

①「鸞／嘯」（八・三×八・二センチ、朱陽方）

②「鸞歗閣」（一一・二×五・二センチ、朱陰方）

③「鸞／歗」（二・九×二・一センチ、朱陽方）

④「鸞嘯閣」（五・五×四・一センチ、朱陽方）

⑤「鸞歗閣」（二・七×二・七センチ、朱陽方）

（2）　披雲閣系統

⑥「披雲閣／蔵／書之印」（八・五×八・三センチ、朱陽方）

⑦「披雲閣」（八・一×四・二センチ、朱陰方）

⑧「披雲／閣」（七・二×七・三センチ、朱陰方）

（3）　銀台系統

⑨「銀台文庫」

⑩「銀台副本」

表1「蔵書印」の項の記号は、本項で掲出する記号に対応する。一見して明らかなように、重賢旧蔵の漢文資料には必ずしもこれらの蔵書印がない。むしろないもののほうが多い。しかし、数は少ないものの、これらの蔵書印の様態を通じて学問や書物に対する重賢の姿勢をうかがうことができる。本項では、この点について考えてみたい。

前掲の三系統の蔵書印のうち、漢文資料に見えるのは、①②③⑥⑨である。鸞嘯閣は江戸上屋敷、龍ノ口邸にある重賢の書斎の名であり、披雲閣は熊本の花畑館にある書斎の名である。前述のように重賢旧蔵書には、それぞれの書籍の会読を行った場所や年月日が詳密に書き入れられているものがあるが、鸞嘯閣、披雲閣両所の名は、書籍の会読の場として、そうした書入れに頻繁に見えるものであり、両所が重賢にとって主要な文事の場であったことがうかがわれる（表1「会読記録」参照）。

さらに①、⑥の蔵書印をめぐっては興味深い事象が存する。①、⑥はほぼ同大で、大名の蔵書印らしい大判方形の陽印であるが、その真下に、これらとほぼ同大の陰印を有する場合がある。そして、その陰印のうち、①´「亭在／蘇門／深処」は決まって①「鸞／嘯」の下に捺され（図2）、⑥´「誤書／思之更／是壱適」は決まって「披雲閣／蔵／書之印」の下に捺されている（図3）。こうした点からは、①と①´、⑥と⑥´は、そもそも陽印と陰印とでそれぞれ一具を成すものであり、そのように用いられるべく企図された蔵書印ではなかったかと推測される。ここで注目したいのは、①´および⑥´にそれぞれ典拠が存するという点である。

最初に⑥´の典拠を見てみたい。「誤書思之更是一適」は、『世説新語補』（文学下）に「邢子才有書甚多、不甚讎校、嘗謂、誤書思之、更是一適。（邢子才に書有ること甚だ多し、甚だしくは讎校せず、嘗つて謂ふ、誤書之れを思ふは、更に是れ一適。）」とあるのを典拠とする。北斉の邢邵（字は子才）は自らの蔵書の校訂にあまり熱心ではなかった。その理由について彼自身が「誤字のある書を読んで、字の誤りを推し考えるのもまた一興だからだ」と言ったという。

この一節を自らの蔵書印とする人物がいかに読書を好んだか、その好学ぶりが顕著にうかがえる蔵書印であろう。重賢の旧蔵書には『世説新語補』が現存する（『李卓吾批点世説新語補』二〇三・四〇）。その書入れからは、襲封前の延享四年（一七四七）七月五日から、没年である天明五年（一七八五）二月十六日（十月二十六日没）まで、繰り返し該書を読んだことがわかる。蔵書印の文言である「誤書思之更是一適」の箇所に特別な書入れは見えないものの、全冊にわたるおびただしい書入れは、該書に対する持ち主の賞翫ぶりを如実に示すものと考えられる。

次に①′について見てみよう。①′の典拠は以下の『晋書』の記事だと考えられる。

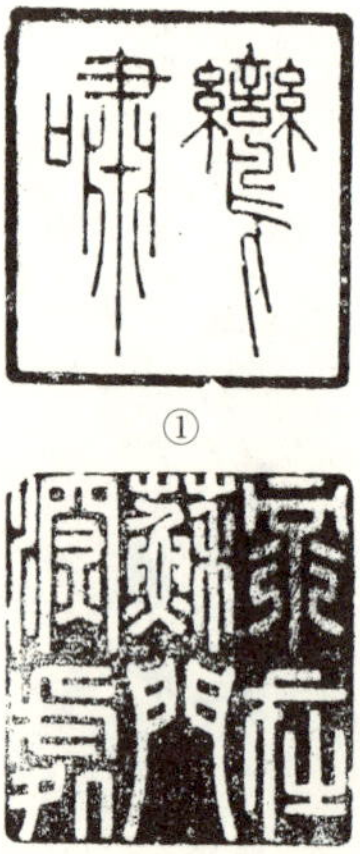

①

①′

図2　鸞嘯閣系統蔵書印

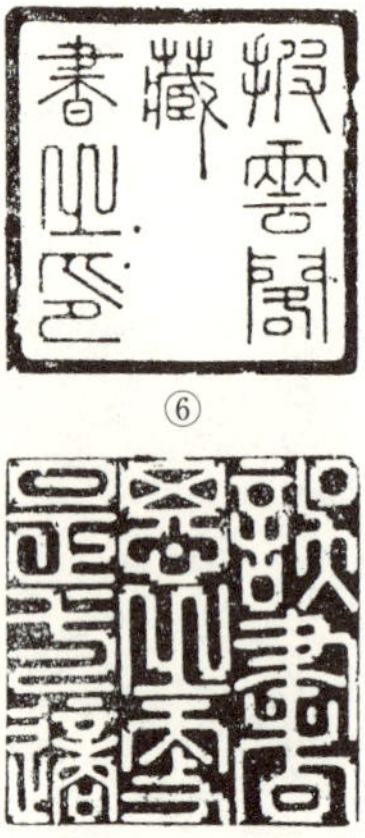

⑥

⑥′

図3　披雲閣系統蔵書印

籍嘗於蘇門山遇孫登。与商略終古及栖神導気之術。登皆不応。籍因長嘯而退。至半嶺、聞有声若鸞鳳之音響乎巌谷。乃登之嘯也。

（籍嘗て蘇門山に於て孫登に遇ふ。与に終古を商略し、栖神導気の術に及ぶ。登皆な応へず。籍因りて長嘯して退く。半嶺に至り、声有りて鸞鳳の音の若く巌谷に響くを聞く。乃ち登の嘯なり。）

（『晋書』阮籍伝）

竹林の七賢の一人、阮籍がかつて蘇門山に行き、孫登の嘯く声を聞いた。その声は、まるで鸞鳳の鳴き声のようだったという。この本文には、傍線部分の「蘇門」のほか、傍点のように「鸞」「嘯」も見えていて、鸞嘯閣という書斎の名の典拠もここにあった可能性を示唆するが、今はこの問題に踏み込まない（なお、阮籍が蘇門山で隠者の嘯く声を聞くという故事は、『世説新語補』（棲逸）および、その注所引の『魏氏春秋』にも見える。その嘯く声を『世説補』本文は「如数部鼓吹」とし、『魏氏春秋』は「如鳳音」とする）。問題はこの故事が世俗を超越した隠者を称える内容を持つ、という点である。さらにこの『晋書』の記事は以下のように続く。

遂帰著大人先生伝、其略曰、世人所謂君子、惟法是修、惟礼是克。手執圭璧、足履縄墨。行欲為目前検、言欲為無窮則。少称郷党、長聞隣国。上欲図三公、下不失九州牧。独不見群蝨之処褌中、逃乎深縫、匿乎壊絮、自以為吉宅也。
（遂に帰りて大人先生伝を著す、其略に曰はく、世人の謂ふ所の君子、惟だ法は是れ修め、惟だ礼は是れ克くす。手に圭璧を執り、足に縄墨を履く。行かんとして目前の検を為さんと欲し、言はんとして無窮の則を為さんと欲す。少く郷党を称ひ、長く隣国を聞く。上は三公に図らんと欲し、下は九州の牧を失はず。独り群蝨の褌中に処るを見らず、深縫に逃げ、壊絮に匿れ、自ら以て吉宅と為すなりと。）

蘇門山から帰った阮籍が著わした『大人先生伝』には「礼俗にとらわれた君子とはまるで、自らはそれとは悟らずに、フンドシにいる虱のような存在だ」と述べられていたという。

藩主としての重賢は、何を思って阮籍のこの逸話を蔵書印としたのだろうか。世俗を離れた隠者への憧憬だろうか。虱のような藩主にはなるまいという戒めだろうか。あらためて考えてみるべき課題だと思われる。

ただし、①と①′、⑥と⑥′がそれぞれ一具として捺されている蔵書は少ない。①と①′がともに捺されるのは『滄溟先生集』A（一〇五・三・五）『列子鬳斎口義』（一〇七・三四・四）『唐陸徳明荘子音義』（一〇七・三四・五）『唐詩選』C（一〇八・四・一〇・一六）『三国志』A（一〇七・三〇・二）の五点のみであり、⑥と⑥′がともに捺されるのは『絶句解故事』（五・三・二九）『七子詩集註解』（一〇五・三・一）『杜律集解』（一〇五・四・五）『滄溟先生尺牘』A（一〇五・四・一〇）の四点のみである。①′⑥′が前述のような典拠を持ち、そこに重賢自身にとって特別な意味が込められているとしたら、なぜこれらの蔵書印があまり捺されていないのか。この点についても考察する必要があろう。

ところで、「銀台文庫」の蔵書印が捺される書物で、重賢旧蔵書だと考えられるのは、現時点で一点のみである（『毛詩品物図攷』五・七・五五）。「銀台文庫」の蔵書印が捺される書物には、重賢没後に書写、刊行された書物が多く含まれ、必ずしも重賢旧蔵と見なすことができない。「銀台」は江戸の白銀邸に由来するものと考えられる。重賢が銀台公と呼ばれたことについては『銀台遺事』に「君の別館、芝の白銀台にありしかば、世に銀台侯とも申き」（巻二）と見える。ただし、漢籍の会読の場として銀台の名が書き入れられる例は一例のみで[9]、鸞嘯閣や披雲閣に比してきわめて少ない。一方、①⑥以外の鸞嘯閣系統、披雲閣系統の蔵書印についても、それらが捺される蔵書に、重賢没後に書写、刊行された書物が多く含まれるという点で「銀台文庫」の蔵書印と事情は共通している。おそらく、重賢旧蔵書が所蔵されていた鸞嘯閣、披雲閣、銀台邸には、やがて文庫が形成され、そこに所蔵された書物については、後人がそれぞれの蔵書印を捺したのであろう。この点を重賢以前の藩主の蔵書印が確認されていないことと考え合わせれば、永青文庫の蔵書が形成される過程において、重賢旧蔵書（漢文資料以外も含めて）が果たした役割がきわめて大きなものであったことが推察されよう。

二　学問としての会読

（一）　会読の概要

前述のように重賢旧蔵書には、会読識語を持つものがある。表1「会読記録」は、そうした識語を整理、集成したものであり、この項を見れば、重賢が生涯にわたり、いかに多くの書物を会読したのかが如実にうかがわれる。

延享四年（一七四七）八月十六日、熊本藩主であった兄宗孝が急逝し、同年十月四日に重賢が家督を継いだ。重賢旧蔵書のうち、最も早い会読記録を持つのは『杜律集解』B（一〇八・四・一〇・七・一）で延享二年四月九日、次いで『李卓吾批点世説新語補』（一〇三・四〇）が延享四年七月五日、いずれも襲封前の会読である。さらに襲封直後の延享四年十二月八日から二十四日にかけて『唐詩選』C（一〇八・四・一〇・一六）を会読し、翌寛延元年一月二十九日から『絶句解』B（一〇七・三四・一〇・一）の会読を開始している。同年四月十八日、重賢は初入国のため江戸を出発したが（熊本到着は五月二十七日）、『絶句解』Bの会読はこの道中も引き続き行われ、四月二十九日に藤沢駅で読了した。

これ以降、没年の天明五年（一七八五）まで、大きな間断なく連綿と会読が続けられている（重賢はこの年の十月二十六日没）。識語によれば、没する五箇月前の五月十六日まで会読していた（日記によれば、生前最後の会読は六月十六日）ことが推定される『論語集注』B（一〇七・三九・一・一五）は、インデックスのみが全冊にわたって書き入れられ、句点や朱引、欄上行間の補注の書入れは、第二冊途中までで途切れている。

重賢は生涯にわたって会読を行っているが、最も精力的に行っていたのは、宝暦五年（一七五五）、三十六歳の頃から宝暦九年、四十歳の頃まででではないかと考えられる。表2は、その前後を含めた期間の会読の模様を時系列でまとめたものである。

表2のうち、丸数字は表1の「会読記録」の項の丸数字に対応し、何度目の会読かを示す。ゴチック書体で示した書物は、一度（一続き）の会読中に空白期間があるものである。たとえば宝暦三年十二月十六日から翌宝暦四年四月十七日まで行われた『唐詩選』A（一〇五・四・七）の一度目の会読はこの期間では読了せず、続きの会読が宝暦五年四月十二日から十月五日まで行われている。

表2からは、さまざまな書物が並行して会読される模様が見て取れる。宝暦五年といえば、正月七日に藩校時習館が開講する一方で、宝暦の改革が引き続き行われている最中である。しかし、重賢旧蔵書に記録される会読の軌跡からは、宝暦の改革との関係がほとんど見えてこない(10)。

宝暦九年頃を境としてそれ以降、三つ以上の書物を同時に会読するような、それまでの猛烈な読みぶりは影をひそ

表2　重賢会読年表（宝暦3年12月～12年5月）

年	月	重賢の在処	会読の記録
宝暦3年	12月	←	12・7絶句解B（一〇七・三四・一〇・一）② 12・16 ←→ 唐詩選A（一〇五・四・七）①—1
宝暦4年（重賢35歳）	1月		
	2月		
	閏2月		
	3月		
	4月	4・28江戸発 ←	4・17（唐詩選A 終）
	5月		5・18～25国語A（一〇五・五・一）①—4
	6月	6・3熊本着 →	
	7月		
	8月		
	9月		春秋経伝集解（一〇八・一・一一）②—1
	10月		
	11月		
	12月		12・13 ←→（国語A）
宝暦5年（36歳）	1月		
	2月	2・29熊本発 ←	国語A（一〇五・五・一）①—5
	3月		3・11滄溟尺牘A（一〇五・四・一〇）② 3・21～28謀野集刪A（一〇五・三・二）①
	4月	4・1江戸着 →	4・12 ←→（唐詩選A） 4・20 → 滄溟尺牘A（一〇五・四・一〇）③
	5月		5・15（国語A 終） 5・20 ←→ 説苑A（一〇五・四・一）
	6月		
	7月		7・10（説苑A 終） 唐詩選A（一〇五・四・七）①—2
	8月		8・6詩経A（一〇七・三四・一四） 滄溟尺牘B（一〇七・三九・一・三〇）
	9月		
	10月		10・5（唐詩選A 終） 10・12 → 10・14 →
	11月	←	11・21 →

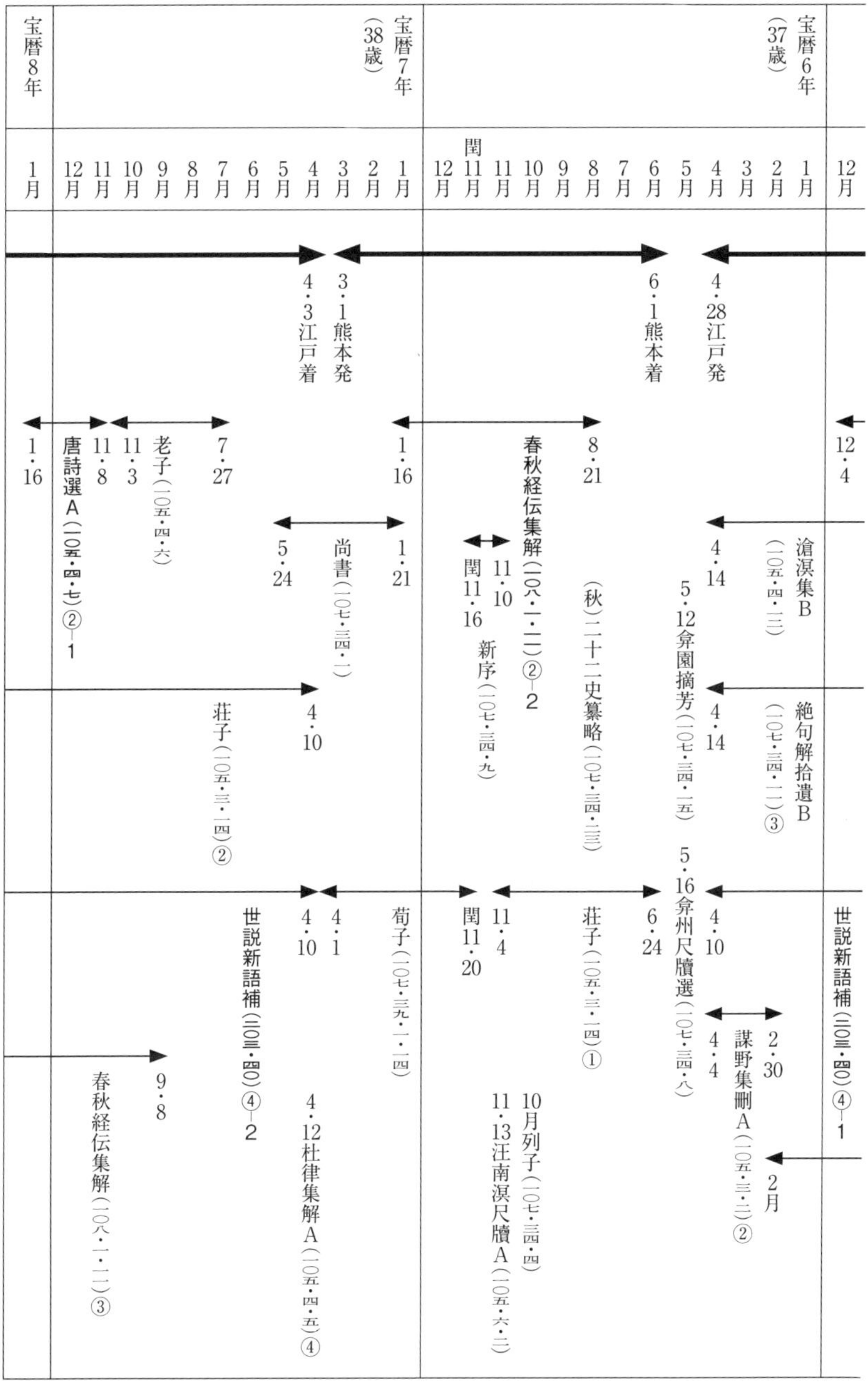
宝暦6年（37歳）
宝暦7年（38歳）
宝暦8年
12月
1月 2月 3月 4月 5月 6月 7月 8月 9月 10月 11月 閏11月 12月
1月 2月 3月 4月 5月 6月 7月 8月 9月 10月 11月 12月
1月
4・28江戸発
6・1熊本着
3・1熊本発
4・3江戸着
12・4
8・21
春秋経伝集解（一〇八・一・一一）②−2
1・16
7・27
老子（一〇五・四・六）
11・3
11・8
唐詩選A（一〇五・四・七）②−1
1・16
4・14
滄溟集B（一〇五・四・一三）
5・12弇園摘芳（一〇七・三四・一五）
（秋）二十二史纂略（一〇七・三四・一三）
11・10
閏11・16
新序（一〇七・三四・九）
1・21
尚書（一〇七・三四・一）
5・24
4・14
絶句解拾遺B（一〇七・三四・一一）③
4・10
荘子（一〇五・三・一四）②
世説新語補（三〇三・四〇）④−1
4・10
5・16弇州尺牘選（一〇七・三四・八）
6・24
荘子（一〇五・三・一四）①
11・4
閏11・20
荀子（一〇七・三九・一・一四）
4・1
4・10
世説新語補（三〇三・四〇）④−2
2・30
4・4
謀野集刪A（一〇五・三・二）②
2月
10月列子（一〇七・三四・四）
11・13汪南溟尺牘A（一〇五・六・二）
4・12杜律集解A（一〇五・四・五）④
9・8
春秋経伝集解（一〇八・一・一一）③

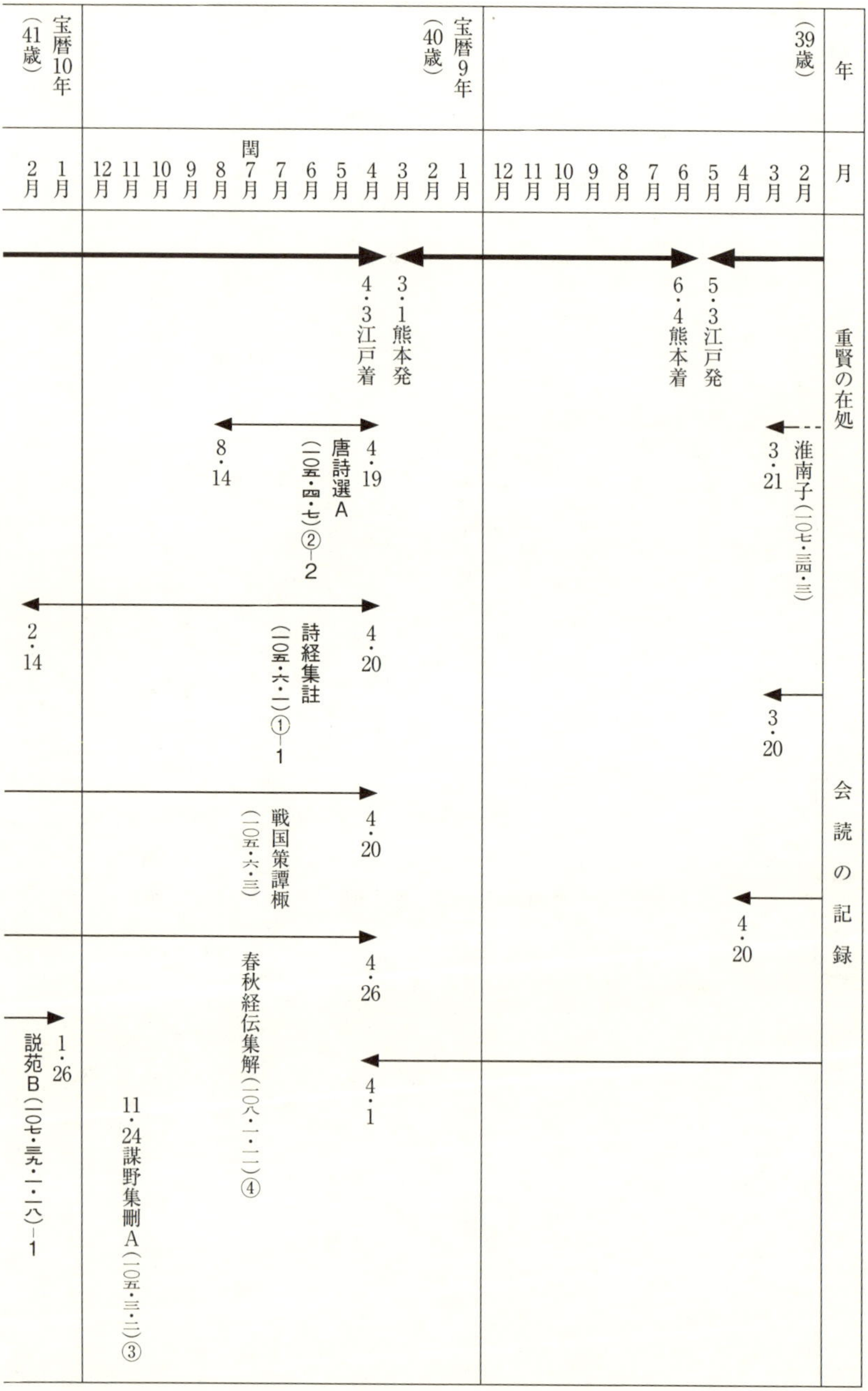

年
（39歳）
宝暦9年（40歳）
宝暦10年（41歳）
月
2月 3月 4月 5月 6月 7月 8月 9月 10月 11月 12月
1月 2月 3月 4月 5月 6月 7月 閏7月 8月 9月 10月 11月 12月
1月 2月
重賢の在処
5・3江戸発
6・4熊本着
3・1熊本発
4・3江戸着
会読の記録
淮南子（一〇七・三四・三）
3・21
唐詩選A（一〇五・四・七）②—2
4・19
8・14
3・20
詩経集註（一〇五・六・一）①—1
4・20
2・14
4・20
戦国策譚椒（一〇五・六・三）
4・20
4・26
春秋経伝集解（一〇八・一・二）④
4・1
1・26
説苑B（一〇七・三九・一・一八）—1
11・24謀野集刪A（一〇五・三・二）③

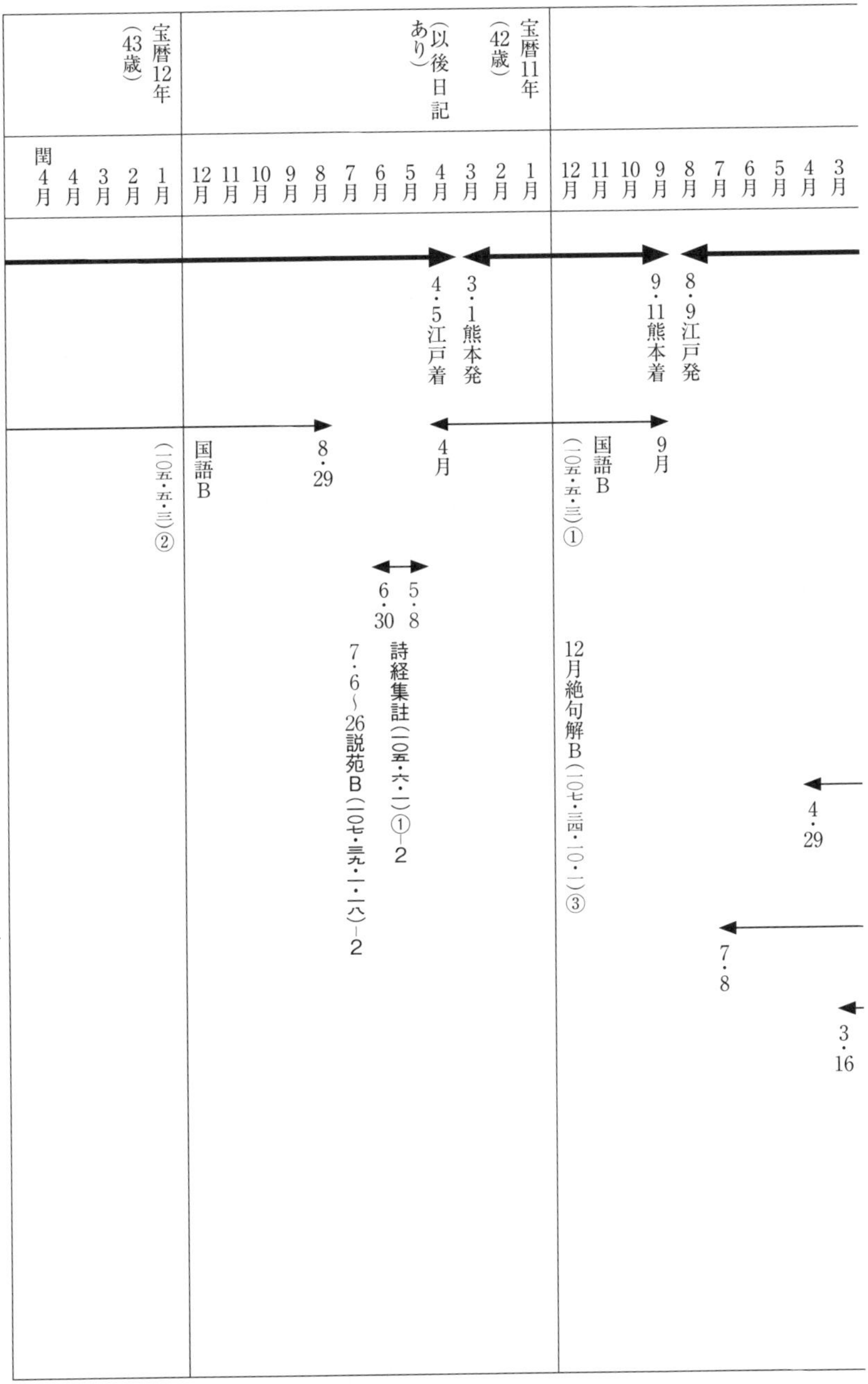
宝暦11年
（42歳）
（以後日記あり）
宝暦12年
（43歳）
3月 4月 5月 6月 7月 8月 9月 10月 11月 12月
1月 2月 3月 4月 5月 6月 7月 8月 9月 10月 11月 12月
1月 2月 3月 4月 閏4月
8・9江戸発
9・11熊本着
3・1熊本発
4・5江戸着
9月
国語B
（一〇五・五・三）①
4月
8・29
国語B
（一〇五・五・三）②
12月絶句解B（一〇七・三四・一〇・一）③
5・8
6・30
詩経集註（一〇五・六・一）①−2
7・6〜26説苑B（一〇七・三九・一・一八）−2
4・29
7・8
3・16

年	月	重賢の在処
	5月	←5・22江戸発　←5・20

め、比較的大部の書籍を長期間かけて会読するようになる。とくに晩年に向かってこの傾向は強くなる。たとえば『漢書評林』（一〇五・一〇）は、安永八年（一七七九）五月十六日から天明四年三月二十六日までの約五年をかけ、参勤で江戸に上るごとに会読を行って読了したが、その間、江戸においてほかの書物を会読した記録はない。『漢書評林』の後、『李卓吾批点世説新語補』（二〇三・四〇）の七度目となる会読を終え、引き続き『論語集注』Bの会読を開始し、読了を見ずに途中で没することになるが、その間、やはりほかの書物が会読された形跡はない。

重賢の会読に特徴的なのは、同じ書物を幾度も会読する点であろう。『李卓吾批点世説新語補』を七度会読しているほか、本稿でたびたび言及してきた『春秋経伝集解』（一〇八・一・一一）についてもまた、都合七度の会読を行っている[11]。そのほか二度三度会読した書物は枚挙にいとまがない。

ところで、『銀台遺事』には、重賢の会読について以下の記事が見える。

若くましく〱ける程より、学文を好み給ひ、常に書籍を遠ざけ給はず、狩に出で給ふにも、かならずもたらしむ、日ごとに朝御膳すみては、かならず書を御覧あり、又月に六度の会業ありて、近侍の人々を召つどへてよみ給ふ、（中略）もし会の日さはる事あれば、かならず日をかへて、六度の数を満て給ふ、

（『銀台遺事』巻三）

この記事の信憑性を確かめる資料に、宝暦十一年（一七六一）から没年の天明五年（一七八五）までが現存する（日記の記載は七月まで）、重賢自筆の日記（霊感院様御懐中日記）[12]がある。日記では、会読の開催日に、それとわかる印が付される（明和七年〈一七七〇〉まではともに会読をした人物の名が記される）ほか、新たに会読を開始した書物がある

場合にはその書物の名が記入される（ただし日記における会読の記載は参勤で江戸にいるときのみ）。そこで日記の現存箇所の会読記録と蔵書のそれとを照らしてみると、それらがほぼ一致することが確認できる（表1「日記との照合」の項の○印は会読記録が日記の記載と一致することを示す）。そして、こうした作業を通じて、前掲の『銀台遺事』の記述、すなわち、月に六回の会読、というのがけっして誇張ではなく、かなり事実に近いものであることを検証することができる（晩年は月に三回の会読になる）。

『銀台遺事』はさらに、重賢が会読にさいして「およそ会読は、あらかじめよみおきてこそ、其甲斐もあれとて、したみといふ事を、一度もおこたり給は」なかったことを述べる（巻三）。重賢は、少なくとも襲封から没するまでの三十八年間、毎月数回の会読とその準備を怠らなかったものと推測される。

（二） 会読の場と書物の移動

前述のように、宝暦十一年（一七六一）以降の会読については重賢の日記を参照することができるが、不可解なことにこの日記では、江戸で開催された会読についてはほぼ遺漏なく記載されていることが推測できるものの、熊本で開催された会読についてはその記載がきわめて少なく、あたかも熊本ではあまり会読が行われていないかのような印象を受ける。しかしながら蔵書に書き入れられた識語からすると、熊本でも会読が行われていたと考えることができる。すなわち重賢の会読は、江戸、熊本を問わず行われたと考えられるのである。さらに会読は、参勤のために熊本と江戸との間を移動する道中においても頻繁に行われている。

このような場を移しての会読は、必然的に書物の移動を促す。表1「会読記録」の項の下に設けた「書籍の所在」の項は、会読のさいに書物がどこにあったのか、その所在を示したものである。「江」は江戸を「熊」は熊本をそれぞれ表す。これを見ると、終始江戸にあったことが推測される書物もあるが、移動を繰り返した書物も多い。就中七度の会読が行われた『李卓吾批点世説新語補』（二〇三・四〇）と『春秋経伝集解』（一〇八・一・一一）は、会読識語によって確認できるだけでも、前者が六回、後者が九回、江戸と熊本との間を移動している。

以上のように重賢は、場所を問わず会読を行っているように見える。しかしながら、そうはいうものの、江戸での会読と熊本でのそれとでは、自ずと何らかの相違が生じるに違いない。書物の移動は可能であるが、人の移動はなかなか容易ではないからである。会読の参加者については次項で述べるが、秋山玉山や上野霞山のような藩儒であれば自らの参勤に同道させることができるが、服部南郭やその周辺の文人たちを江戸から熊本へと移動させることはできない。重賢はしばしば、一続きの会読を江戸でのみ行っている。帰藩によっていったん会読を中断し、次の参勤のさいに中断した箇所から再度会読を始め、そうして数年かけて読了するのである。こうした会読の仕方の場合、知識を身につけるという点においては、たとえ重賢が人並みはずれた記憶力の持ち主であっても、帰藩のために生じる会読の空白期間が大きな障碍となるに違いない。このように考えると、重賢旧蔵書に書き入れられたおびただしい会読識語は、そもそも備忘のためだったのではないか、と思われてくる。会読の進捗状況を書き入れるのは、場の移動によって生じるであろう記憶の空白を埋める手立てであったように思われてならない。

ここで再び書物の移動ということに視点を戻してみたい。重賢は、帰藩にあたり、道中に何を読むか、熊本で何を読むか、江戸から熊本へどの書籍を持って帰るかなど、学問のための段取りに頭を悩ませたことだろう。前述のように、人は移動できなくても、書籍の移動は可能だからである。参勤による会読の場の移動は、一方で書籍の頻繁な移動を、もう一方でおびただしい会読識語を生んだ、ということになろうか。

（三）　会読の参加者

会読の参加者として、最初に名前を挙げなければならないのは秋山玉山であろう。玉山が重賢の参勤に随従して江戸と熊本を往復していた点については、『銀台遺事』に以下の記事が見える。

前教授秋山定政、一名儀、字子羽、玉山と号す。高名のものなり、君ことに寵愛ありて、関東参勤の度にも、かならず召具しなどし給ひて、ひたすら教育すべき暇もなかりき（『銀台遺事』巻二）

じつは、重賢旧蔵書には、玉山が会読識語を書き入れた書物が現存する。元至明刊『二十一史』中の『三国志』B（二一史・四）がそれである。玉山の書入れは魏書第一巻から魏書第十五巻まで見えるが、より正確にいえば、魏書第一巻から第三巻までの、宝暦十二年（一七六二）六月十三日から同年八月二十九日までの書入れは「宝暦十二年壬午秋八月二十九日点朱於時習館中／臣秋儀」（魏書第三巻尾）などとあって会読のさいの識語ではなく、重賢との会読に向けて玉山が準備をした、その準備のさいの識語だと考えられる。したがって会読識語の書入れは、魏書第四巻から第十五巻まで、宝暦十二年十月七日から宝暦十三年五月八日までということになろう。

ところで、重賢旧蔵書にはもう一点『三国志』が現存している。『三国志』A（一〇七・三〇・二）である。じつは『三国志』Aには、『三国志』Bの玉山による会読識語とほぼ同時期にあたる会読識語が、重賢の手で書き入れられている。すなわちAとBの会読記録は、細かな点で相違がみられるものの、おおよそのところで一致し、それぞれに記録される会読は同じものであった可能性が高い。したがってこの場合、会読にさいして重賢と玉山は、同内容の二つの伝本をそれぞれが別に用いていたことになる。重賢旧蔵書では、この例と同じく、同内容の別伝本が同じ会読記録を持つ例がしばしば見える。こうした例については表1「備考1」の項に注記した。今はこの問題に詳しく立ち入る準備がないが、こうした例は会読の具体相を考える重要な手がかりを提供するものであり、会読のさいに互いの伝本がどれほど参照されたのかなど、今後の精査が必要だと考える。

さて、『三国志』ABにおいて、宝暦十三年五月八日（Aは五月七日）に続く会読記録は見えない。このとき重賢と玉山は熊本にいた。じつは、宝暦十三年は、病気のために参勤を延引していた重賢が、九月一日に熊本を出発している。玉山はこの参勤には同道せず、この年十二月十二日に没した。すなわち、『三国志』ABの会読は、玉山にとって最後の会読であった。おそらく玉山の死によって、このときの会読は途中で頓挫したのだろう。

この後、重賢とともに『三国志』を会読したことが知られるのは、上野霞山である。玉山による会読識語が見える『三国志』Bには、玉山のそれとともに、明和七年（一七七〇）四月十六日から安永四年（一七七五）十月五日まで、霞山によって書き入れられた会読識語が全巻にわたって存する。また、玉山の場合と同じく『三国志』Aには、Bの霞山の会読識語とほぼ一致する時期の会読識語が、重賢によって書き入れられており、やはり重賢と玉山とが『三国志』AとBとを、それぞれ参照しながら会読を行ったことがうかがえる。

このほか、重賢旧蔵書に現存する『後漢書』A（一〇八・一・九）B（二一史・三）についてもそれぞれ、明和元年七月七日から三年四月十二日までの会読記録が、Aには重賢によって、Bには霞山によって書き入れられており、『三国志』の場合と同様に、重賢と霞山とがABそれぞれの本を参照しながら、ともに会読に参加していたことがわかる。

以上のように、蔵書の会読記録から見ると、玉山の死後、儒臣としての玉山の役割の一端を上野霞山が担っていたことがうかがわれる。前に言及したように、重賢旧蔵書には『左伝凡例』（一〇七・三九・一・二〇）や『三国人物附属考』（一〇八・四・二・二）など、霞山の著作と考えられるものが現存する。また、本稿では言及できなかったが、永青文庫には重賢や玉山とともに詠んだ霞山の漢詩も現存する。今後、重賢と霞山との、そして玉山と霞山との関係について、丹念に調査する必要があろう。

一方、重賢の日記の記載によれば、江戸の会読に参上している人物として「仲英」「太冲」の名前が見える（「太冲」は、上述の『後漢書』『三国志』の会読にも参上）。「仲英」は服部仲英（一七一三〜六七）のことだろう。仲英は字。号は白賁。享保十八年（一七三三）に南郭に入門し、宝暦三年（一七五三）、南郭の四女登免子を娶って南郭の養嗣子となった。長男元定は、熊本藩士武藤左一兵衛の養子となっている。[13]

じつは「仲英」の名は、重賢旧蔵書の会読識語の二箇所に見出される。重賢自身が書き入れた会読識語に人名が記される例はこの二箇所のみであり、きわめて特異な例である。二箇所のうちの一つは『春秋経伝集解』（一〇八・一・一一）巻十三の尾に「宝暦九年閏七月廿九日仲英」とあるもの、もう一つは、『唐詩選』A（一〇五・四・七）巻七に同じく「宝暦九年閏七月廿九日仲英」とあるものである。両者がまったく同じ年月日なのは偶然ではあるまい。というのも、この前月、六月二十一日に、服部南郭が没しているからである。『春秋経伝集解』と『唐詩選』の会読識語に見える「仲英」は、南郭の逝去に伴い、南郭のかわりに服部仲英が参上したことを示すのであろう。このことはすなわち、逝去するまでは、南郭が会読に参上していたことを意味する。

日野龍夫氏は、秋山玉山の「哭二服君子遷一」其二の注に「翁、六月廿一日を以て逝く。是より先、十有八日、猶ほ吾が侯の為に左氏を授く。第三句、故に云ふ。」とあることから、六月十八日に南郭が重賢に左伝を講じたと推測している。さらに日野氏は、仲英の坪井喜六宛て書簡に「八日、細川侯へ会に御出。例の通夜四ツ時御帰り被成」「十八日、細川侯会日、御出。例の通夜四ツ時御帰り」という記述が見えることから「（南郭は）毎月八の日は細川侯に講釈に参上することになっていたのであろうか」と推測する。[14]

以上の事柄を踏まえると、南郭は、定期的に行われる重賢の会読に、最晩年まで参加していたと考えられる。本節第一項で、宝暦九年頃までさまざまな書物の会読を精力的に行っていた重賢が、それ以降、そうした猛烈な会読のスタイルを変えていくことに言及したが、そのような重賢の変化は、やはり南郭の死と無関係ではないだろう。

以上、会読の参加者について、重賢旧蔵書からうかがわれる事柄について言及した。

南郭の死後、重賢の会読のスタイルが変化するとはいうものの、日記を検すると、「仲英」と「太冲」とはかわるがわる重賢のもとに参上し、せっせと会読を行っている。多いときには月に八〜九回、少なくとも五回の会読が定期的に行われている。ところが、こうした会読のあり方は仲英の死によって変化を余儀なくされる。明和四年（一七六七）、服部仲英は、重賢が帰藩している間に没したらしい。同年四月九日に江戸に到着して以降、日記に登場する名は「太冲」のみとなり、毎月の会読の回数もそれまでの約半数の三〜四回（多くて五回）となった。しかしながらそれでも重賢は、没する四箇月前まで大きな間断なく会読を続けている。

西田耕三氏は、蘭亭、南郭、玉山、仲英などの死を経て、文芸における重賢の興味が漢詩文から俳諧へと移行したのではないかと論じた(15)。そうだとするならば、重賢が最晩年まで会読を続けたのは何のためだったのか。重賢の蔵書の書入れについて詳細かつ網羅的に検討する必要があるだろう。

おわりに

重賢旧蔵の漢文資料を見わたし、そこからうかがえる学問の有り様について述べた。資料の数が多いうえに稿者の力不足も加わり、そのために言及すべきにもかかわらず言及できなかった点が多々ある一方、細かい煩雑な説明に終始した面もあり、大方の寛恕を心より請う次第である。

本稿で指摘した問題を含め、重賢旧蔵の漢文資料をめぐる課題はいまだに山積している。さらに、言うまでもなく、漢文資料は重賢の蔵書の一面に過ぎず、重賢の蔵書全体から漢文資料を照射する視点も必要だろう。いずれにしても、今後さらなる考究を目指したい。

註

（1）準漢籍の分類については、高橋智、高山節也、山本仁「漢籍目録編纂における準漢籍の扱いについて」（『東京大學總合圖書館準漢籍目録』東京堂出版、二〇〇八年、初出は二〇〇四年十二月）に従った。ただし、『左伝名語集』（一〇八・四・二・七）のように漢籍に基づく文献で、撰者未詳の写本については、すべて準漢籍に分類した。また、漢籍、準漢籍の点数を数えるに当たって、『蒙求標題』と『左伝秘事』が表裏に書写されたもの（一〇八・四・一〇・八・二）（一〇八・四・一〇・二一・七）は、準漢籍に分類した。また、本稿で取り上げる漢文資料は書物の形態をとるものに極力限った。また、書名や印文などの表記は新字に統一した。

（2）徳田武『江戸詩人伝』（ぺりかん社、一九八六年）、日野龍夫『服部南郭伝攷』（ぺりかん社、一九九九年）。

（3）重賢旧蔵の『春秋左氏伝』の抄出本には、袋綴および仮綴の写本五点と、三枚を一具として包紙にまとめられたものが一点あり、「左伝抄」や「左氏伝抄」など書名が一致していない。表1ではこれらすべてについて、函架番号の早いものからA～Fの記号を付した。本文で紹介したとおりEFは同内容だが、そのほかは記事に出入りがあり、互いの関係について精査を要する。

（4）上野霞山。名は真清、字は伯修、秋山玉山に師事し、儒臣として重賢に仕え、参勤交代にも従った。安永七年（一七七八）時習館句読師。南郭没後、霞山の夢に南郭が現われて往事のことや自然美について語り合い、「危峰回合白雲間、一路崎嶇不可攀云々」という一絶を唱えたという（『肥後先哲偉蹟』隆文館、一九一一年）。重賢旧蔵書には『左伝凡例』のほかに上野霞山撰『三国人物附属考』（一〇八・四・二・二、『三国志』の登場人物を名前の頭字に従ってイロハ順に並べ、国名および字を注記したもの）がある。

（5）中野嘉太郎『細川越中守重賢公伝』（長崎次郎書店支店、一九三六年）。

（6）永青文庫には重賢の詩稿本が複数現存するが、中野嘉太郎氏のいう「銀台詩稿　六巻」について、これを特定する作業を行っていない。また、重賢旧蔵書に『通鑑抄』が現存するほか、日記には『資治通鑑』の会読が記録されているが、現在のところ、重賢旧蔵の『資治通鑑』の現存は確認できない。

（7）『肥後文献叢書』第一巻（隆文館、一九〇九年）。

（8）表1「会読記録」の作成においては、書籍の途中で記録が途絶え、とうとう読了に至らなかったことが推測される場合も、一度の会読として処理した。また、識語の中には、会読ではなく、個人的な読書をいう場合も含まれている可能性があるが、そうした場合を会読と弁別して抽出するのは困難で、本稿ではひとまずすべての識語を会読の記録として扱った。

（9）『三国志』（二一史・四）魏書第二十五巻の尾に「安永二年癸巳六月廿六日侍会于銀台僑」と識語がある。

（10）吉村豊雄氏は「重賢の数多い改革事績を現実の政治過程においてほとんど確認することはできない」とし（「藩政改革像の再構築—熊本藩宝暦改革を中心に—」『歴史評論』第七百十七号、校倉書房、二〇一〇年一月）、宝暦の改革に占める重賢の位置について再検討する必要性を指摘する。

（11）『銀台附録』（『肥後文献叢書』第一巻）には『春秋左氏伝』にめぐる以下の逸話がある「学校盛に行はれ候と申を被聞召、誰々は左伝がすみけるかと御意被遊候間、右の人、左様の思召にあらせられ候や、誰々など、いかでか数を申上べき、数多の事にて候と申候へば、合点ゆかぬ、一部の書をすますといふは、不容易ものなり、況や左伝をやと被仰候」。

（12）出水叢書『重賢公日記』（出水神社、一九八九年）。

（13）前掲註（2）日野書。

（14）前掲註（2）日野書。

（15）西田耕三「大名俳諧—細川重賢の場合—」（『雅俗』第四号、一九九七年一月）。

〔付記〕本稿は、国文学研究資料館の文献資料調査の成果に多くを拠っている。ご参加の先生方に深謝申し上げる。また、成稿に当たり堀川貴司氏にご教示を賜った。記して謝意を表する。

〔追記〕脱稿後、『唐詩選』の版本を詳細に研究した、大庭卓也「和刻『唐詩選』出版の盛況」（東アジア海域叢書『蒼海に交わされる詩文』汲古書院）が刊行された。大庭氏の分類に従えば、『唐詩選』A（一〇五・四・七）は寛保三年版無点本と特定され、『唐詩選』B（一〇六・一〇・一二・一三）は、刊行年時は不明であるものの、小字素読本に分類される版式だと判明する。また、同じく脱稿後に刊行された松野陽一『東都武家雅文壇考』（臨川書店）第四章第二節「伊達藩文臣〈荷沢畑中盛雄〉書誌」には、仙台藩儒畑中太冲（一七三四〜九七）の伝や著作についての考証がある。重賢の会読に参加した「太冲」は、この人物の可能性があるか。

あとがき

本書は、細川家熊本藩に形成伝来し、現在は公益財団法人永青文庫に蔵される史資料について、寄託を受けている熊本大学が推進してきた総合的研究の成果の一端を示すものです。

財団法人永青文庫と熊本大学との間に一九六四年と一九六六年の二回にわたり使用貸借契約が結ばれ、「細川家北岡文庫古文書」は学術研究の用に供するため熊本大学に寄託されました。北岡文庫の称は、熊本市北岡（現在中央区横手）にあった細川家の菩提寺妙解寺が神仏分離により廃寺となり、跡に細川家邸が建てられ、その蔵に文書・書籍等が収蔵されていたことに由来します。現在は史資料自体を呼ぶ場合も、一般に財団の名を冠して呼ばれます。

その後、森田誠一編『永青文庫　細川家旧記・古文書分類目録』（細川藩政史研究会　一九六九年）も公刊され、有数の大名家文書として日本史・日本文学・日本法制史・美術史・建築史等の研究に活用され、多くの成果を送り出してきました。また重要な史資料については、写真・影印・翻刻などの方法で提供され、学界に共有されています。

一方、これを管理する熊本大学附属図書館は、永青文庫史資料を中心に、また館蔵資料等をもって一九八四年より毎年テーマを設定し貴重資料展を開催し、解説を加えた出品目録を作成してきました。さらに、二〇〇六年より毎年永青文庫セミナーを開催し、学内はもとより広く市民の関心にも応えてきています。これらについては附属図書館のホームページに掲載されています。

このようなか、熊本大学では、外部から高い評価を受けている研究や最高水準を目指しうる研究を学内から採択して「拠点形成研究」と位置付け、支援し、重点的に推進してきています。第一期には、その一つとして「世界的文化資源集積と文化資源科学の構築」（平成十五〜十九年度）が、第二期には、これを継承して、文学部の吉村豊雄教授を拠点リーダーとする「『永青文庫』資料等の世界的資源化に基づく日本型社会研究」（平成二十〜二十四年度）が採択され、永青文庫史資料研究を中心とする班と熊本大学蔵阿蘇家文書および阿蘇信仰研究を中心とする班が研究活動を続けてきました。

一方、本拠点形成研究の実績を背景に、永青文庫史資料の総合的研究等を目的として二〇〇九年四月に熊本大学文学部附属永青文庫研究センターが設置されました。センターの当面の事業は、永青文庫史資料群の国指定を視野に入れた基礎目録の作成にありますが、調査研究活動に基づく成果は『永青文庫叢書』（吉川弘文館）として刊行中です。本拠点形成研究にあっては、センターにおける調査研究活動とその蓄積を踏まえて、センターの事業とは別に、永青文庫研究班が、第二期の最終年度にあたりその成果を世に問い、今後進められるべき研究の礎とするために本書を編みました。

永青文庫研究班の活動は、日本史学、日本文学の分野を中心にそれぞれにおいて積み重ねられてきた研究を継承するとともに、両分野が課題を共有し、日常的に相互の知見を交換し、照らし合わせるかたちで続けられてきました。共有されてきた課題は、簡潔にいえば、永青文庫史資料は全体としてどのような性格を有しているか、それらはどのようにして作成され、蓄積され、管理され、使用されてきたかというところにあります。このような問題意識は、ある研究テーマに沿って資料が探索され分析され、用意されたテーマの枠内で成果が導き出されるという、通常の研究姿勢や研究方法とは異なるところがあります。いうまでもなく、永青文庫の文書も書籍も膨大です。個々の研究者はもとより、拠点形成研究の研究班全員でも、これらの全体を視野に収め取り扱うことは至難のわざですが、私たちの志したところは、本書全体からまた個別論文からも汲み取って頂けるものと思います。もとより私たちの研究はいまだ途上にあり、多くの課題が残されています。切に江湖のご批正を願うものです。

なお、本書は永青文庫研究センターの日本史・建築史・美術史・芸能史を専門とする同僚の方々のご支援とご教示を得たところが少なくありません。

また、かねて史資料の閲覧調査にご理解をいただき、図版の掲載をご許可くださった公益財団法人永青文庫、史資料の出納にお世話をおかけしている熊本大学附属図書館にお礼申しあげます。

二〇一二年十二月十七日

森　正　人

執筆者紹介（生年／現職／主要論著）―執筆順

稲葉《いなば》継陽《つぐはる》―別　掲

山田《やまだ》貴司《たかし》―一九七六年／熊本県立美術館主任学芸員／「永青文庫所蔵の「中世文書」」（『永青文庫叢書　細川家文書　中世編』）「足利義材の流浪と西国の地域権力」（『戦国・織豊期の西国社会』）

松崎《まつざき》範子《のりこ》―一九五七年／熊本大学文学部附属永青文庫研究センター技術支援者／『近世城下町の運営と町人』「城下町の土地台帳にみる都市運営の特質」（『熊本藩の地域社会と行政―近代社会形成の起点―』）

森《もり》正人《まさと》―別　掲

徳岡《とくおか》涼《りょう》―一九六九年／熊本大学文学部附属永青文庫研究センター客員准教授／『幽斎源氏物語聞書』（共著）「細川幽斎はいかに源氏物語を読んだか」（『細川幽斎　戦塵の中の学芸』）

山田《やまだ》尚子《なおこ》―一九六七年／熊本大学文学部附属永青文庫研究センター技術支援者／『中国故事受容論考―古代中世日本における継承と展開―』

編者略歴

森　正人

一九四八年　鹿児島県に生まれる

一九七六年　東京大学大学院人文科学研究科博士課程中途退学

現在　熊本大学大学院社会文化科学研究科教授・文学部附属永青文庫研究センター兼務

〔主要著書〕

今昔物語集の生成　今昔物語集五　源氏物語と〈もののけ〉　場の物語論

稲葉継陽

一九六七年　栃木県に生まれる

一九九六年　立教大学大学院文学研究科後期課程退学

現在　熊本大学文学部附属永青文庫研究センター教授　博士（文学）

〔主要編著書〕

戦国時代の荘園制と村落　日本近世社会形成史論　永青文庫叢書　細川家文書　中世編・近世初期編（共編）

細川家の歴史資料と書籍

永青文庫資料論

二〇一三年（平成二十五）三月二十五日　第一刷発行

編者　森《もり》正《まさ》人《と》

稲《いな》葉《ば》継《つぐ》陽《はる》

発行者　前田求恭

発行所　株式会社　吉川弘文館

郵便番号一一三—〇〇三三

東京都文京区本郷七丁目二番八号

電話〇三—三八一三—九一五一〈代〉

振込口座〇〇一〇〇—五—二四四番

http://www.yoshikawa-k.co.jp/

印刷＝株式会社　三秀舎

製本＝誠製本株式会社

ISBN978-4-642-01410-6